中国上市公司综合竞争力排名评价报告（2023）

浙江财经大学中国金融研究院课题组 著

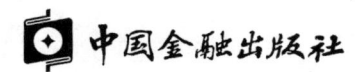

中国金融出版社

责任编辑：曹亚豪
责任校对：刘　明
责任印制：丁淮宾

图书在版编目（CIP）数据

中国上市公司综合竞争力排名评价报告 . 2023 ／浙江财经大学中国金融研究院课题组著 . -- 北京：中国金融出版社，2024. 10. -- ISBN 978-7-5220-2540-7
Ⅰ . F279. 246
中国国家版本馆 CIP 数据核字第 2024S5B555 号

中国上市公司综合竞争力排名评价报告（2023）
ZHONGGUO SHANGSHI GONGSI ZONGHE JINGZHENGLI PAIMING PINGJIA BAOGAO（2023）

出版
发行　　中国金融出版社
社址　　北京市丰台区益泽路 2 号
市场开发部　（010）66024766，63805472，63439533（传真）
网上书店　　www.cfph.cn
　　　　　　（010）66024766，63372837（传真）
读者服务部　（010）66070833，62568380
邮编　　100071
经销　　新华书店
印刷　　北京九州迅驰传媒文化有限公司
尺寸　　169 毫米×239 毫米
印张　　11. 25
字数　　198 千
版次　　2024 年 10 月第 1 版
印次　　2024 年 10 月第 1 次印刷
定价　　68. 00 元
ISBN 978-7-5220-2540-7
如出现印装错误本社负责调换　联系电话（010）63263947

课题组成员

组　　长：章晓洪
副组长：张红地　黄文礼　武　鑫
成　　员：丁世平　邵展鹏　李风年　谭昌文　许奇昊
　　　　　刘晓乐　林　丽　韩　含　李一辰　梁雨辰
　　　　　乐嘉屹　吴志霖　宋海铭　喻　昊　罗重阳
　　　　　姜明舟　陈宗文　王律旋　郭　昊　阳　康
　　　　　洪　浩　彭思铭　鲍田雨　金雨奇　田其扬
　　　　　朱　晴　李肖桐　邱　爽　徐子睿

序言

2022年已经落下帷幕，这是极其不平凡的一年。正如中央经济工作会议所指出的那样，"面对风高浪急的国际环境"，2022年发生了许多重大事件，影响了经济领域和金融市场。年初俄乌冲突爆发，不仅改变了全球地缘政治走向，也影响了能源供需格局。疫情虽已走向终点，但其给中国经济带来了较深的"疤痕"，居民资产负债表受损，储蓄倾向大幅上升。2022年，我们经历了房地产信任危机，如"停贷潮""保交楼"等，如今"保交楼"专项借款和"三支箭"政策陆续出台，房企供给端支持政策已经"应出尽出"。尽管2022年国内经济发展经历了重重困难，但党的二十大顺利召开，为我们指明了方向。未来我们将继续保持斗争精神，通过高质量发展和科技创新来解决质的问题，在质的大幅提升中实现量的持续增长。

中国股票市场自诞生以来已经经历了数十载的风风雨雨。当前，国内经济增速加速回落，金融市场面临进一步深化改革开放。在新冠疫情之后经济恢复缓慢以及俄乌冲突导致全球高通胀的背景下，2022年A股市场表现欠佳。截至2022年底，我国A股上市公司数量达5079家，其中2022年新增428家，数量略低于2021年，合计募集资金5869.93亿元。受疫情以及美联储加息影响，A股三大指数齐跌，2022年上证指数跌15.13%，深证成指跌25.85%，创业板指跌29.37%，市场投资者情绪普遍悲观。

栉风沐雨，砥砺前行。股市低迷并不意味着中国上市公司竞争力缺失，在国内经济结构转型升级的大背景下，中国上市公司在构建、维系其竞争力优势时，不可避免地面临着来自产业内外的新挑战与新格局。而一时的风雨，能够推动中国经济和企业更快地走出舒适圈，突破原有的桎梏。对上市公司而言，受挫之后，上市公司及其大股东对市值管理的认知和理解将进一步提升。雨临虹起，相信在不远的未来我国上市公司的发展将会呈现出崭新的姿态。

竞争力是上市公司可持续发展的核心，我们对中国上市公司竞争力的特点越了解，便越能抓住问题的关键，推动改革优化。自2017年以来，我们已经连续七年编制了《中国上市公司综合竞争力排名评价报告》，从治理竞争力、财务竞争力、创新竞争力和社会责任竞争力四个方面来构建指标体系，并构建蓝皮书漂亮50指数，通过其在资本市场中的表现，直观地证明了上市公司综合竞争力排名的科学性和有效性。在今年的报告中，我们沿用了往年的指标体系，同时总结分析了与上市公司紧密联系的话题与时事热点，有助于各市场主体分析行业以及企业的发展情况与趋势。当然，目前的报告仍有不够完善之处，未来我们将进一步努力做广做深，拓宽数据来源，完善指标体系，让我们的研究更加落地，惠及更多市场主体，也推动社会各界对中国上市公司综合竞争力的积极关注与讨论，从而促进中国资本市场良性发展。

最后，我要感谢所有参与编写和支持《中国上市公司综合竞争力排名评价报告（2023）》的老师和同学。这份报告不仅包含着浙江财经大学中国金融研究院老师、同学和课题组全体成员的汗水，还包含了中国金融出版社相关同仁的支持。同时，我们也十分期待社会各界对我们的工作与成果提出建议，从而能够借助更为广泛的力量使这项工作日臻完善。

是为序！

浙江财经大学中国金融研究院院长
章晓洪
2023年5月31日

目录

第一篇　背景篇

一、2022 年国际经济金融发展形势 ································· 1
　（一）2022 年全球主要经济体发展现状分析 ················· 3
　（二）2022 年全球经济事件分析 ································ 13
　（三）2023 年全球经济展望与挑战 ····························· 15
二、2022 年国内经济金融发展形势 ································ 16
　（一）2022 年中国宏观经济发展情况概述 ···················· 16
　（二）2022 年中国宏观经济政策与大事件分析 ·············· 23
　（三）2023 年中国宏观经济展望 ································ 28
三、2022 年中国资本市场发展情况 ································ 32
　（一）A 股市场行情分析 ··· 32
　（二）债券市场行情分析 ··· 34
　（三）股权融资一级市场行情分析 ······························ 36
　（四）金融资管政策 ··· 37
　（五）2023 年中国资本市场展望 ································ 38
四、2023 年资产配置建议 ··· 38
　（一）股票市场 ··· 39
　（二）债券市场 ··· 40
　（三）大宗商品 ··· 41
　（四）房地产 ·· 41
　（五）黄金 ··· 42

1

(六) 外汇市场 ……………………………………………………… 42
(七) 数字经济 ……………………………………………………… 43

第二篇　指数篇

一、中证企业核心竞争力 50 指数的提出与发展 ……………………… 44
二、中证企业核心竞争力 50 指数的构建 ……………………………… 46
　　(一) 上市公司综合竞争力评价指标体系 ……………………… 46
　　(二) 数据处理：数据的来源、时间、标准化处理 …………… 52
　　(三) 标的选取：根据综合竞争力排名和行业分类 …………… 52
　　(四) 指数计算 …………………………………………………… 53
　　(五) 指数样本和权重调整 ……………………………………… 53
三、2023 年中证企业核心竞争力 50 标的 …………………………… 54
　　(一) 2023 年中证企业核心竞争力 50 标的 …………………… 54
　　(二) 中证企业核心竞争力 50 指数的表现 …………………… 56

第三篇　行业篇

一、银行业 …………………………………………………………… 58
　　(一) 行业概况 …………………………………………………… 58
　　(二) 行业综合竞争力分析 ……………………………………… 59
　　(三) 行业发展机遇 ……………………………………………… 61
二、非银金融行业 …………………………………………………… 62
　　(一) 行业概况 …………………………………………………… 62
　　(二) 行业综合竞争力分析 ……………………………………… 63
　　(三) 行业发展机遇 ……………………………………………… 65
三、汽车行业 ………………………………………………………… 66
　　(一) 行业概况 …………………………………………………… 66
　　(二) 行业综合竞争力分析 ……………………………………… 67
　　(三) 行业发展机遇 ……………………………………………… 69
四、电子行业 ………………………………………………………… 70
　　(一) 行业概况 …………………………………………………… 70

（二）行业综合竞争力分析 ·· 70
　　（三）行业发展机遇 ·· 72
五、医药生物行业 ·· 73
　　（一）行业概况 ·· 73
　　（二）行业综合竞争力分析 ·· 74
　　（三）行业发展机遇 ·· 76
六、计算机行业 ··· 78
　　（一）行业概况 ·· 78
　　（二）行业综合竞争力分析 ·· 78
　　（三）行业发展机遇 ·· 81
七、电力设备行业 ·· 82
　　（一）行业概况 ·· 82
　　（二）行业综合竞争力分析 ·· 83
　　（三）行业发展机遇 ·· 85
八、机械设备行业 ·· 85
　　（一）行业概况 ·· 85
　　（二）行业综合竞争力分析 ·· 86
　　（三）行业发展机遇 ·· 88
九、化工行业 ·· 90
　　（一）行业概况 ·· 90
　　（二）行业综合竞争力分析 ·· 90
　　（三）行业发展机遇 ·· 92
十、有色金属行业 ·· 93
　　（一）行业概况 ·· 93
　　（二）行业综合竞争力分析 ·· 94
　　（三）行业发展机遇 ·· 96
十一、公用事业 ··· 97
　　（一）行业概况 ·· 97
　　（二）行业综合竞争力分析 ·· 98
　　（三）行业发展机遇 ·· 100
十二、纺织服装行业 ··· 101
　　（一）行业概况 ·· 101
　　（二）行业综合竞争力分析 ·· 102

（三）行业发展机遇 …………………………………………… 104
十三、商贸零售行业 ……………………………………………… 105
　　（一）行业概况 ………………………………………………… 105
　　（二）行业综合竞争力分析 …………………………………… 106
　　（三）行业发展机遇 …………………………………………… 107
十四、轻工制造行业 ……………………………………………… 109
　　（一）行业概况 ………………………………………………… 109
　　（二）行业综合竞争力分析 …………………………………… 109
　　（三）行业发展机遇 …………………………………………… 111
十五、煤炭行业 …………………………………………………… 113
　　（一）行业概况 ………………………………………………… 113
　　（二）行业综合竞争力分析 …………………………………… 114
　　（三）行业发展机遇 …………………………………………… 116

附表　2023年中国上市公司综合竞争力排名 ………………… 118

第一篇　背景篇

本篇共分为四个部分，主要对2022年全球及中国的经济形势进行梳理和分析，描绘了中国上市公司在发展中面临的宏观经济环境和政策背景。第一部分为国际篇，主要介绍全球主要经济体（美国、欧元区、日本、韩国、金砖国家）的经济金融发展形势；第二部分为国内篇，主要介绍2022年中国宏观经济发展概况以及主要的宏观经济政策分析；第三部分为资本市场篇，主要介绍2022年中国资本市场中股票市场、债券市场等的发展情况；第四部分为建议篇，主要内容涵盖股票、债券、大宗商品等资产的配置建议。

一、2022年国际经济金融发展形势

2022年，世界经济面临巨大阻力。由于俄乌冲突、能源短缺等因素，各国经济的表现都不佳。如图1-1所示，根据国际货币基金组织（IMF）的数据，2022年世界经济增长率为3.46%，其中，发达经济体的经济增速为2.23%（美国为2.1%，欧元区为3.5%，日本为1.1%），新兴与发展中经济体的经济增速为3.2%。

细分市场具体情况如下。第一，全球债券市场。2022年全球经济形势复杂，未来存在诸多不确定性，主要发达经济体通胀长期处于高位，货币政策持续收紧，美国十年期国债收益率突破4.2%，同时，英国、法国、德国的十年期国债收益率均在第三季度突破2%，相比之下，国内债市相对平稳。第二，全球外汇市场。2022年，在通胀压力下，美联储加息力度较大，致使美元指数大幅上行，而其他非美货币集体受挫。2021年12月31日美元指数约为95.97，2022年12月31日美元指数约为104.32，年内汇价变动为8.7%。2022年夏季欧元兑美元跌破1∶1平价关口，这种情况是20年以来首次出现，9月底欧元兑美元达到最低点0.9536，年底欧元兑美元重新升至1.06。但本年度贬值程度最大的货币并不是欧元，而是日元，2022年10月美元兑日元涨幅达到最高点32%，日元的大幅贬值与日本中央银行捍卫债市、无限购买债

券、持续的宽松货币政策有关。作为历史悠久的货币，2022年英镑兑美元创下历史新低，跌幅接近10%，其表现甚至不如欧元，主要原因是俄乌冲突的冲击以及加息幅度不及美联储。2022年9月人民币兑美元虽然失守"7"关口，但随着美联储加息趋缓，国内疫情防控取得新进展以及相关政策落实，人民币兑美元贬值幅度逐渐小于其他主要货币。第三，全球大宗商品市场。2022年，由于俄乌冲突、能源危机等多种因素的作用，核心大宗商品CRB指数上涨近22%。其中，原油价格跌宕起伏，俄乌冲突的爆发使得俄罗斯出口原油遭到限制，3月布伦特原油升至139美元/桶，为2008年以来的最高水平，年底俄罗斯对西方"限价令"进行反击，原油价格回归正常，布伦特原油回降至84美元/桶，WTI原油回降至79美元/桶。天然气价格也是大起大落，由于俄罗斯是天然气出口大国，俄乌冲突使得市场情绪低落，天然气价格由88.89欧元/兆瓦时暴涨至134.32欧元/兆瓦时，上涨幅度达51.1%，最高峰值达到227.2欧元/兆瓦时，此后美国液化天然气的流入以及俄罗斯天然气的稳定供应重振了市场信心，截至2022年底，天然气价格为81欧元/兆瓦时。受俄乌冲突和通胀压力的影响，黄金价格持续走高，之后由于美元持续走强，金价有所下跌，不过市场预期改变，对未来经济不确定性的担忧加剧，截至2022年底，黄金收于1813美元/盎司。在新能源汽车和储能市场持续向好以及锂供应不足的背景下，锂价格暴涨，年底锂价格约为54.75万元/吨，较2021年底翻了一番。

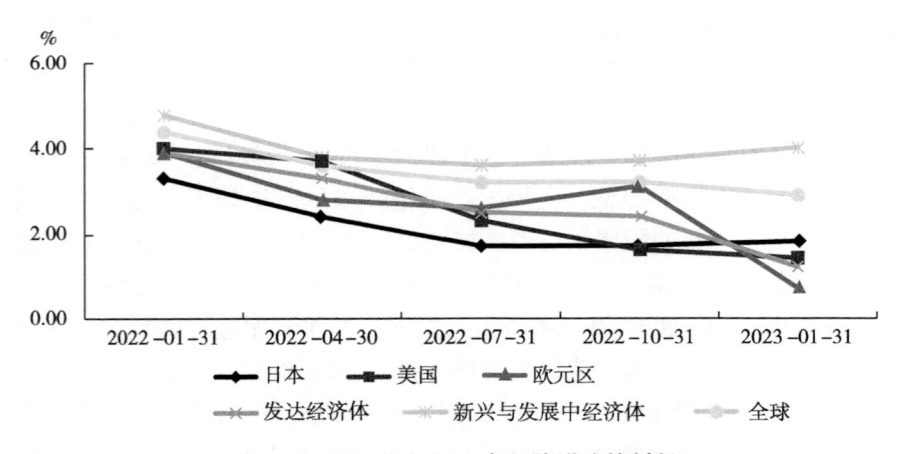

图1-1 IMF关于2022年经济增速的判断

（资料来源：同花顺iFinD，浙江财经大学中国金融研究院课题组（以下简称课题组）整理）

（一）2022 年全球主要经济体发展现状分析

1. 美国

2022 年，美国经济面临衰退风险，出现了高通货膨胀。根据美国商务部的数据，2022 年美国国内生产总值（GDP）约为 25.5 万亿美元，相比于 2021 年的 23.3 万亿美元，经济增长率高达 9.4%，但实际 GDP 同比增长率只有 2.2%，可见通货膨胀是拉动名义 GDP 提升的核心因素。

如图 1-2 所示，根据单季度同比数据，2022 年第一季度美国 GDP 增长率为 3.68%，第二季度为 1.80%，第三季度为 1.94%，第四季度为 0.88%。根据单季度环比数据，2022 年第一季度美国 GDP 增长率为-1.60%，第二季度为-0.60%，前两季度均为负增长，第三季度为 3.20%，第四季度为 2.60%。2022 年美国经济增长显著放缓与 2021 年美国经济强势复苏形成对比，2022 年前两季度美国经济连续下滑，但后两个季度出现了一定程度的反弹，总体来看，美国经济并未走向衰退，但复苏仍持续乏力。其主要原因是 2022 年美联储大规模加息，造成美国物价攀升，美元升值，企业借贷成本不断上升，经济活动出现萎缩，经济前景的不确定性有所增加，悲观情绪逐渐蔓延。

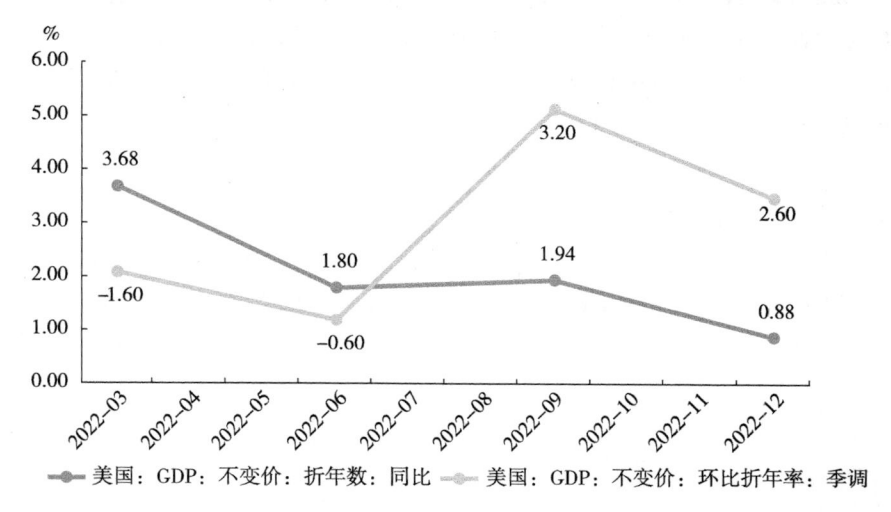

图 1-2　2022 年美国 GDP 同比、环比情况（不变价：折年数）
（资料来源：Wind，课题组整理）

2022 年以来，一方面，美国劳动力市场就业形势整体表现较为强劲，失业率虽然中后期略有波动，但总体呈下降趋势，并在 12 月达到最低点 3.5%（见图 1-3）。另一方面，美国劳动力市场较上年稍有降温，全年新增就业 450

万人，月均新增 37.5 万人，均低于 2021 年的 670 万人和 56.2 万人，美国劳动力市场的降温或许有助于抗击通货膨胀。

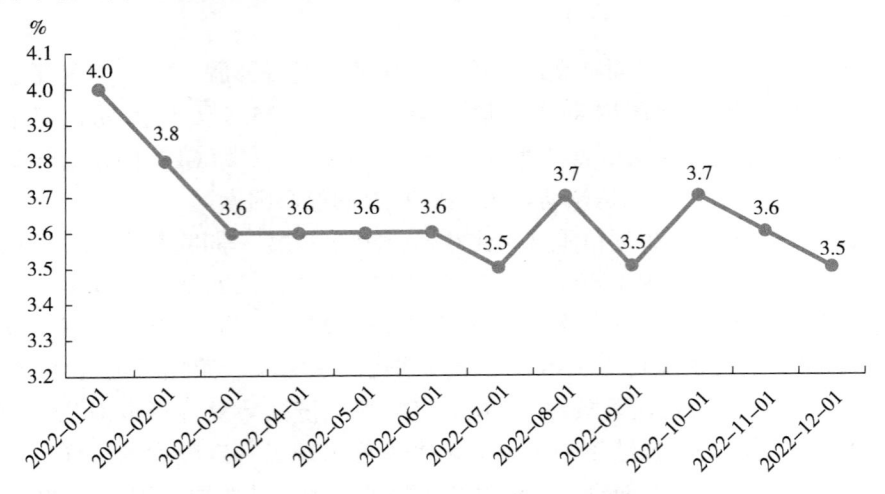

图 1-3　2022 年美国失业率（季度调整）

（资料来源：Wind，课题组整理）

2022 年美国 CPI 约为 8.1%，这是 40 年以来的最高水平。美国 CPI、核心 CPI 增速总体上处于下降态势，其中，CPI 在 6 月达到最高点 8.90%，核心 CPI 在 9 月达到最高点 6.60%，CPI 和核心 CPI 均在 12 月达到最低点，分别为 6.40% 和 5.70%（见图 1-4）。

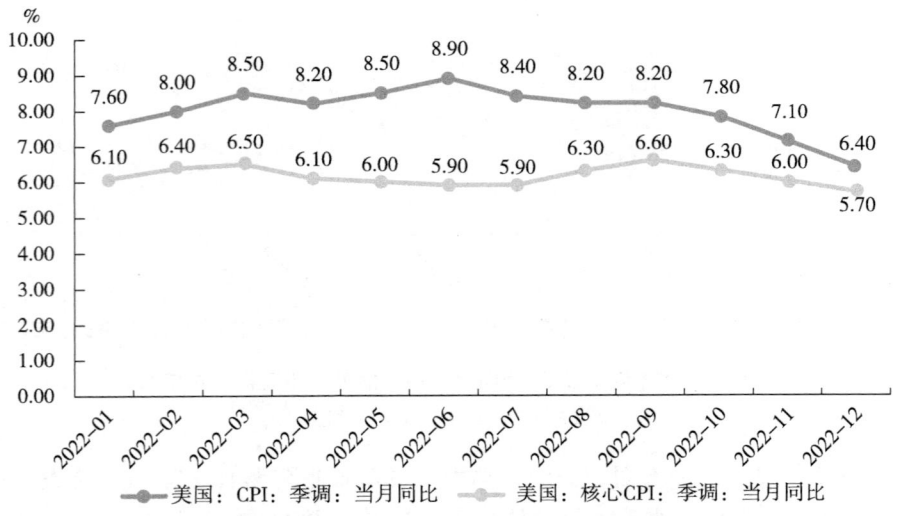

图 1-4　2022 年美国 CPI 与核心 CPI 当月同比情况

（资料来源：Wind，课题组整理）

2022年美国PPI平均为9.53%，总体呈现下降的趋势，在3月取得最大值11.6%，在12月取得最小值6.5%（见图1-5）。虽然自疫情暴发以来，商品总供给不足，而在经济复苏期间，商品总供给恢复得较迅速，但是商品总需求的增长速度仍然高于商品总供给的增长速度，使得商品总供给相对而言更加滞后，供不应求导致美国通胀率快速上升。

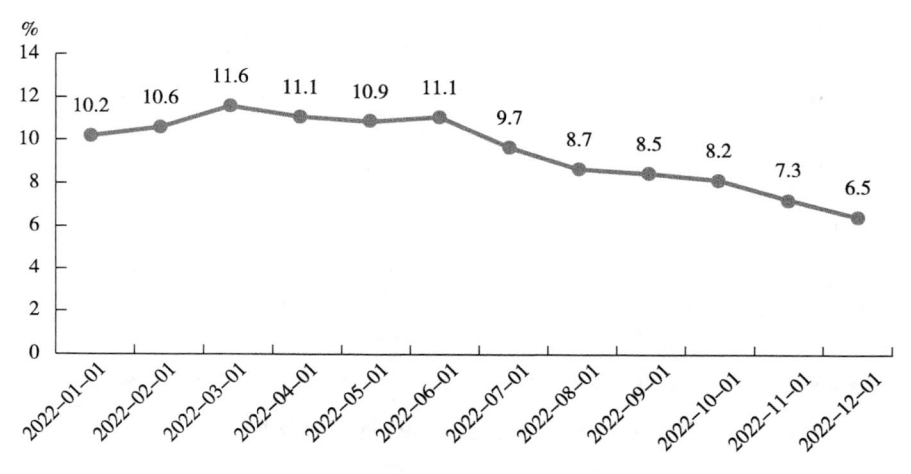

图1-5　2022年美国PPI当月同比情况

（资料来源：Wind，课题组整理）

2. 欧元区

2022年，尽管受到俄乌冲突、能源危机以及全球经济增长整体放缓等事件的影响，但欧元区依然取得了3.5%的实际经济增长，高于美国的2.2%。2022年欧元区20国名义GDP为13.41万亿欧元，按1美元兑0.95欧元的平均汇率计算，约为14.12万亿美元。如图1-6所示，四个季度实际GDP同比增速分别为2.50%、3.60%、1.50%、-0.10%，呈现先上升后下降的趋势，其中第四季度为负增长。四个季度实际GDP环比增速分别为5.50%、4.40%、2.40%、1.80%，呈现持续下降的趋势。俄乌冲突爆发后，一方面，能源、食品价格上涨，使得居民储蓄下降，投资减少，欧洲中央银行不得不加息以抑制通货膨胀；另一方面，2022年冬季气温较高，能源危机有所缓解，政府财政也有所支持，使得2022年欧盟经济总体上好于市场预期。

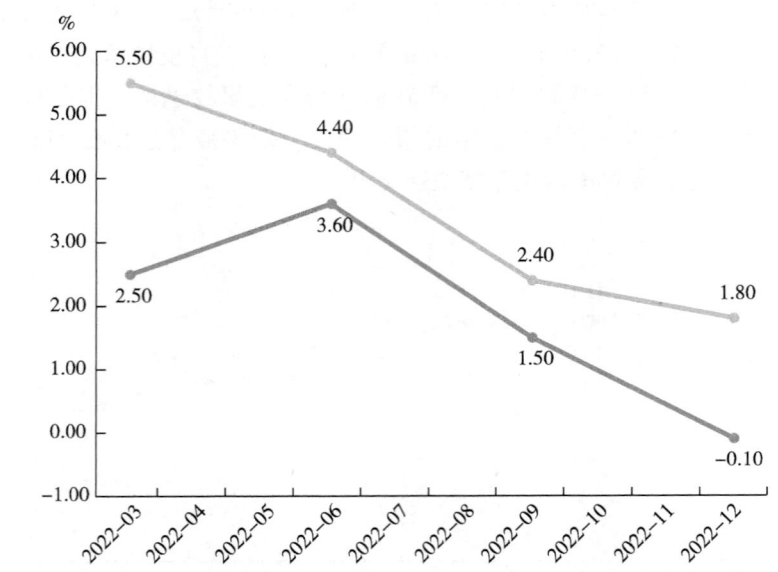

图 1-6　2022 年欧元区 GDP 环比、同比情况

（资料来源：Wind，课题组整理）

2022年欧元区的失业率呈下降趋势，在 1 月达到最高点 6.90%，在 4 月达到最低点 6.70%（见图 1-7），这也是自 1998 年以来的最低水平，总体来看失业率较为稳定。此外，由于经济复苏，2022 年欧元区的失业率较 2021 年有所下降，但年轻人失业较为严重，25 岁以下人口的失业率高达 14%。

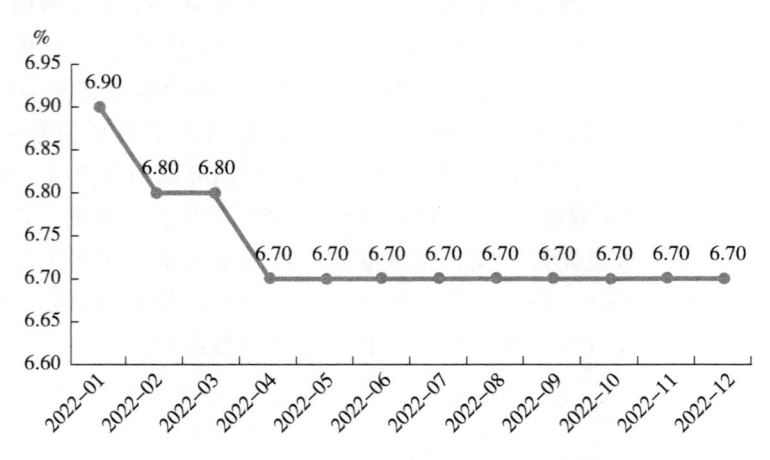

图 1-7　2022 年欧元区失业率（季节调整）

（资料来源：Wind，课题组整理）

2022年欧元区通胀水平大幅飙升，消费者价格调和指数（HICP）和核心消费者价格调和指数（核心 HICP）均呈现上升的趋势，在 10 月，HICP 甚至攀升至两位数，即 10.60%（见图 1-8）。究其原因主要是 2022 年爆发的俄乌冲突以及欧元区能源短缺，能源价格上涨致使欧洲通胀高企不下，高通胀侵蚀了居民的收入和储蓄，压抑投资，阻碍经济复苏。

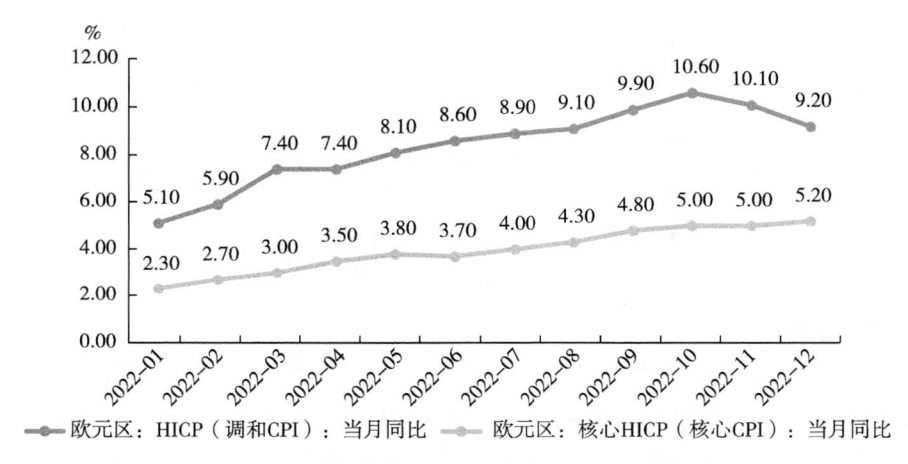

图 1-8　2022 年欧元区 HICP 与核心 HICP 当月同比情况

（资料来源：Wind，课题组整理）

2022 年欧元区 PPI 呈现先上升后下降的趋势，总体来看 PPI 较高，并在 8 月达到最高点 43.40%，在 12 月达到最低点 24.50%（见图 1-9）。9 月以前 PPI 持续走高的主要原因是能源短缺，能源价格上升；9 月以后 PPI 大幅下降的主要原因是能源价格上涨有所缓解，不包括能源在内的其他工业品价格涨幅也有所回落。

欧元区经济正处在衰退边缘。2022 年 2 月爆发的俄乌冲突进一步加剧了欧洲能源短缺，给本打算从新冠疫情阴影中走出来，准备进行经济复苏的欧元区迎头一击。另外，美国对俄罗斯实施制裁，打击其石油、天然气的出口，以及 2022 年欧洲多地气温创新高、降雨量少于往年对农业造成进一步冲击等，都使得欧元区经济雪上加霜，当然近些年欧元区劳动生产率下降、人口老龄化或许也对经济下行负有一定的责任。总之，对于欧元区国家来说，能源价格高企、外部环境不确定性增加、欧洲中央银行大幅加息使得欧元区经济萎缩，经济前景面临很大的不确定性。

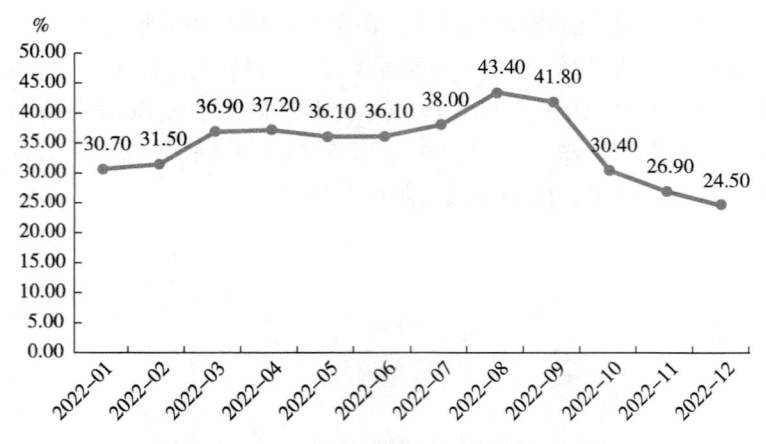

图 1-9　2022 年欧元区 PPI 当月同比情况

(资料来源：Wind，课题组整理)

3. 日本

日本作为全球第三大经济体，2022 年四个季度实际 GDP 同比增速分别为 0.50%、1.70%、1.50%、0.40%（见图 1-10），全年 GDP 实际增速为 1.1%，全年名义 GDP 约为 556.5 万亿日元，按 1 美元兑 131.56 日元的平均汇率计算，折合 4.23 万亿美元，但由于 2022 年日元汇率大跌，名义 GDP 较 2021 年减少约 6700 亿美元。考虑到日本经济停滞已经接近 30 年，内部产业升级迟滞以及外部日元汇率低迷，未来几年日本经济发展存在很大的不确定性。

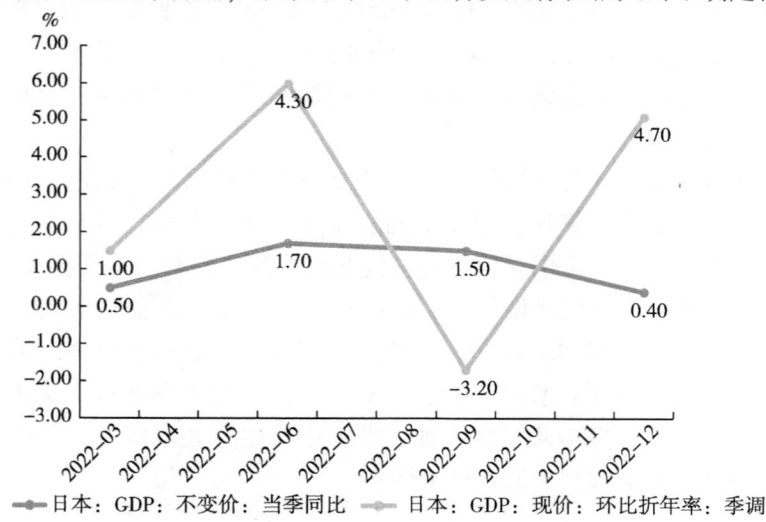

图 1-10　2022 年日本 GDP 同比、环比情况（现价：折年率）

(资料来源：Wind，课题组整理)

2022年日本的失业率为2.60%，各月度失业率始终维持在较低水平，最低为2.50%，最高为2.70%（见图1-11），总体上较为稳定。日本的失业率一直都保持在较低水平，一方面是因为日本国内的各行各业确实都处于"用工荒"的状态，政府不得不靠吸引外来人口以及将老年人退休年龄不断延后来缓解劳动力供需失衡的困境；另一方面是因为日本国内的临时工数量很大，接近整个就业市场的40%，而日本的就业统计口径将临时工就业也加入了进来。

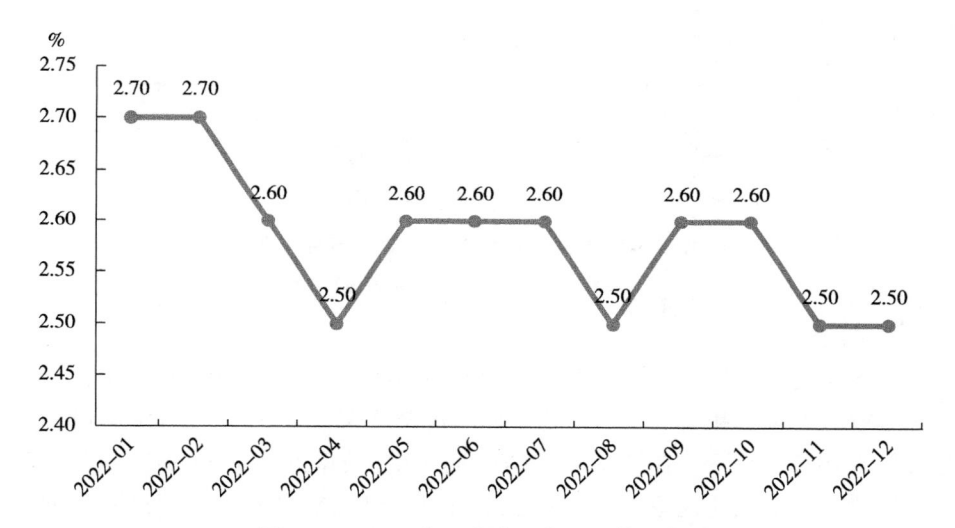

图1-11　2022年日本失业率（季节调整）

（资料来源：Wind，课题组整理）

如图1-12所示，2022年日本CPI和核心CPI增速均呈上升趋势，其中，1月CPI、核心CPI同比增速全年最低，分别为0.50%和0.20%，12月CPI、核心CPI同比增速全年最高，均为4.00%。总体来看，日本的通胀水平较低，且低于美国、欧元区等发达经济体，究其原因是日本的能源价格飙升幅度不如美国和欧元区，且日本政府对炼油厂和石油产品进口商等进行燃料补贴，进一步减轻了消费者的负担。

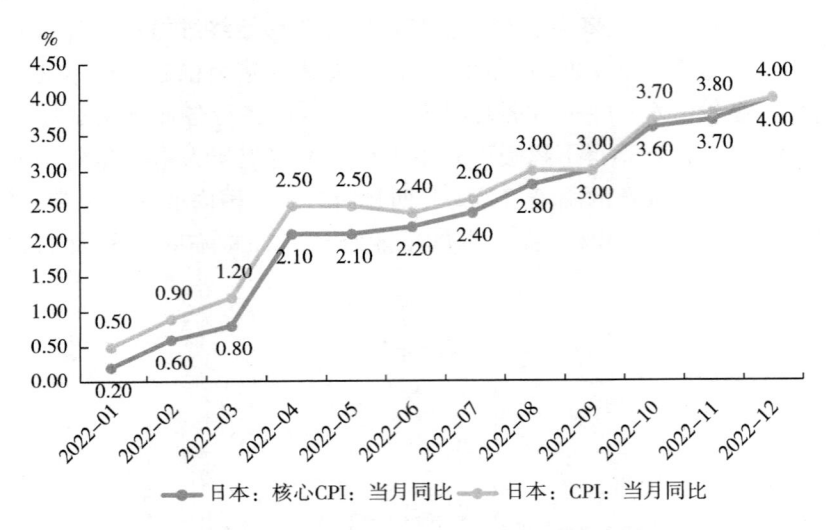

图 1-12　2022 年日本 CPI 与核心 CPI 当月同比情况

（资料来源：Wind，课题组整理）

4. 韩国

如图 1-13 所示，韩国 GDP 同比增速在 2022 年前三季度比较稳定，分别为 3.00%、2.90% 和 3.10%，但是第四季度却下降至 1.30%。2022 年第四季度经济形势急转直下，在拉低韩国 GDP 同比增速的同时，也给 2023 年的韩国带来了挑战。造成此现象的原因可能是韩国外部需求疲软，以致进一步抑制韩国内部制造业生产活动，导致经济增速下降。

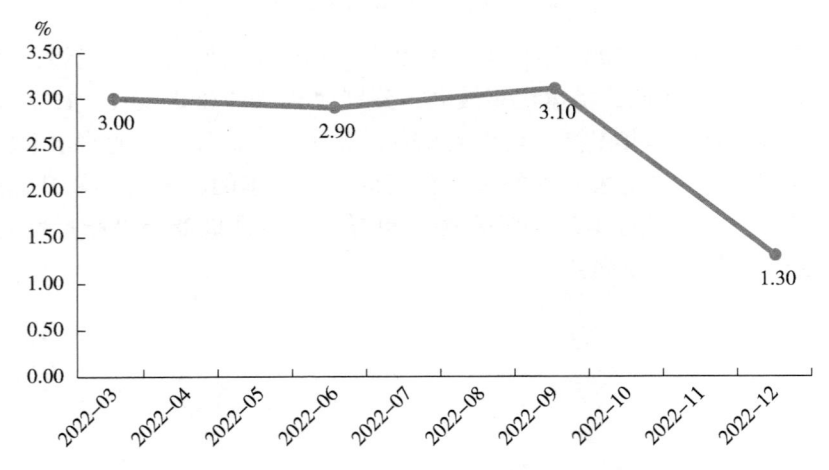

图 1-13　2022 年韩国 GDP 当月同比情况

（资料来源：Wind，课题组整理）

如图1-14所示，2022年韩国CPI、核心CPI均有所增长，且CPI与核心CPI均在1月取得最小值，分别为3.61%和2.98%，CPI在7月取得最大值6.34%，核心CPI在11月取得最大值4.83%。

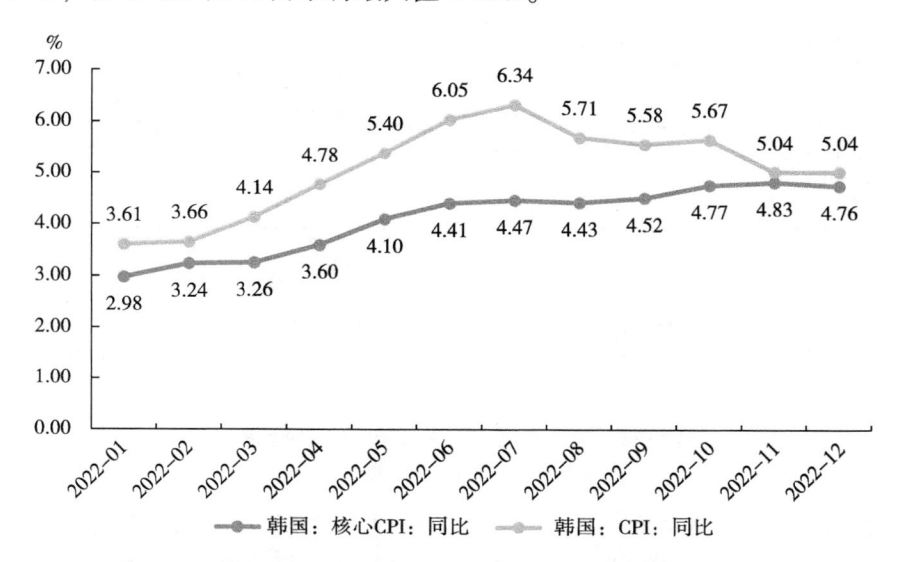

图1-14 2022年韩国CPI与核心CPI当月同比情况

（资料来源：Wind，课题组整理）

2022年，韩国面临高物价、高汇率和贸易逆差三重冲击，而新冠疫情引发的供应链问题、美联储加息以及俄乌冲突导致国际能源和粮食价格飙升等，都对通货膨胀有着不可推卸的责任。

5. 金砖国家

金砖国家是指五个主要的新兴市场国家，分别是巴西、俄罗斯、印度、中国、南非。自2022年开始，金砖国家在世界经济中所占的比重就超过了七国集团，而且这并不是暂时的，该趋势会继续在未来持续。据IMF预测，2023年，金砖五国将提供32.1%的世界经济增长，而七国集团仅能保证29.9%，到2028年，金砖五国将提供33.6%的世界经济增长，七国集团将降至27.8%左右。

如图1-15所示，中国和印度成为金砖国家中GDP增长的领头羊，巴西和南非的GDP增长紧随其后，俄罗斯的表现最差。造成这一现象的原因可能是俄乌冲突使得俄罗斯2022年第二、第三、第四季度GDP同比负增长，但俄罗斯背靠中国和印度两个经济伙伴，且旧的经济模式正被打破，从长期来看，如果俄罗斯能够有效借助中国的投资，加强战略规划和经济规划，那么俄罗斯的发展潜力是很大的。

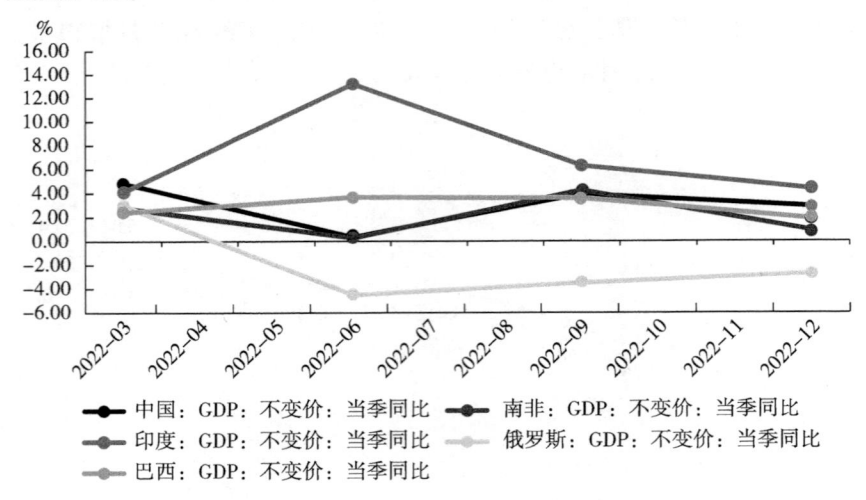

图 1-15　2022 年金砖国家 GDP 当月同比情况

（资料来源：Wind，课题组整理）

从各国的失业率来看（见图 1-16），中国、印度、俄罗斯的失业率较低，就业状况较好，而巴西的失业率虽然呈下降趋势，但最高达 11.1%，最低达 7.9%，平均为 9.25%，相较而言失业率更高。另外，2022 年南非的失业率达 33.9%，根据南非统计局的数据，这是 2008 年以来的最高水平。造成该局面的原因是经济增长缓慢以及南非严格执行劳动法，从而大大限制了民众的就业。实际上，在过去的大约 20 年里，南非的失业率一直徘徊在 20% 左右。

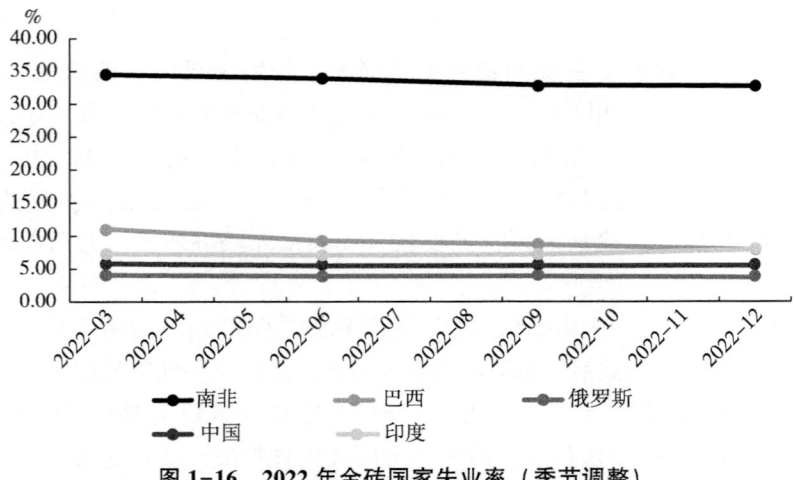

图 1-16　2022 年金砖国家失业率（季节调整）

（资料来源：Wind，课题组整理）

如图 1-17 所示，2022 年各个金砖国家的 CPI 同比增速都呈现上升的趋势，其中，中国的 CPI 同比增速最低，介于 0.9% 和 2.8% 之间，表明中国物价水平总体上运行在合理区间，不仅没有助推全球通胀，反而通过大量的廉价消费品出口在一定程度上缓解了全球通胀的上涨速度和幅度，帮助其他国家和地区缓解了物价上涨的压力；巴西、印度的 CPI 同比增速比较类似，都介于 5.5% 和 8% 之间；南非的 CPI 同比增速较高，2022 年 CPI 同比增速均值为 9.35%；俄罗斯的 CPI 同比增速最高，各月的 CPI 同比增速基本上都超过 10%，2022 年 CPI 同比增速均值为 13.75%。

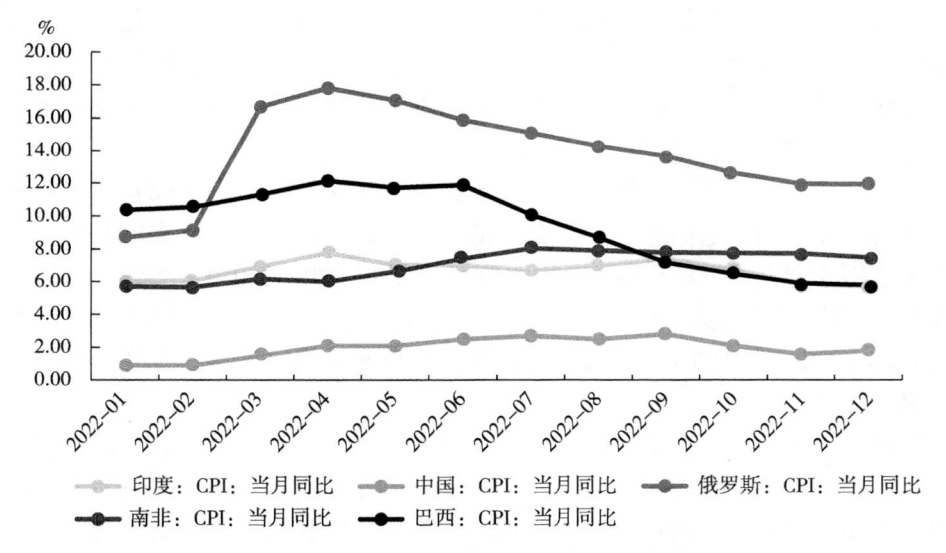

图 1-17　2022 年金砖国家 CPI 当月同比情况

（资料来源：Wind，课题组整理）

总体来说，由于发达经济体在货币政策上追求量化宽松，不仅提振了内需，还导致全球商品价格上涨，再加上疫情、地缘政治冲突等非经济因素，供需比持续紧张，最终导致物价水平上升。中国一贯奉行负责任的货币政策，不仅为国内经济复苏和物价稳定做出了贡献，也为全球物价稳定做出了特殊贡献。

（二）2022 年全球经济事件分析

1. 俄乌冲突波及全球

2022 年 2 月 24 日，俄乌冲突全面爆发。这次冲突持续到 2023 年 3 月依然没有结束，其带来的影响波及全球，全球金融市场遭受重大冲击，通胀压力持续攀升，主要经济体经济萎缩，本应该从新冠疫情的阴影中走出并复苏的全球经济面临更多不确定性。俄乌冲突主要通过以下几个方面影响全球。

第一，全球能源价格高企不下。俄罗斯是世界上主要的能源供应来源之一，是第一大天然气出口国、第二大石油出口国。俄乌冲突造成俄罗斯油气出口量大幅下滑，其他油气出口大国（如伊朗等）因美国的制裁也难以迅速提升出口量，造成全球能源供需失衡，推动能源价格上涨。

第二，运输业面临较大风险。俄乌冲突使得部分领空成为禁飞区，许多航班不得不绕道而行，货物运输量减少，运输费用上涨，严重影响国际贸易。

第三，大宗商品价格上涨。俄罗斯和乌克兰是原油、各类有色金属、钢铁、天然气等关键原材料和能源的供应来源，俄乌冲突的爆发使得大宗商品市场陷入混乱，大宗商品价格不断上涨，进而由PPI向CPI传导，加剧通胀。

2. 全球通胀高企不下

2022年，全球通胀局势持续恶化，特别是主要发达经济体面临几十年未有的高通胀压力，俄乌冲突、新冠疫情以及各国政治博弈所带来的制裁与反制裁都对全球通胀负有不可推卸的责任。根据国际货币基金组织的数据，2022年世界平均消费者物价指数增长率约为8.8%，而2021年的增长率仅为4.7%，2022年的通胀水平可以说是21世纪以来的最高水平，主要表现在以下两个方面。

第一，通胀较为普遍。世界主要经济体和其他各地区的通胀率均有明显上升，美国全年CPI增长率约为8.1%，欧元区全年CPI增长率约为8.3%，非洲、中东的某些国家和地区全年CPI增长率甚至达到了两位数，通胀在全球各国各地区大幅上行。

第二，多因素推动全球通胀。一方面，俄罗斯是石油和天然气出口大国，乌克兰是主要粮食出口国，俄乌冲突的爆发迅速推高国际能源和粮食价格，形成成本推动型通货膨胀。另一方面，各国逐渐放开疫情防控，需求逐步恢复，但供给恢复跟不上需求恢复，供需失衡进一步拉动通货膨胀。

3. 加密货币市场大洗牌

2022年，加密行业面临寒冬，加密货币市场总价值大幅缩水，约为1.45万亿美元，多家加密公司接连倒塌，引发市场连锁反应。2022年5月，号称"币圈茅台"的LUNA币崩盘。同年7月，币圈对冲基金三箭资本（Three Arrows Capital）、加密借贷平台Celsius Networ与Voyager Digital等接连申请破产；币圈交易平台AEX（安银）交易所暂停平台相关服务，并配合警方调查。

一方面，作为新兴市场，加密货币市场仍处于建设和基础设施研究期，没有明确的估值方法，由于 2022 年美元汇率大幅上升，加密货币市场受市场情绪影响波动性更大。另一方面，加密货币市场本身存在诸多问题，如财务报告和中心化平台披露、客户资产管理透明度和合规管理增加、风险投资机构高杠杆操作过多、DeFi 项目的运行机制需要行业更深入的研究等。

加密货币市场的动荡和几家机构的相继倒闭，引起了各国监管机构的关注。由于各国对牌照申请的要求不一致，因此部分加密货币存在问题，海外交易平台的管理组织难以确定，触及司法管辖的红灯区，使得交易平台的处置相对困难，投资者保护无法真正落实，进而给投资者造成损失。不同国家的监管机构需要明确加密资产的法律地位、监管标准以及金融监管机构和政府的监管责任，依托加密资产的国际规范思维，健全加密资产监管法律法规，制定加密资产行业标准，完善加密资产交易平台、加密资产基金等相关公司的准入和退出机制，从而预防和遏制洗钱、恐怖融资、逃税等违法犯罪活动，维护金融稳定。

（三）2023 年全球经济展望与挑战

从 2023 年第一季度来看，随着疫情防控快速稳定转型，经济政策的稳定效应显现，我国经济正处于恢复和复苏的时期。2023 年 1 月至 2 月，中国内需出现快速复苏迹象，但外需仍在减弱，结构性失业依然存在。欧美通胀率持续下降，但环比居高不下，于是欧美中央银行持续加息以对抗通胀。由于一些发达经济体的货币紧缩政策，全球经济继续处于紧缩阶段，经济增长具有高度不确定性。要从全球经济形势出发，正确认识中国经济复苏阶段，加快持续实施内需扩张政策，持续增强经济好转动能。如果劳动力供应结构和受过高等教育的人口就业分配发生变化，有必要制定专门的就业政策。同时，继续推进高水平开放，加强与周边国家的跨部门合作。

尽管一些欧美国家的银行在 2023 年初经历了流动性危机，但总体来看，在 2008 年国际金融危机和 2011 年欧债危机之后，欧美金融监管明显加强，银行体系整体资本充足率和资产质量都处于较高水平。

2023 年初，联合国发布了《2023 年世界经济形势与展望》。根据这一报告，2023 年全球经济增长率约为 1.9%，相比上年预测值下降 1.1 个百分点，使其成为近十年来经济增长率最低的年份之一，全球经济短期前景悲观且不确定，高度依赖于货币政策持续收紧以及俄乌冲突的进程和结果。报告认为，世界经济增速放缓将同时波及发达经济体和发展中经济体，许多国家都将在 2023 年面临经济衰退风险。

分具体国家和地区来看，2023 年，美国和欧盟的经济增长率预计将分别放缓至 0.4%和 0.2%，日本为 1.5%，而英国和俄罗斯的经济预计将分别收缩 0.8%和 2.9%。东亚的经济增长率预计将达到 4.4%，这主要是由于中国经济形势的改善。此外，由于全球货币紧缩、财政不稳定和极端天气，南亚的 GDP 增长率预计将放缓至 4.8%，印度的 GDP 增长率预计将放缓至 5.8%。在西亚，由于外部环境恶化，平均增长率预计将从 2022 年的 6.4%放缓至 2023 年的 3.5%。

就业方面，2022 年，大多数发展中国家的就业复苏步伐放缓，就业形势依然低迷。经济增长放缓、通货膨胀率上升和债务脆弱性增加，可能进一步逆转来之不易的可持续发展成果，并加剧其负面影响。与 2019 年相比，2022 年面临严重粮食不安全问题的人数增加了一倍多，达到近 3.5 亿人。长期的经济衰退和收入增长放缓不仅阻碍了消除贫困，而且限制了各国更广泛地投资于实现可持续发展目标的能力。因此，一方面，世界各国应共同创造更多的就业机会，恢复经济增长，加强社会安全网，并以有针对性的临时补贴、现金转移支付、水电费折扣和减少消费税与关税的形式，向贫困国家和地区提供可持续的援助；另一方面，国际社会需要加强合作，共同努力防止人类苦难，支持为所有人创造一个包容和可持续的未来。

在受抑制的需求不断减弱、生活成本日益上涨以及来自欧美的出口需求走弱等因素的影响下，许多经济体（除中国外）正在失去增长动力。

二、2022 年国内经济金融发展形势

2022 年，全球疫情仍在持续，世界经济复苏动力不足，大宗商品价格高位波动，我国经济面临着外部环境日益复杂、严峻和不确定的挑战，同时还承受着需求收缩、供给冲击、预期转弱三重压力。以下是课题组对国内 2022 年总体经济金融发展形势的分析以及对 2023 年宏观经济的展望。

（一）2022 年中国宏观经济发展情况概述

2022 年是我国"十四五"规划实施和党的二十大召开的重要一年，也是我国全面建设社会主义现代化国家新征程的起步之年。虽然面临着疫情散发、房地产市场低迷、俄乌冲突以及高温干旱等多重挑战，但我国及时采取了一系列稳定经济的措施，包括 33 项综合政策和 19 项接续政策，以及针对房地产企业融资的"三支箭"政策、20 条防疫政策和"新十条"政策等，保障社

会大局稳定。国民经济发展整体呈现先降后升的 V 形走势，稳中向好。产业结构相对平稳，发展质量稳步提高，物价水平总体稳定，货币政策保持稳健。整体经济表现情况主要体现在以下几个方面。

1. 国内生产总值（GDP）增速呈现 V 形走势

如图 1-18 所示，2022 年，我国 GDP 总量超过 120 万亿元，同比增长 60970 亿元，以不变价格计算，上升 3.0%。我国经济总量在年平均汇率下折算为 18 万亿美元，位居全球第二。如图 1-19 所示，2022 年第一、第二、第三、第四季度的 GDP 增长率分别为 4.80%、0.40%、3.90% 和 2.90%。全年人均 GDP 达到 85698 元，同比增长 3.0%。尽管经济发展面临一定压力，但国民经济仍然保持持续发展的趋势，经济总量再次上升。最终消费支出对 GDP 增长的贡献率达到 32.8%，资本形成总额的贡献率为 50.1%，货物和服务净出口的贡献率为 17.1%。

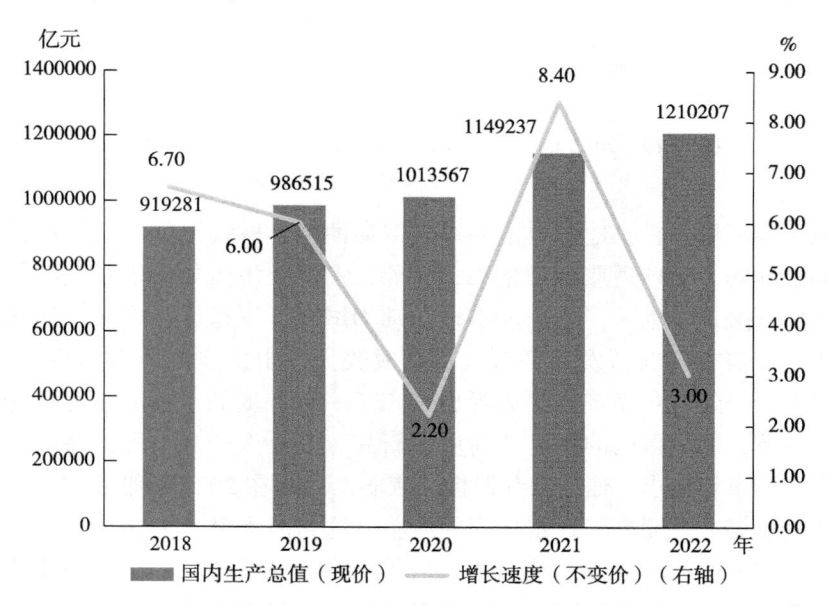

图 1-18　2018—2022 年中国 GDP 年度增长走势

（资料来源：国家统计局，课题组整理）

如图 1-19 所示，2022 年国内生产总值增长率呈现先降后升的 V 形走势。第一季度 GDP 同比增速为 4.80%，面对复杂严峻的国际环境，国内经济积极应对，实现了平稳开局。第二季度 GDP 同比增速为 0.40%，受到疫情散发和其他多种因素的影响，GDP 增速开始下降，但随后企稳回升。第三季度 GDP 同比增速为 3.90%，随着疫情管控逐步优化和经济政策的落实，国内经济呈现出逐步回暖的态势。进入第四季度后，GDP 增长有所波动，但整体仍处于恢复进程中，GDP 同比增速为 2.90%。这种 V 形增长曲线是国内外多种因素共同作用的结果。

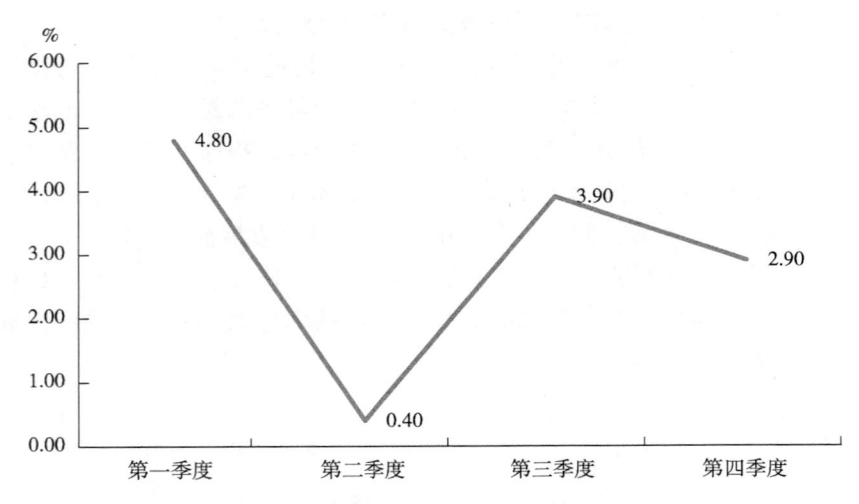

图 1-19　2022 年中国国内生产总值增长速度（季度同比）
（资料来源：国家统计局，课题组整理）

从国际环境分析，地缘政治冲突、俄乌冲突、极端天气、能源和粮食危机等问题加剧，全球通胀压力增加。此外，发达经济体如美国和欧洲带头加息，国际金融市场动荡，全球经济增长动力减弱，下行压力增大。从国内环境分析，疫情的多次暴发对经济运行造成较大冲击，房地产市场持续下行，夏季高温干旱天气对经济稳定运行也带来了一定程度的干扰。在这种持续高温的背景下，全国多地的用电负荷屡创新高，工业生产和居民消费均受到了负面影响，市场需求、信心和预期持续疲弱。但是在 2022 年第三季度，实体经济相较于第二季度有了一定程度的改善，这是因为供给方面的冲击得到了缓解，需求方面的刺激则持续发力。从供给方面来看，工业和服务业的生产相较于第二季度有了明显回升，疫情带来的生产和物流等供给方面的冲击也得到了缓解；从需求方面来看，基建投资已经开始发力，商品零售和服务消费相较于第二季度也有了一定程度的恢复。

通过分析 2022 年整体宏观经济数据可知，我国经济正逐步改善，在疫情防控措施优化、稳增长政策力度加大等因素的推动下，第三季度以来中国经济出现好转，呈持续恢复态势。

2. 产业结构相对平稳，社会生产力水平稳步上升

2022年，随着我国经济逐步恢复增长，产业转型继续优化，产业结构持续升级。第一产业增加值增长4.10%，达88345亿元，占国内生产总值的7.30%（见图1-20），同时，全国粮食总产量创13730.6亿斤新高。第二产业增加值增长3.80%，为483164亿元，占国内生产总值的39.90%，相比上年上升0.6个百分点。第三产业增加值增长2.30%，达638698亿元，占国内生产总值的52.80%，相比上年微降0.7个百分点。总体来看，我国产业结构相对平稳。

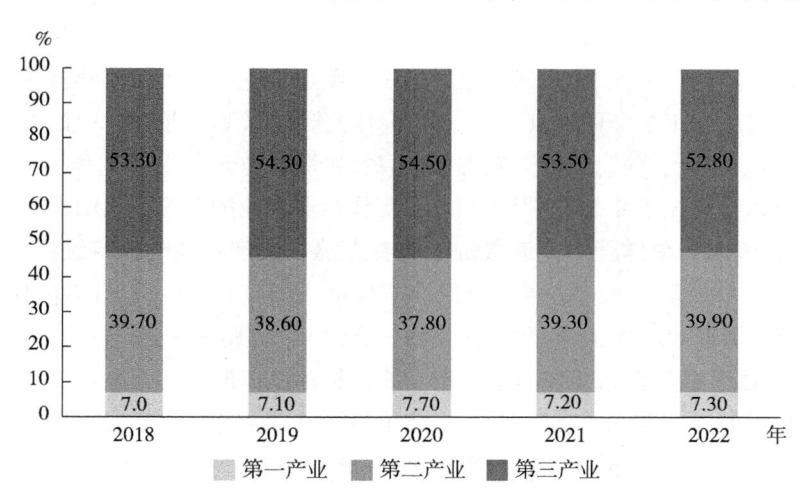

图1-20　2018—2022年三大产业增加值占国内生产总值的比重
（资料来源：国家统计局，课题组整理）

农业基础地位进一步巩固，农业综合生产能力得到提高，同时支农惠农政策力度不断加大。2022年，全国粮食产量再创新高，粮食生产稳步增长。2022年粮食总产量增加73.6亿斤，增长0.5%，达13730.6亿斤，且连续8年保持在1.3万亿斤以上。全国粮食播种面积增长0.6%，为118332千公顷。小麦、玉米产量得到提高，稻谷产量出现下降，种植结构得到优化。谷物总产量较2021年增加9.7亿斤，达12664.9亿斤，增长0.1%。其中，小麦产量较上年增加15.6亿斤，达2754.5亿斤，增长0.6%；玉米产量较上年增加93亿斤，增长1.7%，达5544.1亿斤；稻谷产量较上年减少87亿斤，下降2.0%，为4169.9亿斤。豆类产量显著增加，而薯类产量略有下降。全国豆类产量增加77.1亿斤，增长19.6%，达470.2亿斤。

2022年，工业经济保持平稳上升，且继续提升对国民经济的支撑和贡献，产业发展韧性保持增强，"专精特新"中小企业发展加速。全国规模以上工业增加值较上年增长 3.6%，包括制造业增加值、投资分别增长 3%、9.1%，规模以上工业企业出口交货值增长 5.5%。工业对经济增长的贡献率高达 36%。制造业增加值占 GDP 的比重提高了 0.2 个百分点，达到 27.7%。高技术制造业增加值增速高于制造业增加值增速 4.4 个百分点，增长了 7.4%。同时，新产品产量快速增加，新能源汽车分别以 96.9%和 93.4%的同比增长率实现了产量和销量双增长，其中产量连续 8 年保持世界第一。

服务业保持复苏，现代服务业呈现良好增势。2022 年，服务业增加值较上年提升 2.3%。其中，信息传输、软件和信息技术服务业增加值增长了 9.1%，金融业增加值增长了 5.6%。2022 年 12 月，服务业生产指数较上年减少 0.8%，降幅比上月缩小 1.1 个百分点。1 月至 11 月，规模以上服务业企业的营业收入提升 3.9%。其中，信息传输、软件和信息技术服务业及科学研究和技术服务业的营业收入都增长了 8.3%，卫生和社会工作行业企业的营业收入增长了 8.1%。

3. 物价水平总体稳定，消费价格略有上涨，生产资料价格持续回落

如图 1-21 所示，2022 年，居民消费价格指数（CPI）呈现出冲高回落的趋势，全年涨幅为 2%，低于预期目标（约 3%）。具体来看，1 月同比上涨 0.9%；2 月环比上涨 0.6%，但同比上涨幅度为全年最低的 0.9%；3 月以后，受到国内疫情多点散发和国际大宗商品价格上涨等因素影响，CPI 涨幅逐步上升，到 9 月同比上涨至 2.8%；但 10 月，受一些因素影响，如上年同期对比基数较高、节后消费需求减少，居民消费价格指数增长率有所下降。

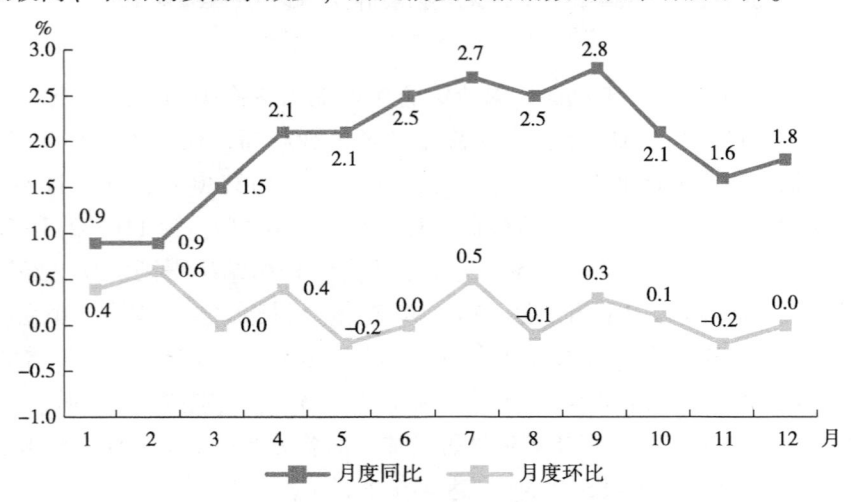

图 1-21　2022 年居民消费价格指数月度涨跌幅

（资料来源：国家统计局，课题组整理）

2022年前9个月，CPI同比呈现前低后高的稳定上升趋势，其中，食品价格上涨是主要原因。2022年9月，CPI达到新高，食品价格提升8.8%，其中鲜菜价格提升12.1%。但进入第四季度，CPI同比下降明显，可能是因为猪肉价格下降带动食品价格回落，同时受到翘尾因素影响，从而使CPI同比增速下降。

全年PPI同比持续下降，自1月高点9.1%起，呈逐月下降趋势，最终跌至-1.3%。原因是工业上游原材料、能源等价格下降导致生产资料价格同比继续下滑。同时，需求不足和上游工业传导效应的影响，也导致生产资料价格持续下降。

过去五年，原油产量一直持续上升。截至2022年，原油产量较上年增长2.9%，达到20467万吨。同时，原油进口量较上年下降0.9%，减为50828万吨。天然气生产增速在2022年有所放缓，全年天然气生产量为2178亿立方米，同比增长6.4%。天然气进口量为10925万吨，同比下降9.9%。此外，化学原料、化学制品制造业出厂价格指数累计增长7.7%。

在其他行业中，非金属矿采选业的营业收入为4432.6亿元，较上年增加367亿元，同比增长9.03%；全国规模以上非金属矿物制品业的利润总额下降15.5%；农副食品加工业的营业收入为48067.8亿元，同比增长0.4%。

4. 消费结构日益改善，居民生活水平不断提高

2022年，我国消费市场受到了多种超预期因素的冲击，如疫情散发、极端高温天气等，导致社会消费品零售额增速从2021年的12.46%下降至2022年的-0.25%（见图1-22）。

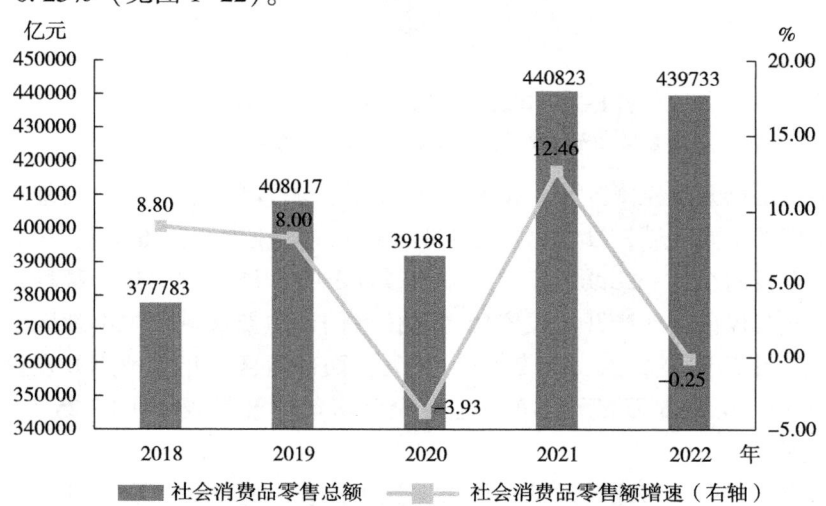

图1-22 社会消费品零售总额及增速

（资料来源：国家统计局，课题组整理）

尽管 2022 年我国消费市场遭受冲击，居民消费意愿下降，但社会消费品零售总额仍达 439733 亿元，较上年仅下降 0.25%。由此可以看出，我国内需规模仍在提升，市场潜力较大。网上零售保持逆势增长，全国网上零售额增长 4.0%，达 137853 亿元。其中，实物商品网上零售额为 119642 亿元，占社会消费品零售总额的比重增长 6.2 个百分点，达 27.2%。基本生活消费继续稳增，限额以上单位粮油食品类商品零售额增长 8.7%，限额以上单位饮料类商品零售额增长 5.3%。

5. 房地产市场持续下行，开发销售整体下滑

2022 年，我国房地产开发投资总额出现下滑，较上年下降 10%，减为 13.29 万亿元。其中，住宅投资达到 10.06 万亿元，占比最大，同比下降了 9.5%。办公楼和商业营业用房投资分别为 5291 亿元和 1.06 万亿元，同比分别下降了 11.4% 和 14.4%。

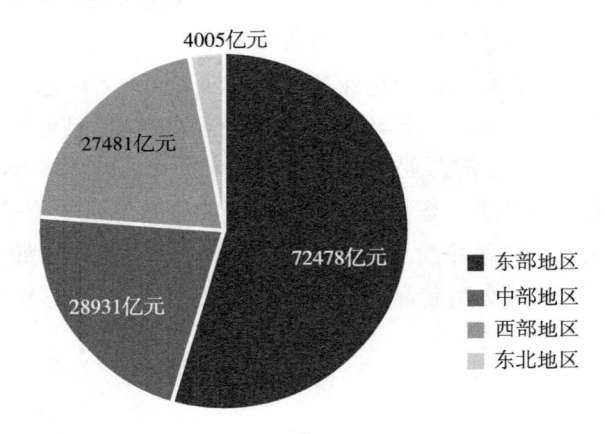

图 1-23　2022 年我国房地产开发投资分布

（资料来源：国家统计局，课题组整理）

在房地产开发投资方面，如图 1-23 所示，东部地区仍是拉动房地产开发投资上涨的主要区域，投资总额为 72478 亿元，较上年下降 6.7%。房企倾向于将资金投向东部一二线城市，广东省、江苏省和浙江省的投资额均超过万亿元，成为保证房地产开发投资维持高位区间的重要区域。中部地区全年房地产开发投资下降 7.2%，为 2.89 万亿元；西部地区全年房地产开发投资下降 17.6%，为 2.75 万亿元；东北地区全年房地产开发投资下降 25.5%，为 4005 亿元。

在供给方面，房地产开发企业房屋施工面积下降 7.2% 至 904999 万平方米，其中，住宅施工面积下降 7.3% 至 639696 万平方米。房屋新开工面积下降 39.4%至 120587 万平方米，其中，住宅新开工面积下降 39.8%至 88135 万平方米。房屋竣工面积下降 15.0%至 86222 万平方米，其中，住宅竣工面积下降 14.3%至 62539 万平方米。土地购置面积减少 11.4%至 25822 万平方米。2022 年全国土地购置面积累计同比下降 53.4%，下滑严重，仅为 10052 万平方米。

2022 年，房地产市场需求方面表现不佳。商品房销售面积下降 24.3%至 135837 万平方米，其中，住宅销售面积减至 26.8%。商品房销售额下降 26.7%至 133308 亿元，其中，住宅销售额下降 28.3%。整个行业的销售规模从 2021 年的 18 万亿元下降至 2022 年的 13 万亿元。2022 年末，商品房待售面积增长 10.5%至 56366 万平方米，其中，住宅待售面积上升 18.4%。

（二）2022 年中国宏观经济政策与大事件分析

1. 宏观经济政策分析

（1）货币政策。2022 年以来，全球经济增长速度下降，通胀居高不下，地缘政治冲突加剧，外部环境复杂多变。受新冠疫情影响，国内经济复苏基础尚不坚实，需求收缩、供给冲击、预期转弱等压力持续存在。为了支持实体经济发展和巩固经济回稳向上基础，2022 年 4 月 25 日和 12 月 5 日人民银行分别下调存款准备金率 0.25 个百分点。金融机构加权平均存款准备金率在两次下调后减至 7.8%。

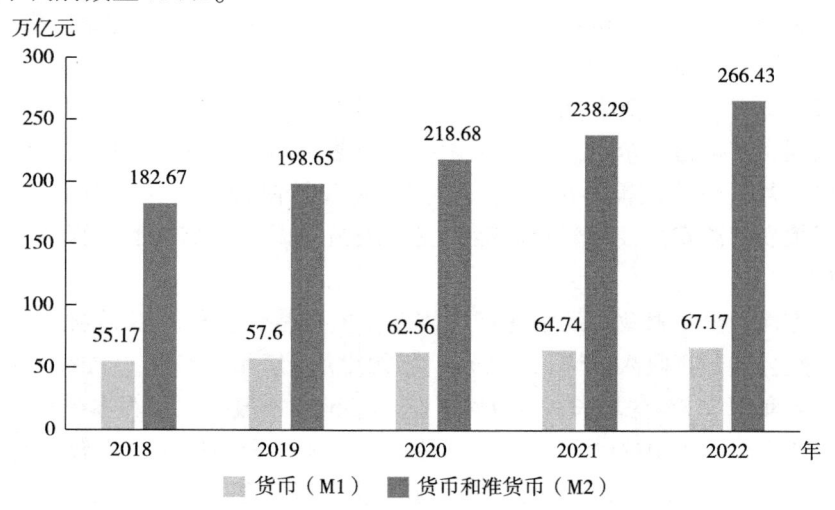

图 1-24　2018—2022 年我国货币供应量

（资料来源：中国人民银行，课题组整理）

2022年，我国净投放现金1.39万亿元。广义货币（M2）余额较上年增长11.8%，12月末达266.43万亿元（见图1-24），与上月相比，增速下降了0.6个百分点，但与上年同期相比却高出2.8个百分点。狭义货币（M1）余额较上年增长3.7%，达到67.17万亿元，与上月相比，增速下降了0.9个百分点，与上年同期相比高出0.2个百分点。流通中货币（M0）余额上升15.3%，达10.47万亿元。

人民银行使用中期借贷便利（MLF）和公开市场回购等货币政策工具，积极维护银行体系的流动性，以满足金融机构的流动性需求。此外，常备借贷便利（SLF）的利率走廊上限作用也得到了充分发挥。2022年，1年期LPR降低了5个基点，5年期以上LPR总计下调30个基点。LPR的下降有助于降低实体经济融资成本，促进信贷投放，提升经济复苏速度。此外，LPR的下降有助于稳定房地产开发贷款投放，提升居民消费预期，使房地产市场更加稳定。

2022年3月以来，人民币汇率短期内处于下跌趋势，原因在于美联储持续加息导致美元指数强势上涨。2022年9月28日，人民银行将远期售汇业务的外汇风险准备金率从0调升至20%，目的在于缓解输入性通胀压力、加强宏观审慎管理从而使外汇市场预期稳定。此举有助于增加外币供应、稳定汇率，向市场传递稳汇率的信号，降低资本外流风险。2022年我国货币政策不只体现在M1、M2等经济指标上，还在经济平稳增长的过程中逐步深刻地调整经济金融结构，高效做好精准滴灌，与财政政策相协调，推动逆周期调节，强化金融服务实体经济的效率。

（2）财政政策。2022年，我国实施积极的财政政策，使经济运行保持在合理区间；秉持稳中求进工作总基调，全面落实新发展理念，加速构建新发展格局，各项财政政策早出快出，全力支持疫情防控，加大财力下沉力度，支持保粮食能源安全，尽管财政运行受到疫情等因素影响，但预算执行情况总体良好。

一方面，全年财政收入增速有所放缓，主要是受多种因素影响。2022年全国一般公共预算收入仅增长0.6%，为20.37万亿元。其中，中央一般公共预算收入实现3.8%的增长，为94885亿元；地方一般公共预算本级收入比上年减少2.1%，为108818亿元。受多种因素影响，全国税收收入较上年下降3.5%。下半年随着稳经济措施逐步落地见效，相关税种的增长逐渐恢复。全国非税收入实现了24.4%的增长。

此外，重点领域得到有力保障，财政支出规模保持稳定。2022年，我国一般公共预算支出较上年增长 6.1%，超过 26 万亿元，保持稳健增长态势。其中，中央一般公共预算本级支出较上年增长 3.9%，为 35570 亿元，地方一般公共预算支出较上年增长 6.4%，为 225039 亿元。同时，有针对性地调整财政支出结构，为党中央和国务院决策部署的政策、改革措施提供全面保障，为"十四五"规划重点项目提供支持。卫生健康、交通运输支出分别上升 17.8%、5.3%，社会保障和就业、教育支出分别提高 8.1%、5.5%，科学技术支出增长 3.8%。

2. 宏观经济大事件分析

（1）中美签署审计监管合作协议。2022 年 8 月 26 日，中国证监会、财政部和美国公众公司会计监督委员会达成审计监管合作协议，主要约定了双方在日常检查和执法调查方面的合作安排，包括合作目的、范围、形式、信息使用和特定数据保护等事项。其内容包括以下几个方面：首先，对等原则。中美双方都要遵守协议条款。双方可以在对方辖区内检查和调查相关会计师事务所，被请求方应尽力提供协助。其次，合作范围。该协议涵盖了多个方面的协助内容，其中包括协助对相关会计师事务所进行检查和调查，以及提供审计服务给在内地存有审计底稿的香港会计师事务所，以此为中概股提供支持。最后，协作方式。双方将在检查和调查计划方面进行提前沟通和协调。在对会计师事务所的检查和调查中，中国监管部门审批通过后，美方可获取审计底稿等文件，并在中方参与协助下对相关人员进行访谈问询。此协议的签署让超过 280 只中概股受益，降低了其退市风险。该协议的签署为中美跨境监管合作开启了新的篇章，为企业跨境上市提供了良好的监管环境，为投资者的合法权益提供了一定保护，使会计师事务所执业质量得到提高，具有积极意义。

（2）地产行业"三支箭"政策。由于国内经济和房地产周期的下行，近年来房地产市场逐渐低迷。人民银行在 2018 年提出"三支箭"政策后，与其他有关部门采取了从债券、信贷和股权三个主要融资渠道出发的政策组合，支持民营企业拓宽融资渠道。2022 年，中央多次发布稳定房地产市场的维稳信号。11 月起，中央陆续推出支持政策，涵盖信贷、债券和股权三个领域，从而确保房地产供应侧稳定安全和房地产行业健康发展。

第一支箭：信贷，万亿元级授信支持"金融 16 条"。房地产企业通常依赖开发贷款来支持地产开发和投资，因此其信贷融资状况备受关注。2022 年 11 月，房地产销售和投资表现疲软，对此政府加大了对房地产的支持力度。中国人民银行和中国银保监会于 2022 年 11 月 23 日发布了"金融

16 条",从六个方面支持房地产行业的融资需求,包括保持房地产融资平稳有序、"保交楼"、受困房企风险处置、保障消费者合法权益、调整部分管理政策以及住房租赁金融。

第二支箭:债券,延期扩容纾困房企融资。为了促进民营企业发展,中国银行间市场交易商协会在人民银行的支持和指导下,推出了"扩大民营企业债券融资支持工具覆盖面"计划,将支持约 2500 亿元并可根据需求扩大规模的民营企业债券融资。方法包括提供担保增信、创建信用风险缓释凭证、直接购买债券等,通过这些方式,人民银行为包括房企在内的民营企业提供债券融资支持。

第三支箭:股权,阔别多年重启显稳地产决心。2022 年 11 月 28 日,中国证监会公布政策,重新开展上市房地产企业和涉房上市公司再融资活动,规定其可采用非公开方式进行再融资。"保交楼、保民生"等相关政策支持的房地产项目、经济适用房、棚户区改造等项目将是所募资金的主要流入方向,此外,涉房上市公司可以通过再融资将募集资金用于主营业务。

信贷、债券、股权融资"三箭齐发",初期效果立竿见影。据中指研究院不完全统计,有 120 多家房企在"金融 16 条"发布实施后获得额度超 4.8 万亿元的银行授信,其中,万科、绿城、美的置业均获得超过 10 家银行的授信支持,单家企业获授信额度最高超过 4000 亿元;2022 年 11 月以来,有 8 家民营/混合所有制房企积极申请储架式注册发行,债券意向发行规模超千亿元;已有 30 余家房企在股权融资信号发出后宣布配股或定向增发计划。

(3)绿色金融"五大支柱"加快成型,压实"双碳"金融基石。2022 年,我国在疫情、气候变化、粮食危机、战争和通胀等困境下,仍积极推进绿色金融,加速实现"双碳"目标。尽管全球金融市场波动、美联储和欧洲中央银行多次加息,以及欧洲碳中和计划的阻碍等国际不确定性屡现,但中国的绿色金融仍在保持蓬勃发展并领跑全球。中国式现代化的稳定动力得以保证,碳达峰、碳中和进程成为其中的重要推动力量。

2022 年 4 月,《碳金融产品》金融行业标准(JR/T 0244—2022)由证监会推出,明确了碳金融产品实施要求;6 月,《银行业保险业绿色金融指引》出台,将绿色金融发展提升到战略层面,并将环境、社会和公司治理(ESG)要求纳入全面风险管理体系。7 月,中国银行间市场交易商协会发布了《中国绿色债券原则》,建立了全国统一的绿色债券标准;11 月,人民银行推出了《G20 转型金融框架》。

2022 年,我国绿色债券市场持续扩大。根据有关机构的数据,2022 年新增发行绿色债券515只，同比增长5.75%，总规模增长43.35%，达8720.16亿元。截至年底，绿色债券累计发行规模、存量规模分别为2.63万亿元、1.54万亿元。截至10月底，我国绿色贷款余额较上年增长41.4%，为20.9万亿元。此外，碳减排支持工具的使用已经成功帮助减少了超过8000万吨的碳排放量。

自"双碳"目标被提出以来，我国绿色金融发展一路狂飙，尤其是绿色金融体系的"五大支柱"（包括绿色金融标准体系、金融机构监管和信息披露、绿色金融激励约束机制、绿色金融产品和市场体系、绿色金融国际交流合作）快速形成，推动了绿色金融应用的普及和市场的拓展，充分发挥了金融资源配置、风险管理和市场定价三大功能。然而，我国绿色金融仍处于由政策导向向市场导向转变的探索阶段，绿色投融资仍存在期限错配、信息不对称、缺乏产品和分析工具等问题，绿色金融标准体系、激励约束机制等金融基础设施仍待完善，包括如何与普惠金融协调发展、如何与金融科技结合、如何与转型金融衔接等也将成为绿色金融发展的重要议题。

（4）个人养老金制度建设全面推进。2022年11月25日，人力资源社会保障部发布消息，正式实施个人养老金制度。中国社保养老制度建立了"三支柱框架"，包括由政府主导并负责管理的基本养老保险、企业与职业年金，以及团体或个人自愿购买的商业人寿保险。此外，全国社会保障基金也作为一种保障储备形式存在。个人养老金制度的实施，主要在于补充和完善第三支柱，采用独立账户、个人缴费、多元投资等方式，并有可能获得一定的税收优惠。

中国社保养老制度存在结构不均衡和总量不足的问题，第一支柱占据总规模的近70%，第二、第三支柱发展相对不足。目前，三大支柱的规模合计占GDP的13%。为了使三大支柱发展得更加均衡，提升养老储备，政府推出个人养老金制度。该制度重点在于以下几个方面：（1）参与范围。涵盖了缴纳城镇职工基本养老保险或城乡居民基本养老保险的劳动人员。（2）参与方式。实行个人账户制度，由个人全额承担缴费，采用完全积累方式。（3）政策优惠及限制。政府推出税收优惠政策，鼓励合格人员参与个人养老金制度。（4）缴费水平。每年缴纳个人养老金的上限为12000元，缴费上限将根据经济社会发展水平和多层次、多支柱养老保险体系的发展情况等因素进行适时调整。（5）投资方式。个人账户资金可用于购买金融产品，如银行理财、公募基金、储蓄存款、商业养老保险等，以满足不同投资者的需求。（6）分步实施。该制度将分步实施，首先在部分城市试行一年，然后逐步推开。

通过推进个人养老金制度的发展，中国居民可以更好地实现资产配置的多元化，实现从不动产和存款向金融资产的转移，为资本市场注入新的长期资金。由于目前政策与产品特点的限制，短期内，个人养老金可能更倾向于投资固定收益类资产，特别是长期且高收益的信用债券。随着个人养老金规模的增加，权益类资产的配置比例有望提高。个人养老金的长期资金流入有助于增加机构投资者在A股市场中的占比，减轻市场波动，提倡价值投资和长期投资理念，推动资本市场高质量发展。

（三）2023年中国宏观经济展望

2023年是贯彻党的二十大各项战略部署的首年，同时也是政府换届之年。为了促进国内经济发展，形成以国内大循环为主体、国内国际双循环相互促进的新发展格局是目前的主要任务。作为新发展格局的主体，国内大循环对形成内生发展动力并掌握发展主动权至关重要。当前，我国经济经历了俄乌冲突、通胀飙升、美联储加息等多重复杂的外部压力，经济恢复基础仍不牢固，同时面临"需求收缩、供给冲击、预期转弱"三重压力和不稳定的外部环境。虽然当前面临一些挑战，但基本面没有改变，我国经济仍具有强大的韧性、巨大的潜力和充沛的活力，长期保持向好态势，并且资源要素条件有助于支撑经济发展。随着疫情防控措施不断优化和各项政策逐步落实，生产生活秩序有望迅速恢复，这将进一步增强经济增长的内生动力。

1. 经济水平展望

2023年《政府工作报告》提出了经济增长目标，其中包括国内生产总值增长约5%；城镇新增就业约1200万人，城镇调查失业率约5.5%；确保居民收入增长与经济增长基本同步，使居民消费价格上涨约3%。2023年第一季度经济恢复好于预期，实际GDP同比增长4.5%，比市场预期高出1.6个百分点。在宏观经济总体回暖的背景下，居民人均可支配收入增速回升到了5.1%。第二季度，经济将有望快速反弹，预计增长率能够达到7.5%~8%，这得益于低基数和新一轮稳经济政策措施。经济运行有望在下半年逐渐稳定，预计随着房地产市场企稳和消费复苏，第三季度和第四季度的经济增速分别为4.5%和6.5%左右。总的来看，全年实际GDP增速有望达到潜在增速区间的5.5%左右。

2. 物价及消费展望

2023年，我国居民消费价格指数（CPI）将继续温和上升。由于外部通胀压力缓解，食品价格相对稳定，翘尾因素相对较低，预计CPI上涨将受到一定限制。猪肉方面，2022年4月以来，猪肉价格由于供应偏紧而出现了回升，但在中央加大冷储投放力度的作用下，猪肉价格在10月下旬触顶回落，并在入冬后因需求不旺而弱于预期。2023年下半年，随着疫情防控措施的优化和内需逐步复苏，猪肉供应有望得到保障，猪肉价格涨幅预计有限。同时，核心CPI将因内需的推动而修复，并主导CPI中枢的回升。预计2023年CPI略高于上年水平，同比上涨约2.1%。

预计2023年PPI上升约0.5%，逐步摆脱2022年底的萎缩状态。主要有以下几点原因：首先，随着内需逐步恢复，下游需求将逐渐提高，从而支撑PPI的增长。尽管全球大宗商品价格下跌，2022年PPI中上游价格（生产资料）下降，但下游价格（生活资料）表现出一定的韧性，表明需求恢复正在支撑工业品价格。

其次，尽管2022年我国房地产市场深度回调导致中游建材相关生产资料价格下降，但随着疫情逐步好转和各项政策的落实，预计2023年房地产投资将低位企稳，为生产资料价格提供一定支撑。

最后，全球大宗商品价格存在反复的可能性。尽管全球大宗商品价格近期已出现下跌趋势，但地缘政治风险（如俄乌冲突、中东地区政治摩擦）和灾害等可能导致全球大宗商品价格波动，同时，中国需求的迅速复苏也可能会扰动全球大宗商品市场。因此，2023年我国PPI预计将以通缩为开局，但随着内需逐步恢复和全球大宗商品价格的影响，将缓慢回升，预计将比上年上升约0.5%。

社会消费品零售总额2023年3月增长10.6%，相比2022年12月增长了12.4%。同时，餐饮收入和住宿餐饮业增加值的平均增速已经恢复到疫情暴发前的水平，这表明消费有望出现较明显的复苏。由于低基数的影响，预计2023年社会消费品零售总额将实现约9.0%的增长。这主要受到以下因素影响：首先，在疫情防控措施不断优化的背景下，消费场景正在逐步恢复。这意味着经济和社会运行将逐渐回归正常水平，因此线下接触性和聚集性消费也将逐步恢复。其次，稳经济政策持续支持、疫情防控政策逐步优化共同引导经济实现温和复苏，使就业扩大、居民收入增加，且提高居民消费能力和意愿。最后，政府即将实施新的促进消费政策。中央经济工作会议提出了"要把恢复和扩大消费摆在优先位置"的政策方针，并采取了一系列促进消费的措施，如支持住房改善、多渠道增加城乡居民收入等。《扩大内需战略规划纲要（2022—2035年）》也提出了一系列促进消费的具体措施，以加速消费提质升级。

3. 货币政策和财政政策展望

（1）货币政策。展望 2023 年，中国将保持稳健的货币政策精准有力。重点优化跨周期调节，保障货币政策工具总量和结构的双重作用，全力实现稳增长、稳就业和稳物价目标，支持扩大内需和实体经济发展。为了确保货币政策传导机制畅通，保持适度的流动性和信贷增长，货币供应量和社会融资规模的增长速度要与名义经济增速相适应。此外，应充分利用政策性开发性金融工具，重点支持基础设施建设，促进政府投资引导民间投资。结构性货币政策工具应继续支持国民经济重点领域和薄弱环节的发展，实现区域协调发展，坚持"聚焦重点、合理适度、有进有退"。2023 年经济政策重点是有效防范化解房地产市场头部优质房企风险，改善资产负债状况，确保保障房建设、民生和社会稳定工作的开展，加快完善住房租赁金融政策体系，推动房地产业向新发展模式平稳过渡。除了继续实施房企金融支持政策外，在放宽购房条件、降低首付比例、下调房贷利率等方面还有较大空间，其中，引导房贷利率持续降低是稳定房地产市场的关键。因此，2023 年结构性货币政策重点在于针对房地产的定向降息。

（2）财政政策。2023 年积极的财政政策加力提效，为扩内需、稳经济提供支撑。为了提高财政资金配置效率、使用效益，恢复并增强经济增长内生动力，应通过进一步的减税和降费以及加强预算安排来改善市场主体的信心和预期，并通过优化政策实施机制来更好地发挥积极财政政策的作用。

一是适度上调赤字率。由于 2023 年财政收支仍然存在较大矛盾，且可用结余资金略低于往年水平，因此需要适度上调赤字率。预计 2023 年赤字率约为 3.0%，较上年上升 0.2 个百分点。这意味着对应的赤字规模将达到约 3.88 万亿元，增加了 5100 亿元，目的在于为今后应对风险挑战留出政策空间并保持财政可持续性。

二是加大财政支出力度，规模提升，增速下降。2023 年财政支出预算增速下降 0.5 个百分点，为 5.6%，但支出规模达 27.5 万亿元，上升约 1.5 万亿元。以下因素将致使支出规模扩大：首先，赤字规模增加了 5100 亿元；其次，2022 年基数偏低，随着 2023 年经济恢复，居民收入有望恢复性增长；最后，2022 年用于支持基层减税降费的 4000 亿元仍计入 2023 年预算。实际预算增速为 3.8% 左右。

三是专项债规模适度调升。为了应对日益复杂的国内外环境和满足经济稳步恢复的需要，预计 2023 年专项债发行规模将为 3.8 万亿元，较上年增加约 1500 亿元。

四是减税降费政策将更加精准有效。国务院常务会议已于 2023 年 3 月 24 日部署延续和优化部分阶段性税费优惠政策，以提高政策的准确性和针对性。主要针对国民经济重点领域及薄弱环节，如科技创新、重点产业链、中小微企业、个体工商户和特困行业等。预计每年减负规模将超过 4800 亿元。

4. 房地产展望

展望 2023 年，房地产行业有望逐步企稳回暖。国内疫情防控措施不断优化，加上一揽子经济政策的实施，促进了经济活动和就业的恢复，市场信心得到提振。同时，在居民购房综合成本降至历史最低点等多重因素的共同作用下，房地产行业预计将逐步复苏。2023 年 1 月至 3 月，全国房地产市场的主要指标，如商品住宅销售价格和成交量等，均呈现出积极变化，市场明显复苏并出现企稳回升趋势。然而，多方市场人士反映，自 3 月下旬以来，房地产市场活跃度有所下降，需重点关注市场回暖的持续性和稳定性。

2023 年，房地产工作将重点围绕以下五个方向进行：第一，注重"保交楼、保民生"。政府已提供 3500 亿元专项资金支持"保交楼"，且商业银行在未来还将得到政府所提供的 2000 亿元免息再贷款。此外，"保交楼"专项基金也在各地政府引导下积极筹集。

第二，预防化解头部优质房企风险。头部房企体量大，具有重要影响力，是调控的重点。根据中央经济工作会议的指示，政府将满足头部优质房企的合理融资需求，改善其资产负债状况。推动行业重组和并购，让头部优质房企成为支持重组和并购的主体，通过抓大放小的方式，进一步提升行业集中度。

第三，满足刚性、改善性住房需求，优化住房调控政策。在已出台的"因城施策"政策基础上，打破制约合理住房消费的障碍。包括降息、降低首付比例、税费优惠、购房补贴、适度放松限购等政策将得到进一步优化。

第四，使新市民、青年人住房问题得到妥善解决。其中，保障性租赁住房和长租房是主要手段。财政部和国家税务总局实施税收优惠政策、人民银行和银保监会规定保障性租赁住房贷款不受房地产贷款集中度管理限制、国家发展改革委将保障性租赁住房纳入基础设施 REITs 试点等目的在于支持保障性租赁住房发展。

第五，推动房地产发展模式转型。尽管目前还没有一个明确的概念能涵盖新发展模式，但从传统的增量开发模式向存量运营模式转变是其中的一个重要方面。这种转变包括城市更新和长租房市场等领域，这些领域将成为越来越重要的赛道。

5. 总结

2023年，我国总体经济形势以稳为主，工作重点是稳定经济增长、就业和物价水平，同时有效预防化解重大风险，促进整体经济运行的改善。以内促外，加快构建双循环新发展格局。2023年，在扩大内需方面，既要在需求侧着力，也要改善供给结构。预计全年经济增长5%。消费市场将保持高档消费增势较好、中低档消费修复偏慢、服务消费回升的趋势，深入挖掘其巨大潜力，居民可支配收入稳步提升。实施积极的财政政策和稳健的货币政策以预防化解重大经济金融风险，共推高质量发展。为更具针对性的投资适度增加财政支出规模；货币政策实施力度加大，支持重点基础设施建设和扩大消费。加强金融体制改革，强化金融监管，落实各方责任，防范区域性和系统性金融风险的形成。有效改善头部优质房企资产负债状况并预防化解其风险，避免过度扩张，保持房地产业平稳发展。通过优化债务期限结构、降低利息负担等方式，控制新增债务规模，化解存量债务，防范化解地方政府债务风险从而实现稳健发展。

三、2022年中国资本市场发展情况

2022年是曲折的一年。俄乌冲突，通胀高企，欧美加息，疫情肆虐，波动加剧。随着国内疫情防控措施的优化，奥密克戎对市场的影响有所减少。2022年也是创新的一年。做市商交易制度已经在科创板落地实施，多层次的中国资本市场进行了全面深化改革，稳步推进了个人养老金制度，党的二十大胜利召开也给市场指明了方向。通过回顾2022年中国资本市场发展概况，我们将更加明晰2023年中国资本市场发展趋势。

（一）A股市场行情分析

2022年，A股市场表现不佳，呈现出弱势调整的格局。有外部因素，包括俄乌冲突、美联储加息等对股市形成下行压力，也有内部因素，如国内疫情反复、需求不振、经济表现较为疲软等。如图1-25所示，股市自2022年一开始就呈现出震荡下跌的趋势，4月上证指数跌破3000点关口，虽然之后略有反弹，但随着经济压力的出现，第三季度再度下跌回撤，上证指数又一次跌破3000点大关。年底，股市随着经济形势好转超跌反弹，且反弹走稳趋势明显。

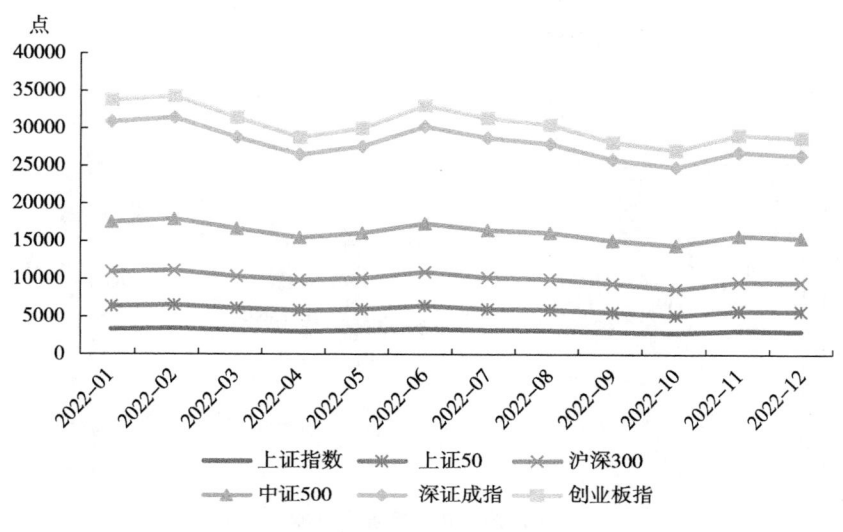

图1-25 2022年A股主要指数走势

（资料来源：Wind，课题组整理）

如表1-1所示，2022年，上证指数下跌15.13%，深证成指下跌25.86%，沪深300下跌21.63%，中证500下跌20.31%，创业板指下跌29.37%，上证50下跌19.52%，各大指数呈现出普遍下跌的趋势，其中创业板指跌幅最大。

表1-1 2022年A股主要指数涨跌幅

证券代码	证券简称	跌幅（%）
000001.SH	上证指数	15.13
000016.SH	上证50	19.52
000300.SH	沪深300	21.63
000905.SH	中证500	20.31
399001.SZ	深证成指	25.86
399006.SZ	创业板指	29.37

资料来源：Wind，课题组整理。

分行业来看（见图1-26），只有综合板块和煤炭板块上涨，其他各大行业普遍下跌回调。社会服务、房地产、交通运输和零售商贸板块跌幅较小，在10%以内，但是传媒、非银金融、电子、医药生物等板块跌幅较大，均超过20%，表现偏弱。

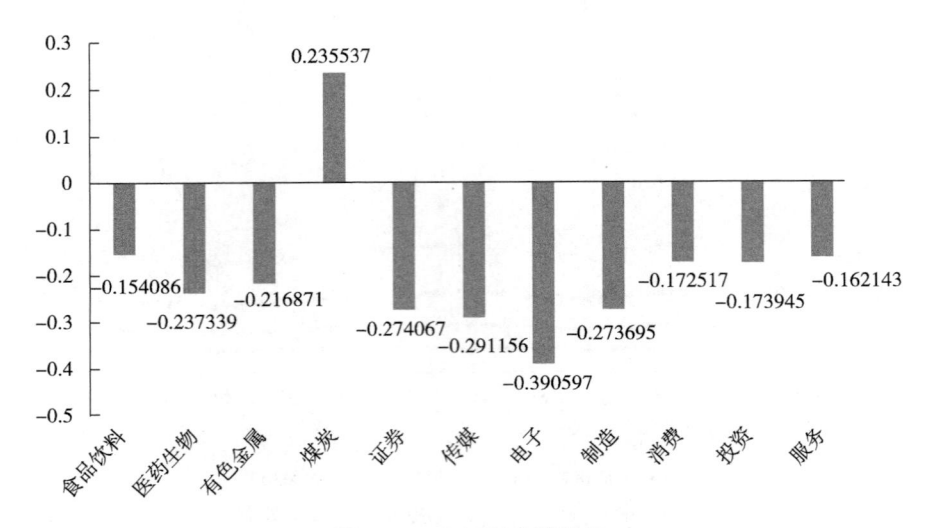

图 1-26 申万行业涨跌幅

（资料来源：同花顺 iFinD，课题组整理）

2023 年将会是经济全面复苏的一年，随着疫情防控措施的优化，在经济政策以及流动性较为利好的环境下，经济复苏趋势逐渐明朗，但是不可掉以轻心，需要谨慎对待国内需求恢复不足以及国外经济严重衰退的风险。对 2023 年股市持乐观态度的原因主要有以下几点：第一，从全球来看，欧美加息周期已进入尾声，外部市场需求有望逐步恢复，国际经济环境有望边际改善。第二，资本市场方面，全面实行注册制改革有望进一步健全市场投融资功能，让金融体系更好地为实体经济服务。第三，从市场来看，业绩与股票估值同步修复可期。第四，从增长维度来看，投资、消费同步恢复将会促进内需进入增长轨道。

（二）债券市场行情分析

2022 年我国债券市场较为稳定，呈现窄幅震荡趋势，主要有以下三个特点。

一是窄幅震荡趋势。2022 年，我国债券市场长短期收益率均呈现出明显的震荡趋势，且振幅较窄，波动较小（见图 1-27）。同时，我国债券市场对政策面和资金面的反应明显强于基本面。债券在较窄的范围内波动的原因是 2022 年一直保持相对宽松的货币环境，利率一直在较小的范围波动。

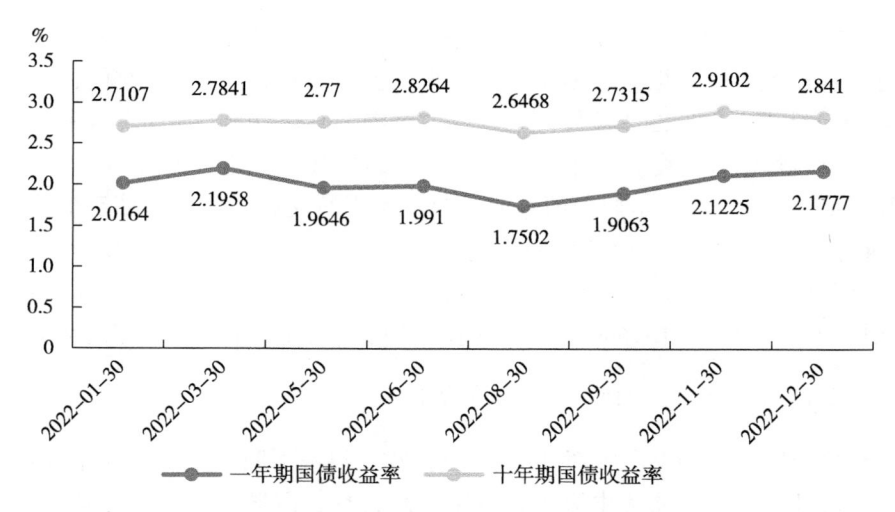

图 1-27　2022 年长短期国债到期收益率

（资料来源：同花顺 iFinD，课题组整理）

二是"总量+结构"工具为主。2022 年，受到疫情形势和防控政策调控的影响，国内经济整体疲软，经济的修复遇到了包括居民收入不佳、资产受损等各种困难。同时，货币政策主要维持稳健基调，坚决不搞大水漫灌，在流动性较为充裕的情况下，公开市场操作边际收紧。在此背景下，2022 年我国货币政策以"总量+结构"工具为主，且价格型货币政策工具的使用频次增多，政策利率连续下调。

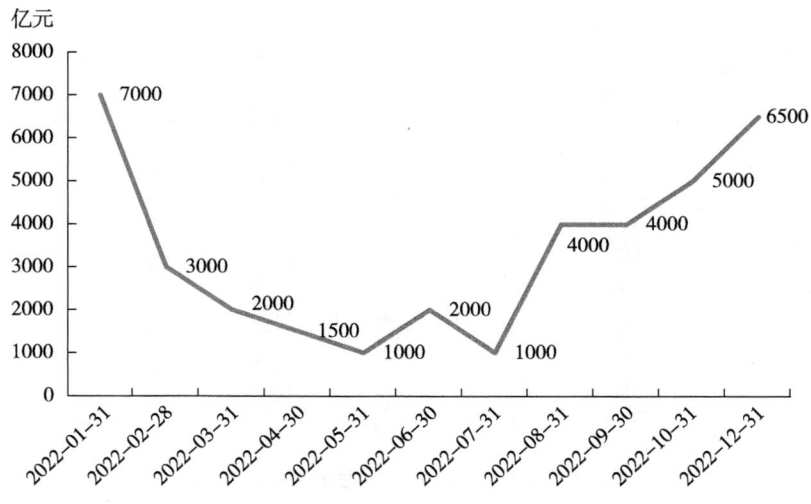

图 1-28　一年期 MLF 投放总量走势

（资料来源：同花顺 iFinD，课题组整理）

2022年，人民银行多次下调政策利率，1年期和5年期LPR跟随下调。同时，再贷款类型及规模不断丰富。此外，公开市场操作主要根据流动性需求进行灵活调节，2022年总体流动性较为充裕，公开市场操作边际收紧。

三是风险偏好转变。从信用市场来看，2022年上半年中债企业债收益率持续走低，6个月和1年期中债企业债收益率下行明显，短期预期反应明显；5年期和10年期中债企业债到期收益率全年相对较为稳定。随着疫情防控措施的优化以及房企融资政策的放宽，风险偏好上升，导致中债企业债收益率迅速拉升。2022年，中债企业债收益率走势的变化反映了风险偏好的转变。

（三）股权融资一级市场行情分析

外部地缘政治冲突和内部疫情反复对2022年中国股权融资一级市场造成了较大的冲击，叠加欧美中央银行持续加息，A股市场的不确定性加强，一级市场全年的发行数量较上年有所下降。我国经济在多种不利因素的影响下仍然表现出了强大的活力与韧性，北京证券交易所的开市与平稳运行吸引了许多优质企业发行上市，IPO融资额全球领先，在沪深交易所的融资表现仍然持续稳定。资本市场改革制度的持续深化和各项稳中求进的宏观经济政策的落实，都使我国资本市场有效服务实体经济的能力大幅加强。

根据Wind统计数据，虽然2022年中国IPO融资规模在全世界来看是最大的，属于一枝独秀，但是相比于上年同期，各种途径的募资事件（包括IPO、增发和配股等）都有所减少（见图1-29）。

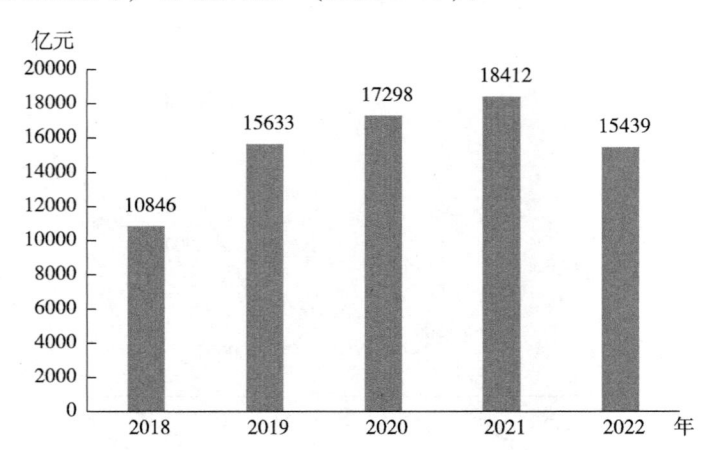

图1-29　2018—2022年A股股权融资规模

（资料来源：Wind，课题组整理）

分季度来看，2022年第一季度募集资金3623亿元，相比于上年同期增长12%；第二季度募集资金3270亿元，相比于上年同期下降20%；第三季度募集资金5072亿元，相比于上年同期上升1%；第四季度募集资金3474亿元，相比于上年同期下降43%。全年融资规模呈现波动状态。

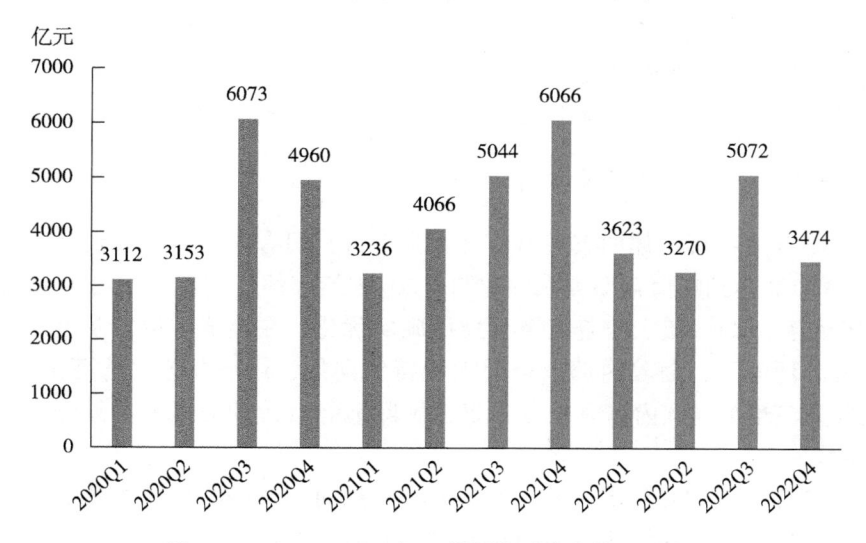

图 1-30　2020—2022 年 A 股股权融资规模（季度）

（资料来源：Wind，课题组整理）

从券商承销维度来看，排名第一的是中信证券，总承销金额为3395亿元。排名第二的是中金公司，总承销金额为1933亿元。排名第三的是中信建投，总承销金额为1777亿元。排名第四的是华泰联合，总承销金额为1406亿元。排名第五的是国泰君安，总承销金额为910亿元。

（四）金融资管政策

一是逐步健全退市机制。2022年，《关于完善上市公司退市后监管工作的指导意见》正式发布实施。其主要提出严格执行强制退市制度，强化退市程序衔接，使上市公司更能公平竞争，优胜劣汰，形成良性的竞争机制，并进一步完善防范风险的机制等。

二是科创板试点做市交易。2019年科创板创立初期，证监会便提到"在竞价交易基础上，条件成熟时引入做市商制度"，如今科创板即将迈入第四年，各方条件已渐入佳境。在这种背景下，做市商的准入条件和程序以及事中事后监管的相关内容在2022年5月13日如期发布。上海证券交易所也同步采取措施，对于科创板做市交易业务给出了更加明确的监管和交易安排。

三是落实ESG理念。国务院国资委在2022年5月27日重磅发布了《提高央企控股上市公司质量工作方案》，明确指出央企应在资本市场中发挥带头示范作用，落实新发展理念，逐步探索建立完善的ESG体系。要立足国有企业实际，积极推动更多上市公司披露ESG专项报告，努力构建ESG投资指引、ESG信息披露规则等具有中国特色的ESG体系，力争到2023年相关专项报告披露全覆盖。自此，央企ESG信息披露成为不可逆转的趋势。

（五）2023年中国资本市场展望

2023年各大经济体的表现分化，股市上行空间有限，美国政策利率或将在2023年底达到峰值，即美联储或将在2023年底停止加息。2023年将会是经济全面复苏的一年，随着疫情防控措施的优化，在经济政策以及流动性较为利好的环境下，随着内部投资和消费持续向好，经济复苏趋势逐渐明朗，但也需要谨慎关注国内需求恢复不足、国际地缘政治冲突以及国外经济衰退的风险。

2022年，美国经济下行的巨大压力及短期通胀预期的扰动导致美债收益率深度倒挂，对全球债券市场影响深刻。同时，中国债券市场对政策面和资金面的反应明显强于基本面，长短期收益率均呈现出明显的震荡趋势，且振幅收窄，波动减小，年末债市收益率出现超预期上调。预计2023年，强预期的影响将进一步激发中国债券市场的活力。对于利率产品而言，随着国内疫情高峰期结束，经济基本面逐渐恢复，经济复苏信心增强，我们认为2023年债券利率将继续2022年的震荡趋势，且区间范围更大。需注意，在后疫情时代，经济仍是弱复苏，在通货膨胀显现之前，货币政策或将保持宽松以支撑经济，故利率上升空间有限。

四、2023年资产配置建议

课题组对2023年宏观经济进行了展望，提出当前我国经济正处于弱复苏的态势与周期，海外经济则可能由滞胀转向衰退，整体呈现出内强外弱的格局。

从海外宏观经济周期来看，金融市场对欧美经济的预期较为悲观。美国十年期国债和两年期国债利差严重倒挂，失业率上升，出现经济低迷预警，外国投资者对美国经济增长的预期持续下降。欧洲主要经济体也面临巨大的通胀压力，超预期收紧流动性，再加上俄乌冲突带来的能源危机影响，在一定程度上抑制了居民需求，削弱欧洲经济。

对于国内经济而言，随着疫情影响转向，内外循环双向发力，经济逐步见底回升。中央经济工作会议明确提出大力提振市场信心，宏观经济政策积极发力但不强刺激，财政政策继续发力，货币政策维持偏宽松、流动性充裕格局，释放明显的稳增长信号。地产行业从"保交楼"到当前的"保主体、保需求"，市场迎来很大转机，政策不断发力促进房地产企稳，继续提及"房住不炒"基调，不搞强刺激。在自然需求方面，超额储蓄有望在疫情管控措施放松后，迎来短期的消费修复，从而化解市场对经济下行的担忧。

（一）股票市场

课题组对2023年中国A股市场整体持乐观态度。预计中短期内中国经济将共振上行，在海外紧缩影响缓解、国内经济复苏态势加强、利润改善、历史估值较低的情况下，A股市场将逐渐启动修复行情。与此同时，打压A股市场的"三座大山"（美联储加息、疫情防控政策以及地产危机）大多已被翻转，而稳增长政策则会刺激利润以及权益市场流动性逐渐提升。宏观层面，稳增长政策背景下市场资金面比较宽松，市场对资金的需求也较上年同期有所恢复；中观层面，居民预防性储蓄增加，储蓄率提高，个人养老金业务加速落地，居民存款高速增长等因素给股市注入了潜在的长线资金。微观层面，在美联储加息节奏放缓、人民币贬值压力减轻的情况下，人民币资产更具吸引力，或有望吸引北上资金加快进入我国A股市场。

2023年第一季度，A股市场经历了从大幅反弹到震荡回调，整体来看，我国经济修复性延续，但海外银行业风波以及两会公布的相对保守的经济增长目标都在一定程度上打击了投资者情绪。课题组认为，国内经济将遵循逐季复苏的过程，整体呈现出前低后高的走势。第二季度后应重点关注经济"转型"和竞争力"突围"，对泛制造业整体看好。随着美联储政策转向，加息脚步渐近尾声，港股流动性迎来转机，由紧转松，叠加2023年中国宏观经济小幅改善，港股内外环境向好，未来上涨空间较大，有望迎来估值、情绪双修复。

综上所述，2023年A股复兴趋势确立，港股或否极泰来，因此建议投资者优先配置A股、港股，重点聚焦科技、高端制造，兼顾酒店、餐饮、交通运输等受益于年后消费需求持续增长的板块。

（二）债券市场

图 1-31　中国十年期国债收益率走势

（资料来源：Wind，课题组整理）

2023 年，中国债券市场可能继续延续震荡格局。我国正处于经济复苏初期，风险资产的表现优于债券，权益资产吸引力显现，债市承压且波动加剧，预计十年期国债收益率将在 2.7%与 3.1%之间震荡。目前，我国经济基本面明显有望改善，市场资金需求也有所恢复，如图 1-31 所示，相较于 2022 年，我国债券收益率中枢有一定幅度的抬升。但考虑到人民银行于 2023 年 3 月 27 日降低存款准备金率 0.25 个百分点，2023 年我国货币政策仍将维持相对宽松的走向，同时随着美联储加息脚步渐缓，美国通胀水平下降，中美利差倒挂缩窄在一定程度上缓解了资本外流和人民币贬值压力，债券收益率上升空间有限，我国债券市场收益率或呈现出先平稳上升后的震荡走势。

信用债方面，在经济复苏的背景下，各种信用债新增规模将略有增加，但预计城投融资方面将继续疲弱，土地出让收入的弱改善不能从根本上缓解地方财政压力，城投基本面支撑薄弱，与此同时，隐债清零工作的开展也使得城投环境趋于紧张。利率债方面，由于宏观经济基本面的改善，叠加债市投资者风险情绪的改善，债券利率中枢或出现一定程度的抬升，同时货币政策保持稳健偏宽松，共同作用下，预计 2023 年债市波动加大，利率出现温和反弹。

随着美联储加息临近终点，当前美国经济下行以及通胀下行预期增强，美债利率中枢较 2022 年有所下行，从当前利率水平看，美债利率仍具有 50～100 个基点的下行空间，具备一定配置价值。

（三）大宗商品

受到硅谷银行破产、瑞信爆雷引发的金融风险影响，以原油为代表的风险资产普遍承压，国际能源价格集体暴跌，国际油价单周跌幅超 10%。避险情绪下，白银、黄金等贵金属价格则领涨大宗商品市场，截至 2023 年 3 月 16 日，黄金和白银价格分别累计上涨 7.6% 和 4.8%。

硅谷银行事件带来的恐慌情绪扰乱了全球金融市场，打消了市场原本对天然气、石油需求上升的预期，加上海外经济体陷入经济低迷，经济不振的可能性增加，大宗商品价格存在较高的风险以及不确定性，对此，课题组建议谨慎配置。一方面，近期市场避险情绪攀升，短期内风险资产全面走弱，大宗商品价格也会受到类似的利空影响，回落趋势较强。另一方面，美联储在 2023 年 3 月的议息会议中声明，将基准利率的目标区间提升 25 个基点至 4.75%～5%，致力于实现通胀 2% 的目标。美联储加息脚步并未停止，因此由美债长短期利率倒挂引起的银行业危机持续存在，海外流动性风险尚未充分发酵。整体而言，大宗商品市场的未来走势受到多种因素影响，且其走势对经济的影响十分复杂，配置大宗商品板块还需警惕。

（四）房地产

课题组认为，2023 年我国地产行业将逐步由风险暴露期转向风险收敛期，融资改善和信心恢复是其主要特征，对整体经济的影响开始由负面转变为中性。

国家统计局数据显示，2023 年 1 月至 2 月我国商品房销售面积为 1.5 亿平方米，下降 3.6%；商品房销售额为 1.5 万亿元，下降 0.1%；房地产开发投资下降 5.7%。这说明，随着全国经济转暖，地产行业出现了积极变化，具体表现为市场销售降幅明显收窄，相较于上年房地产开发投资下降 10%，到位资金方面也有所改善。

展望 2023 年，需求端方面，经济基本面的改善或将提振居民购房需求。随着疫情形势好转、"保交楼"工作持续推进以及居民生产生活恢复、收入改善，居民的风险偏好或将转变。同时，层出不穷的支持政策将进一步降低居民购房成本，推动需求端增长。2022 年，人民银行三次下调 5 年期贷款市场报价利率 LPR，共计 35 个基点，调整房贷利率下限、降低首付比例、提供购房补贴、低息环境为房地产行业投资活动的反弹提供了良好的市场环境，投资者情绪扭转，信心有所恢复。供给端方面，在"保交楼"政策保障下，地产行业完工面积有望增加，从而对开发投资提供支持，同时纾困房企融资政策的出台，或使地产行业资金链紧张问题得到缓解，提高拿地积极性。

总体而言，随着疫情防控政策的优化，经济基本面向好，叠加房企信用修复，房地产市场宽松政策显效，市场信心有望恢复，2023年地产市场或将企稳。

（五）黄金

2022年，受到美联储持续加息的影响，美债资产不断缩水贬值，各国中央银行开始通过减持美债转购黄金来保障国家资产安全以及本国货币信用体系的稳定。据统计，2022年全球中央银行黄金购买量较上年大幅增长152.31%，创下历史最高水平，给黄金价格提供了坚实基础。而当2023年硅谷银行破产、瑞信爆雷事件引起了对全球金融风险的恐慌时，国际金价持续攀升，甚至一度逼近2000美元/盎司。

黄金价格主要受到美元指数、实际利率和不确定性这三个因素影响，当前，市场普遍预测美联储加息已渐近尾声，美国通胀见顶，因此黄金价格上涨势头较为强劲。同时，2023年许多国家面临经济衰退的风险，再加上对硅谷银行突发性倒闭所带来的金融风险的担忧，全球避险情绪高涨，而配置黄金往往可以起到对冲风险的效果，进一步助推了黄金价格走高。

2023年金价或呈现出整体震荡偏强的态势，在全球经济下行的预期下，黄金配置价值显现。目前来看，支持黄金价格上涨的因素依然存在，一旦欧美银行危机进一步发酵，黄金极有可能继续强势表现，但也可能因为美联储加息超预期，通胀超预期，使得黄金价格回落，建议投资者谨慎追高。

（六）外汇市场

课题组认为，随着美联储政策开始转向、国内经济基本面趋于复苏、跨境资本开始有序回流，影响我国外汇市场的不利因素正在缓解，人民币汇率企稳预期增强。特别在美联储连续大幅加息之后，美国经济活力明显减弱，长期美债收益率渐近峰值，相比之下，中国经济复苏预期增强，国债收益率开始震荡回升，一度倒挂严重的中美利差已明显收窄。2022年中美利差倒挂最严重的时期一度高达1.61%，而到了2023年3月17日，美国十年期国债收益率为3.776%，中国十年期国债收益率是2.860%，倒挂收窄至0.916%，这说明人民币汇率正在逐步走强。

整体来看，人民币汇率走势是内外部因素共同作用的结果。一方面，疫情冲击减弱之后，国内经济快速增长，经济基本面回暖，对人民币汇率形成了有力支撑。同时，人民币国际化进程不断推进，2023年2月7日，人民银行与巴西中央银行签署了在巴西建立人民币清算安排的合作备忘录，进一步增强了人民币的国际影响力。另一方面，我国货币政策仍保持内紧外松的态势，未来或将采取宽松、灵活的货币政策，促进经济基本面复苏。美联储停止加息的时间并不明朗，其超出市场预期的通货膨胀数据更是增加了市场对于美联储持续加息的预期。另外，中美利差仍保持倒挂，截至2023年3月17日，十年期美债收益率为3.776%，人民币承压。与此同时，我国外部需求转弱，在欧美高通胀以及经济疲软预期的影响下，我国出口需求难以扭转，出口增速恐将下行。因此，课题组预测2023年人民币汇率整体将呈现双向波动、温和回升、逐步趋近合理区间的走势，建议标配。

（七）数字经济

2023年开年以来，随着OpenAI发布的ChatGPT爆火，数字经济全面爆发，数字经济板块已经崛起成为A股投资主线，信创、AIGC、ChatGPT概念、算力等板块在利好消息的刺激下掀起涨停潮。根据同花顺iFinD的数据，2023年4月3日，中证数字经济主题指数上涨3.26%，数字经济ETF涨幅达2.99%，久远银海、创维数字等五家上市公司股票涨停。

数字经济是"数字工业化"与"工业数字化"的叠加，本质上是一种数字与现实相结合的经济形态。2023年2月27日，《数字中国建设整体布局规划》的发布助推数字经济步入更加宽广的发展轨道。随着"加快建设现代化产业体系，大力发展数字经济"被写入《政府工作报告》，20多个省份在地方两会上对数字经济的明确占比、增速提出了定量目标。数字经济即将成为未来经济发展的主引擎和新动能。综观资本市场，数字经济板块的核心是计算机领域，而信创产业则是计算机板块数字化最大的投资领域。在"国产化"的政策基调下，信创产业将是最大的投资机会之一，也是资本市场最为看好的领域，有望迎来"业绩+估值"双重修复，其中，由政府开支加快引导的政府数字化转型是未来投资的主要方向。

综上所述，课题组认为，从中长期来看，数字经济的蓬勃发展是我国产业转型升级大势所趋，随着相关政策密集出台、AI技术突破以及算力需求的提升，数字经济、AI相关板块发展态势良好，是2023年的投资主线，建议重点关注。

第二篇　指数篇

本部分主要介绍了中证企业核心竞争力 50 指数的提出与发展历程，以及指数构建的逻辑。本篇通过搜集整理研究上市公司综合竞争力影响因素的相关文献，从治理竞争力、财务竞争力、创新竞争力和社会责任竞争力四大维度阐明其影响综合竞争力的内在逻辑，并基于数据可获得性、相关性等原则进一步选取合理可行的指标，作为衡量竞争力的基本指标，构建一套兼具科学性与可行性的指标体系，并根据指标体系选取标的构建指数，为中证企业核心竞争力 50 指数的科学性提供佐证。

一、中证企业核心竞争力 50 指数的提出与发展

中证企业核心竞争力 50 指数前身为蓝皮书漂亮 50 指数，2017 年中国漂亮 50 这个概念在资本市场上受到热捧，而漂亮 50 这个概念诞生于 1960—1970 年的美国资本市场。漂亮 50 是指当时美国股票市场上最受投资者欢迎的 50 只股票，这些股票主要分布在食品饮料、消费、医疗和通信技术等行业。当时的美国长期遵照凯恩斯主义经济学治理经济，处于经济转型的困难时期。漂亮 50 的这种行业分布正是当时美国资本市场用脚投票所选择的未来发展方向。这些被选出来的漂亮 50 公司穿越了美国资本市场半个世纪的牛熊，它们依靠其稳健的经营为长期坚持的价值投资者带来了丰厚的回报。

回顾历史，当年美国的漂亮 50 出现的时代背景与 2017 年的 A 股非常相似。第一，两者都在先前遇到了题材股和投机股泡沫破灭，因此，价值投资、关注业绩的投资理念逐渐占据上风；第二，随着共同基金的快速发行，机构投资者成为市场的核心部分，它们需要一种合适的投资理念来实现长时间获取稳定收益的目的。

课题组通过大量的文献总结以及数据收集工作，于 2017 年首次提出上市公司综合竞争力评价指标体系，第一版指标体系分为四大竞争力，细分为 24 个具体指标，根据该评价体系，课题组科学分析了 2016 年我国上市公司的综

合竞争力。2018年，课题组引入了漂亮50的概念，利用构建的评价指标体系从多个维度评价A股上市公司的综合竞争力，对其所属行业进行排名，构建2018年蓝皮书漂亮50指数，并通过其在资本市场中的表现更直观地证明上市公司综合竞争力排名的科学性和有效性。2019年，课题组沿用之前的评价指标体系以及指数构建方法，利用上市公司2018年的相关数据形成了2019年蓝皮书漂亮50指数，且指数表现良好。图2-1和图2-2分别展示了2018年、2019年蓝皮书漂亮50指数的市场表现，两者均来自《中国上市公司综合竞争力排名评价报告（2019）》。

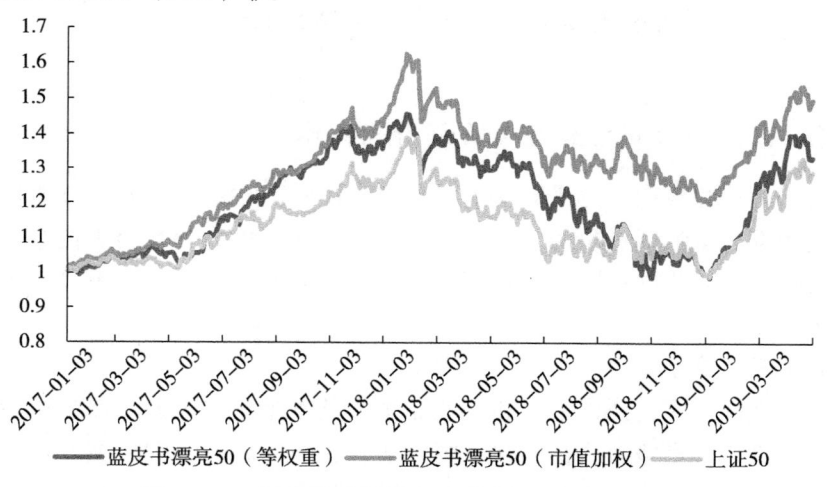

图 2-1 2018年蓝皮书漂亮50指数（市值加权法）
（资料来源：Wind，课题组整理）

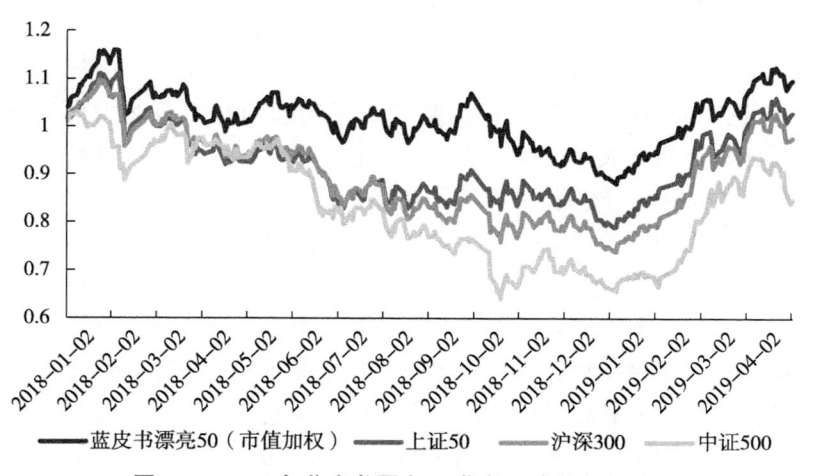

图 2-2 2019年蓝皮书漂亮50指数（市值加权法）
（资料来源：Wind，课题组整理）

蓝皮书漂亮50指数的历史回测表现超过了上证50、沪深300和中证500指数，超额收益非常明显。

2020年，在总体指标体系保持不变的情况下，课题组对个别指标的权重进行适当的优化与调整以保证结果的连续性和科学性，并更名构建2020年中证企业核心竞争力50指数，共计33个三级指标。2023年，课题组沿用综合评价指标体系，利用上市公司2022年的系列数据形成2023年中证企业核心竞争力50指数。

二、中证企业核心竞争力50指数的构建

（一）上市公司综合竞争力评价指标体系

上市公司综合竞争力评价指标体系作为中证企业核心竞争力50指数标的选取的依据，从治理竞争力、财务竞争力、创新竞争力和社会责任竞争力四大能力出发，并依据不同研究理论进一步细分二级指标，综合考量我国上市公司的竞争能力。

1. 治理竞争力

现有文献表明，公司治理和企业竞争力基本呈正向关系，即公司治理能力越好，其综合竞争力往往越强。国内学者在该问题的研究领域获得了许多成果，例如，马连福（2001）以国有企业为研究对象进行了定性分析，认为通过优化国企股权结构来提升企业治理水平可以提高国企的竞争力；在定量分析上，曹万林（2006）通过实证发现企业治理有效性的发挥能够提高公司竞争力。因此，公司治理能力应作为企业综合竞争力的重要组成部分。

广义的公司治理能力不仅包括基于委托代理问题的企业内部治理能力，还涵盖了体现产品、人才市场竞争力的企业外部治理能力以及法律约束能力。课题组从股权结构、治理架构、人力资源以及社会影响力四大维度着手，兼顾公司治理能力的影响因素和治理绩效，选取员工平均薪酬、企业人力投入回报率等财务指标和股权集中度、独董比例等非财务指标，建立一套涵盖内部治理、外部治理和法律约束的企业治理竞争力量化评价体系。

股权结构与治理架构：委托代理问题是企业治理过程中的一个重要问题。当企业把控制权和所有权进行分离，必然带来信息不对称、利益冲突等问题。企业必须建立针对股东、董事、监事以及管理层的内部治理体系，对其进行监督、激励以及权力的相互制衡，使企业达到价值最大化。总结现有文献，

1932 年，米恩斯和伯利在《现代公司与私有财产》中首次论述了公司控制权和所有权的问题。此后，学术界对于公司治理微观要素的研究多从股东治理、高管治理和董事会治理的角度出发，以探讨影响公司治理能力的机制和原理。参考国内外文献研究，从影响企业内部治理能力的因素着手，课题组选择大股东持股比例来度量企业股权结构，选取总经理与董事长是否分离和董监高设置情况衡量企业治理架构。

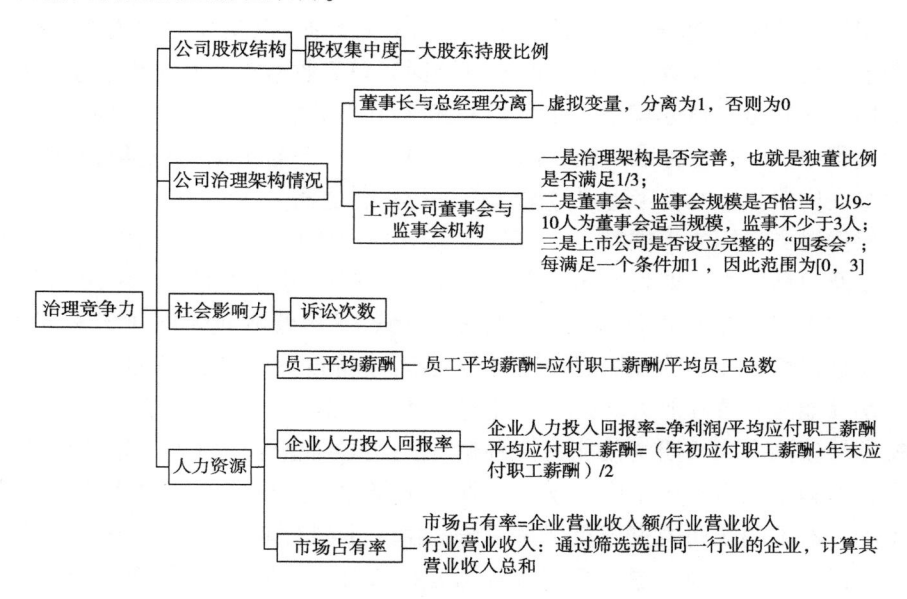

```
治理竞争力
├─ 公司股权结构 ─ 股权集中度 ─ 大股东持股比例
├─ 公司治理架构情况
│  ├─ 董事长与总经理分离 ─ 虚拟变量，分离为1，否则为0
│  └─ 上市公司董事会与监事会机构
│      一是治理架构是否完善，也就是独董比例是否满足1/3；
│      二是董事会、监事会规模是否恰当，以9~10人为董事会适当规模，监事不少于3人；
│      三是上市公司是否设立完整的"四委会"；
│      每满足一个条件加1，因此范围为[0, 3]
├─ 社会影响力 ─ 诉讼次数
└─ 人力资源
   ├─ 员工平均薪酬 ─ 员工平均薪酬=应付职工薪酬/平均员工总数
   ├─ 企业人力投入回报率
   │   企业人力投入回报率=净利润/平均应付职工薪酬
   │   平均应付职工薪酬=（年初应付职工薪酬+年末应付职工薪酬）/2
   └─ 市场占有率
       市场占有率=企业营业收入额/行业营业收入
       行业营业收入：通过筛选出同一行业的企业，计算其营业收入总和
```

图 2-3　治理竞争力指标体系

社会影响力（诉讼次数）：公司治理首先是经济问题，此外还是个法律问题。企业在形成和运转的过程中会涉及不同的利益相关者，如投资者、公司员工等，此外，企业作为经济社会中的重要成员会对整个经济体产生不可忽视的影响。公司治理的司法途径在公司治理过程中处于基础性地位。课题组利用企业在某段时间内收到的诉讼次数，衡量企业治理能力在社会影响力层面的体现。若企业治理能力强，其违反法律法规的情况就少，收到的诉讼次数也会相对较少。

人力资源与市场占有率：除了以上提及的股东和董监高组织架构等影响企业内部治理能力的因素，衡量企业治理竞争力还应包括体现治理绩效的指标，如能体现企业外部竞争力水平的人力资源情况与市场占有率。市场占有率可以从某种程度上体现企业的产品和市场竞争能力，这一指标是企业治理能力的市场表现，市场占有率低的企业往往无法以竞争性的价格销售产品，

影响企业业绩，这通常与企业存在代理问题有关，例如，由于治理架构欠缺，经理人有利己空间，从而降低内部效率。同理，企业的治理水平也将从企业的人力资源情况中得以体现。课题组基于数据可得性，选取员工平均薪酬和企业人力投入回报率两个指标衡量企业的人力资源情况。

2. 财务竞争力

财务竞争力是企业核心竞争力的重要组成部分，是指企业在运营过程中为实现综合竞争力提升，实行财务资源整合和管理，以减少运营成本，扩大利润创造价值。财务竞争力指标体系应该同时兼具收益性、动态性、整合性、长期性，同时由于财务竞争力指标多来源于企业财务报表，而在财务报表编制的过程中不同行业标准不同，例如，金融行业资产与负债处理具有特殊性，课题组在构建指标时会考虑对金融行业进行特别处理。

根据财务指标的不同特点，可以将其划分为增长能力、偿债能力、营运能力以及盈利能力。增长能力主要是考察企业扩展运营的能力，利用相关财务指标的逐年增长率进行衡量，如净资产增长率、营业收入同比增长率等。对企业进行增长能力的分析能够说明其长远发展能力和未来经营能力。

偿债能力和盈利能力均是企业生存能力的具体表现，偿债能力可以细分为短期偿债能力和长期偿债能力两种情况，考虑到企业竞争力长远性更具有意义，课题组在指标体系中只纳入长期偿债能力，如取资产负债率的三年算术平均，对不同区间的资产负债率赋分，由于不同行业不同规模企业的最佳资产负债率存在差别，课题组综合数据处理的可行性制定赋分规则，对企业综合偿债能力进行定量衡量。此外，由于金融行业资产与负债处理的特殊性，其会计报表处理与其他行业存在差异，课题组对金融行业偿债能力做特别处理，按照申万一级行业划分标准，银行和非银金融行业的企业以核心一级资本充足率和不良贷款拨备覆盖率衡量其偿债能力。盈利能力是指企业获取收益的能力，是企业运行效率的体现，综合考虑企业现金流量、净利润水平。课题组选取经营现金流量营业收入比（银行与非银金融无）、销售净利润和净资产收益率作为衡量指标。

营运能力是指企业资金存货在企业周转的能力，通常反映企业营运能力的比率包括存货周转率、应收账款周转率、营业周期等，课题组在分析各个比率后采用能够反映综合周转能力的指标，即总资产周转率，以及对企业运营影响较大的应收账款周转率、不良资产（银行和非银金融）周转率指标衡量企业营运能力。

财务竞争力指标体系

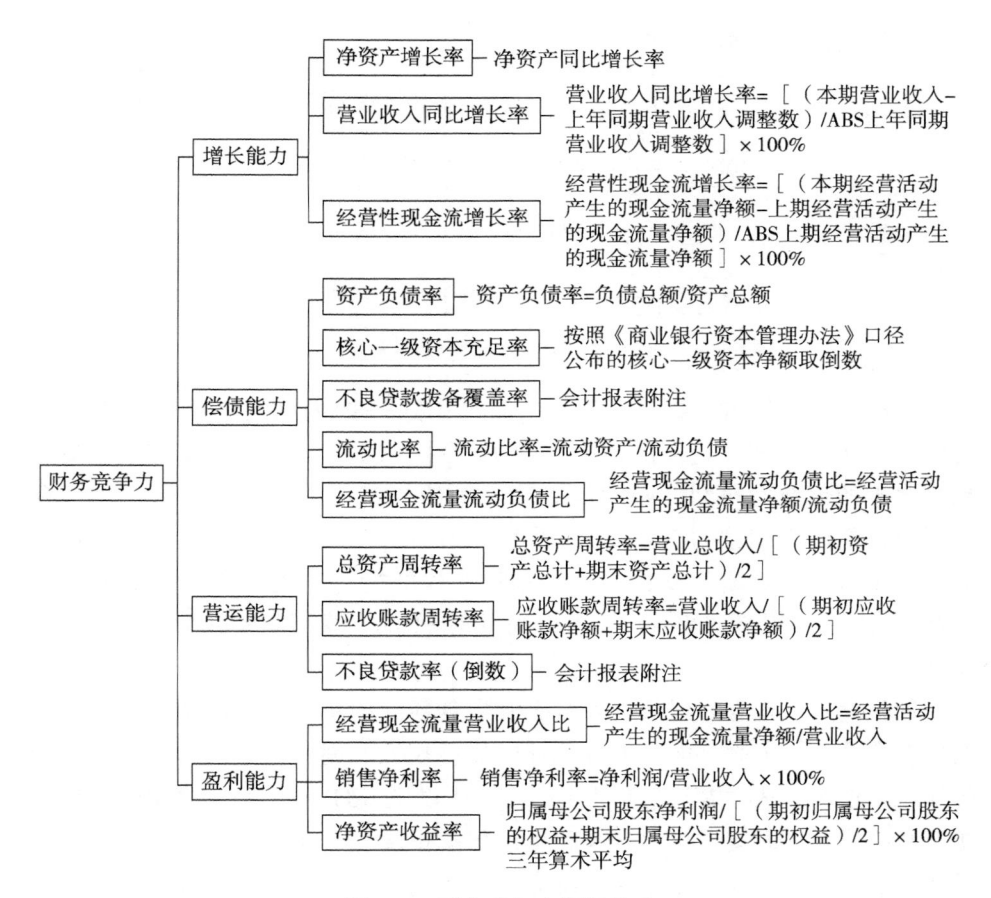

- **增长能力**
  - 净资产增长率 — 净资产同比增长率
  - 营业收入同比增长率 — 营业收入同比增长率=[（本期营业收入-上年同期营业收入调整数）/ABS上年同期营业收入调整数]×100%
  - 经营性现金流增长率 — 经营性现金流增长率=[（本期经营活动产生的现金流量净额-上期经营活动产生的现金流量净额）/ABS上期经营活动产生的现金流量净额]×100%

- **偿债能力**
  - 资产负债率 — 资产负债率=负债总额/资产总额
  - 核心一级资本充足率 — 按照《商业银行资本管理办法》口径公布的核心一级资本净额取倒数
  - 不良贷款拨备覆盖率 — 会计报表附注
  - 流动比率 — 流动比率=流动资产/流动负债
  - 经营现金流量流动负债比 — 经营现金流量流动负债比=经营活动产生的现金流量净额/流动负债

- **营运能力**
  - 总资产周转率 — 总资产周转率=营业总收入/[（期初资产总计+期末资产总计）/2]
  - 应收账款周转率 — 应收账款周转率=营业收入/[（期初应收账款净额+期末应收账款净额）/2]
  - 不良贷款率（倒数）— 会计报表附注

- **盈利能力**
  - 经营现金流量营业收入比 — 经营现金流量营业收入比=经营活动产生的现金流量净额/营业收入
  - 销售净利率 — 销售净利率=净利润/营业收入×100%
  - 净资产收益率 — 归属母公司股东净利润/[（期初归属母公司股东的权益+期末归属母公司股东的权益）/2]×100% 三年算术平均

图 2-4 财务竞争力指标体系

3. 创新竞争力

当下市场之间的竞争愈发激烈，企业具备良好的创新能力已经成为其生存的立足点。应通过企业内部管理，科学合理地加大企业研发投入，并转化成有效的创新产出，为企业带来竞争优势，提升企业的核心竞争力。因此，创新逐渐成为企业生存的必要手段，提升企业创新能力是目前非常重要的任务。企业创新的目的是使其在某一部分得到提升，增强企业的核心竞争力，使企业竞争力与企业经营领域之间形成一种良性循环关系，从而产生持续的竞争优势。

企业通过研发创新提升综合竞争力可以分为两个阶段：一是企业创新投入到产出的过程，二是创新产出在市场上获得价值认可以提升竞争力的过程。因此，课题组从创新投入和创新产出两大维度衡量企业的创新竞争力，数据从国泰安、Wind 数据库获取。

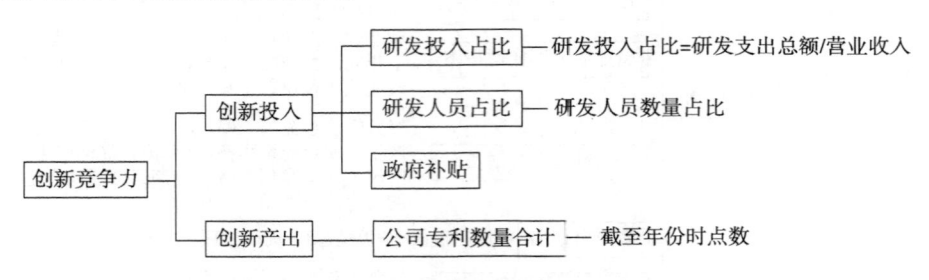

图 2-5　创新竞争力指标体系

创新产出：从结果导向来看，创新产出这一指标更能体现企业创新能力的实际转换程度。企业的创新竞争力直接与创新产出水平挂钩。想要达到高水平的创新竞争力，必然需要高水平的创新产出能力。更进一步，有学者将创新产出细分为知识产出竞争力和产品产出竞争力。知识产出竞争力指的是持续创新研发新的专利、知识产权的能力。产品产出竞争力指的是通过创造产生新的产品，以及利用新产品不断创造利润（李伟民，2015）。

创新投入：企业的创新投入对于开展创新活动具有极大的帮助。想要提高创新竞争力，企业应该保证有足够的创新投入。创新投入是为了创造出新的知识和技术，从而提升企业的生产力，所以说 R&D 投入直接决定着知识的生产和积累，从而促进技术进步和生产效率提高。企业的创新投入可以用研发活动进行衡量。企业在追求自身竞争力的同时，需要投入大量的研发资金来实现大量的技术创新。一方面，企业只有增加研发投入，提高创造技术产品的能力，才能获得相应的产出。另一方面，一个企业的创新投入水平反映了其学习吸收新技术的倾向与意愿，体现了企业对创新能力的重视程度以及长期竞争力提升的部署。尤其对于高新技术企业，赵文红等（2012）认为，研发人员是企业获得创新收益和长期竞争优势的重要源泉。

4. 社会责任竞争力

企业社会责任竞争力是指企业利用自己的相关优势，来处理员工、社会、环境保护等问题，这让企业在实现自身社会责任的同时，也提升了企业的经济收益，增强了企业的综合竞争力。企业的社会责任竞争力要求企业在运营过程中，重视自身的企业责任，把它作为企业发展战略和提升综合竞争力的关键部分，也是企业长久发展和生存的重要部分。

课题组主要用经济责任、法律责任、慈善责任、伦理责任这四个指标来衡量企业的社会责任竞争力，兼顾对政府的责任、对投资者的责任、对员工的责任、对社会的公益贡献率、单位平均资产就业人数等指标，设置了一套完整的社会责任竞争力指标。数据从国泰安数据库和 Wind 数据库获得。

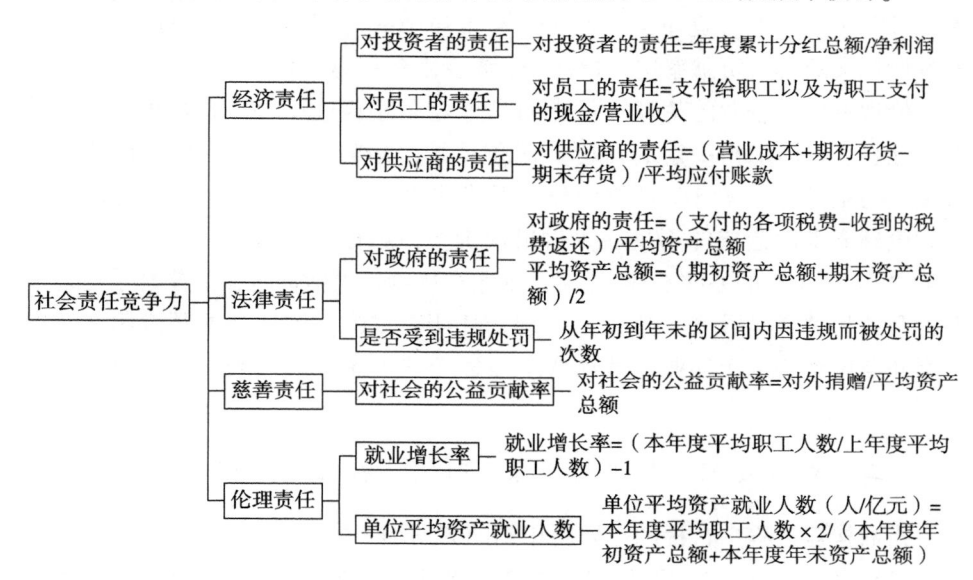

```
                      ┌─ 对投资者的责任 ── 对投资者的责任=年度累计分红总额/净利润
            ┌─ 经济责任┤
            │         ├─ 对员工的责任 ── 对员工的责任=支付给职工以及为职工支付
            │         │                 的现金/营业收入
            │         └─ 对供应商的责任 ─ 对供应商的责任=（营业成本+期初存货-
            │                            期末存货）/平均应付账款
            │                            对政府的责任=（支付的各项税费-收到的税
            │         ┌─ 对政府的责任 ── 费返还）/平均资产总额
社会责任竞争力┤  法律责任┤                 平均资产总额=（期初资产总额+期末资产总
            │         │                 额）/2
            │         └─ 是否受到违规处罚 ─ 从年初到年末的区间内因违规而被处罚的
            │                             次数
            ├─ 慈善责任── 对社会的公益贡献率 ── 对社会的公益贡献率=对外捐赠/平均资产
            │                                  总额
            │         ┌─ 就业增长率 ── 就业增长率=（本年度平均职工人数/上年度平均
            │         │              职工人数）-1
            └─ 伦理责任┤              单位平均资产就业人数（人/亿元）=
                      └─ 单位平均资产就业人数 ─ 本年度平均职工人数×2/（本年度年
                                              初资产总额+本年度年末资产总额）
```

图 2-6　社会责任竞争力指标体系

经济责任：企业的经济责任和企业的性质与经营目的息息相关，它要求按照社会的需要来高效地提供服务和生产产品，同时产品的价格既要让投资者满意，也能维持企业运行。恩德勒认为，企业的经济责任除了包括改进生产要素的质量、生产过程的质量、产品和服务质量，以及对所有人与投资人的财富进行保值，还包括保留和增加工作岗位，公平支付员工工资和社会福利，给员工提供继续学习的机会等。因此，课题组用对投资者的责任、对员工的责任和对供应商的责任这三个指标来衡量企业的经济责任。

法律责任：企业的法律责任是指通过国家强制力为它实现现实与潜在保证的责任。这是一个"硬约束"，是维持社会基本秩序所需要的最低要求的道德的法律化。企业的法律责任强调的是企业具有按照法律规定而为之牺牲利润行为的义务。因此，课题组准备从对政府的责任和是否受到违规处罚来分析企业的法律责任。

慈善责任：企业的慈善责任指的是企业按自身的价值观以及社会的要求而采取的对应活动。利用慈善活动可以将企业的社会目标与经济目标结合在一起，提升企业的长期业务前景。企业是社会的重要组成部分，在享受权利所带来的便利的同时，也要承担相应的义务。企业参加慈善活动，承担相应的慈善责任，不仅是一种充满同情心、富有人性的表现，也对企业道德资本的增加有帮助。在改善企业社会形象的同时，增强了企业自身的凝聚力，从而提升了企业的综合竞争力，使企业在市场中获得更多收益。因此，课题组通过对社会的公益贡献率这一指标来衡量企业的慈善责任。

伦理责任：企业的伦理责任指的是企业在经营过程中，需要对客户、员工、社会、环境承担一定的社会责任和义务。有学者认为，伦理责任有两层意义：一是行为主体有责任按照伦理要求去做；二是行为主体需要对因没有达到伦理要求而造成的不良后果付出代价。国际标准化组织（ISO）于 2010 年 11 月 1 日颁布的 ISO26000 指出，企业在从事各项活动时，需要合乎伦理地保护利益相关者与社会，这也是伦理责任所要求的。因此，课题组用就业增长率和单位平均资产就业人数这两个指标来评价企业的伦理责任，数据来源于 Wind 数据库。

（二）数据处理：数据的来源、时间、标准化处理

指数构建过程中，标的选取所用到的数据均来自 Wind 数据库和国泰安数据库，根据指标的不同意义，用 2022 年或近三年算术平均数据作为原始数据，并进行数据清洗、数据关联、去除量纲，对数据做标准化处理后获得企业各个细分竞争力得分以及综合竞争力得分。

（三）标的选取：根据综合竞争力排名和行业分类

1. 样本空间

中证企业核心竞争力 50 指数的样本空间由满足以下条件的沪深 A 股构成：（1）非 ST、*ST 股票；（2）非暂停上市股票。

2. 选样方法

（1）对非 ST、*ST 股票以及非暂停上市股票，分公司计算综合竞争力得分：

第一步，定义综合竞争力得分（不考虑市值）的主要指标，具体见前文指标体系。

第二步，设定评估综合竞争力（不考虑市值）的各指标权重。

第三步，计算各公司综合竞争力总分：

上市公司综合竞争力总分＝综合竞争力得分（不考虑市值）×70%＋标准化市值得分

其中，标准化市值得分是根据上一年度年末的总市值标准化得到的，所有用于计算综合竞争力的非适度指标都经过缺失值处理、上下1%分位Winsorize处理，以及离差标准化处理。

（2）选取各行业（申万一级行业分类）排名最靠前的50只股票作为指数样本股：

每个行业选取的公司数量取决于所在行业的公司总数量占全部A股上市公司数量的比例。以X行业为例，申万一级行业中属于X行业的公司共有144家，假设当年进入上市公司综合竞争力排名的A股上市公司有3447家，所以在X行业选取标的数目应为

$$（144/3447）×50 = 2.08877 ≈ 2 家$$

因此，从X行业选取在所属行业中综合排名第一和第二的公司的股票加入样本股，如有由于各种原因长时间停牌的公司，剔除之后由所在行业的后一名补上。

（四）指数计算

中证企业核心竞争力50指数的计算公式为

$$报告期指数 = 报告期样本股的调整市值/调整股本数×1000$$

其中，调整市值 = $\sum$（股价×调整股本数×权重因子）。调整股本数等于自由流通量。权重因子介于0和1之间，以使样本股按照因子调整后市值确定权重且单个样本股的权重不超过20%。

（五）指数样本和权重调整

1. 定期调整

中证企业核心竞争力50指数的样本股在每年6月的第一个交易日进行调整。

权重因子的调整时间与指数样本定期调整实施时间一致。在下一个定期调整日前，权重因子一般固定不变。

2. 临时调整

特殊情况下将对指数样本进行临时调整。当样本股暂停上市或退市时，将其从指数样本中剔除。样本股公司发生收购、合并、分拆、停牌等情形时，参照计算与维护细则处理。

三、2023 年中证企业核心竞争力 50 标的

（一）2023 年中证企业核心竞争力 50 标的

根据指数编制方案，课题组按照行业占比选取各行业排名最靠前的 50 只股票作为指数样本股，考虑到指数建仓等操作因素的影响，课题组拟将科创板与当年新上市企业剔除，并由剔除企业所在行业的后一位排名的企业做替换，其中，"大全能源"（股票代码：688303.SH，行业：电力设备）替换为"隆基绿能"（股票代码：601012.SH，行业：电力设备），"复旦微电"（股票代码：688385.SH，行业：电子）替换为"韦尔股份"（股票代码：603501.SH，行业：电子），"华峰测控"（股票代码：688200.SH，行业：电子）替换为"视源股份"（股票代码：002841.SZ，行业：电子），"中芯国际"（股票代码：688981.SH，行业：电子）替换为"兆易创新"（股票代码：603986.SH，行业：电子），"四方光电"（股票代码：688665.SH，行业：机械设备）替换为"泰林生物"（股票代码：300813.SZ，行业：机械设备），"智立方"（股票代码：301312.SZ，行业：机械设备）替换为"海天精工"（股票代码：601882.SH，行业：机械设备），"恒进感应"（股票代码：838670.BJ，行业：机械设备）替换为"快克智能"（股票代码：603203.SH，行业：机械设备），"金山办公"（股票代码：688111.SH，行业：计算机）替换为"中科创达"（股票代码：300496.SZ，行业：计算机），"中国海油"（股票代码：600938.SH，行业：石油石化）替换为"中国石油"（股票代码：601857.SH，行业：石油石化），"华大智造"（股票代码：688114.SH，行业：医药生物）替换为"万孚生物"（股票代码：300482.SZ，行业：医药生物），"联影医疗"（股票代码：688271.SH，行业：医药生物）替换为"华大基因"（股票代码：300676.SZ，行业：医药生物），"中国移动"（股票代码：600941.SH，行业：通信）替换为"亿联网络"（股票代码：300628.SZ，行业：通信）。2023 年中证企业核心竞争力 50 标的具体情况如表 2-1 所示。

表 2-1　2023 年中证企业核心竞争力 50 标的

证券代码	证券简称	所属申万行业名称
600519.SH	贵州茅台	食品饮料
601398.SH	工商银行	银行

续表

证券代码	证券简称	所属申万行业名称
300760.SZ	迈瑞医疗	医药生物
300750.SZ	宁德时代	电力设备
600438.SH	通威股份	电力设备
300390.SZ	天华新能	有色金属
002415.SZ	海康威视	计算机
002594.SZ	比亚迪	汽车
601857.SH	中国石油	石油石化
002030.SZ	达安基因	医药生物
300059.SZ	东方财富	非银金融
601012.SH	隆基绿能	电力设备
002821.SZ	凯莱英	医药生物
601100.SH	恒立液压	机械设备
000792.SZ	盐湖股份	基础化工
300033.SZ	同花顺	计算机
300896.SZ	爱美客	美容护理
300482.SZ	万孚生物	医药生物
300676.SZ	华大基因	医药生物
300866.SZ	安克创新	电子
603486.SH	科沃斯	家用电器
601919.SH	中远海控	交通运输
601088.SH	中国神华	煤炭
300124.SZ	汇川技术	机械设备
600309.SH	万华化学	基础化工
002064.SZ	华峰化学	基础化工
002179.SZ	中航光电	国防军工
300496.SZ	中科创达	计算机
600176.SH	中国巨石	建筑材料
603195.SH	公牛集团	轻工制造

续表

证券代码	证券简称	所属申万行业名称
603129.SH	春风动力	汽车
603501.SH	韦尔股份	电子
300628.SZ	亿联网络	通信
002841.SZ	视源股份	电子
603986.SH	兆易创新	电子
603444.SH	吉比特	传媒
001203.SZ	大中矿业	钢铁
300887.SZ	谱尼测试	社会服务
002714.SZ	牧原股份	农林牧渔
002266.SZ	浙富控股	环保
002469.SZ	三维化学	建筑装饰
002444.SZ	巨星科技	机械设备
300813.SZ	泰林生物	机械设备
600900.SH	长江电力	公用事业
601882.SH	海天精工	机械设备
603203.SH	快克智能	机械设备
601888.SH	中国中免	商贸零售
002003.SZ	伟星股份	纺织服饰
600784.SH	鲁银投资	综合
300917.SZ	特发服务	房地产

资料来源：课题组整理。

（二）中证企业核心竞争力 50 指数的表现

中证企业核心竞争力 50 指数的历史回测表现良好，超过了上证 50、沪深 300 和中证 500。图 2-7 展示了中证企业核心竞争力 50 指数（931526.CSI）2019 年至今的历史回测表现。

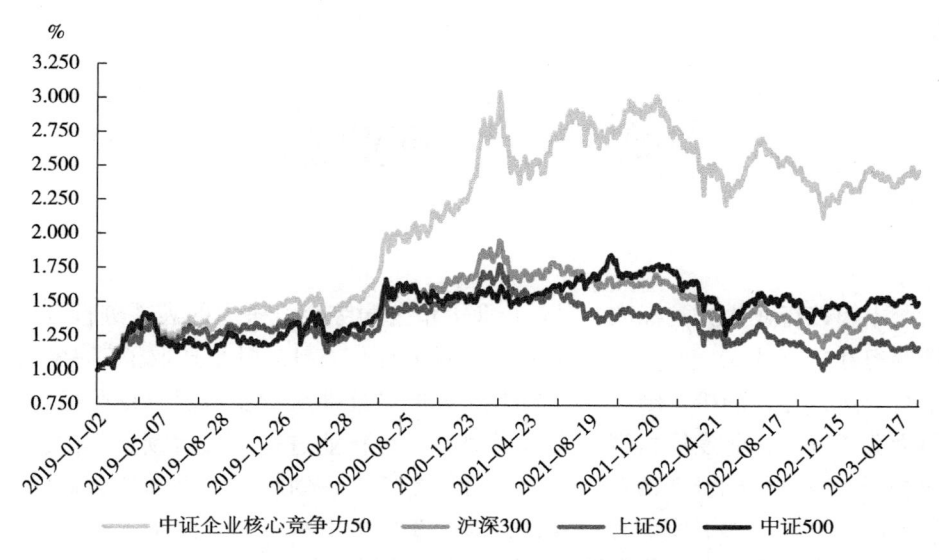

图 2-7　中证企业核心竞争力 50 指数（市值加权）历史回测

（资料来源：Wind，课题组整理）

注意事项：投资有风险，入市需谨慎。市场变幻莫测，中证企业核心竞争力 50 指数仅供参考，不直接构成投资建议，投资结果需自负。

第三篇　行业篇

本篇以行业为分类标准，对各行业上市公司综合竞争力的表现进行分析。课题组在申万的 31 个行业中按行业重要性和地位有针对性地选取了其中的 15 个行业进行逐一剖析，结合我国当下宏观形势分别从行业概况、行业综合竞争力分析以及行业发展机遇三大方面对每一个行业进行细致解读。其中，行业综合竞争力分析包括治理竞争力、财务竞争力、创新竞争力和社会责任竞争力四大维度。为了便于直观分析，我们在分析中对每一个竞争力维度的指标得分都进行了以 100 分为最高分的标准化处理。

一、银行业

（一）行业概况

银行作为金融体系的重要组成部分，其经营情况影响着国民经济发展。银行业不仅是国家进行宏观调控、推行货币政策的重要一环，而且与每个人的经济生活都有关。新中国成立后，经过数次大幅改革，我国已经形成了以中国人民银行为首，政策性银行、国有大型商业银行为主体，其他中小型、区域性银行有序发展的银行体系。

2022 年，俄乌冲突对全球经济复苏产生了冲击，食品和能源价格增长显著，引发各国通胀高企，叠加新冠疫情扰乱全球产业链，使得全球经济复苏之路更加艰辛。全球经济体系面临严峻挑战。全球银行业规模增长、资本充足率水平提升受阻，盈利水平也有所下降。叠加 2022 年全球各经济体为抵御通胀等进行高频率加息，使得银行业整体融资成本上升，市场风险加剧，银行资产负债管理压力加大。

纵使宏观环境恶劣，我国银行机构对实体经济的支持力度仍未降低，截至 2022 年第四季度末，商业银行总资产、总负债规模分别达到 319.81 万亿元和 294.28 万亿元，同比增速分别为 10.8%和 11.2%。商业银行资产整体质量逆势上升。截至 2022 年第四季度，我国银行业不良贷款率为 1.63%，同比下降 0.06 个百分点。

在 31 个申万一级行业中，2022 年银行业以-9.38%的收益率排在第 10 名。与此同时，沪深 300 指数的收益率为-6.09%，跑输大盘。银行板块表现弱势的原因主要是虽然银行业有着很优质的资产以及良好的盈利能力，但其 ROA 在 31 个申万一级行业中排名靠后，即银行业整体的净资产收益率较低。

由于银行盈利情况受宏观经济影响明显，在过去的一年里我国经济表现略显不足，2022 年 GDP 增速只有 3%，相较于 2021 年的 8.4%，增速下降明显。2022 年，我国房地产市场开始下行，商品房销售面积和销售额同比降幅分别达到 24%和 27%。由于我国居民的大部分资产都配置在房地产上，房价回调使得消费者购房减少，银行信用贷款也有所减少，房价回调引发的财富效应导致居民消费也有所减少。根据人民银行的数据，2022 年我国居民存款增加 26.26 万亿元，同比增加 6.59 万亿元。这表明在过去的一年中，我国居民储蓄意愿较强，消费降低。

（二）行业综合竞争力分析

1. 治理竞争力

银行业的治理竞争力得分为 16.43 分，在 31 个申万一级行业中位居第 25 名，排名靠后。

从公司治理架构的情况来看，在董事长与总经理分离这个指标上，银行业排名第一。在总共 42 家上市银行中，董事长与总经理完全分离的有 36 家，占比达 85.71%。说明银行业分工较为明确，在权力分配上相对来说科学合理，可以达到权力制衡的效果。从上市公司监管的角度看，在上市公司董事会与监事会机构这个指标上，银行业排在第 18 名，说明在 31 个申万一级行业中，银行业的公司治理框架相对于其他行业而言要靠后，有待提升。

从社会影响力的情况来看，银行业诉讼次数排在第 19 名，在 31 个申万一级行业中排名靠后。银行业表现不佳，其诉讼次数远超其他行业，原因是银行在签订或履行借款合同时不够谨慎，加上合同存在漏洞，很多人拖欠贷款不愿偿还，导致其担保、抵押、贷款的诉讼案件比较多。

从人力资源的情况来看，银行业员工平均薪酬排在第 28 名，在 31 个申万一级行业中排名较靠后。说明在"房住不炒"定论下，房地产已经从高速发展期进入稳定发展期，银行对房地产的信贷业务也受到一定程度的影响。现在的银行发展已经不能和十几年前的黄金发展期相媲美。银行业市场占有率排在第 10 名，相较于 2020 年的第一名，行业排名滑落明显。

2. 财务竞争力

银行业的财务竞争力得分为 18.87 分，在 31 个申万一级行业中位居第 13 名，排名靠前，这得益于银行业关系到我国国民经济平稳运行，因此在所有行业中受到的监管最严格。

从增长能力来看，银行业净资产增长率和营业收入同比增长率排名都不高，分别为第 18 名和第 21 名。虽然银行业有着很优质的资产以及良好的盈利能力，但其 ROA 在 31 个申万一级行业中排名靠后，即银行业整体的净资产收益率较低。银行业营业收入同比增长率排名靠后主要是由于银行业对整体经济环境特别敏感，一方面，由于新冠疫情，我国 GDP 增速放缓，银行贷款增速也受到一定程度的影响；另一方面，银行业与其他行业不同，其具有稳定性。由于银行业的特殊性质，监管等方面较为严格，其很难从事金融衍生品等高风险高收益的业务，银行经营较为稳定。值得注意的是，银行业经营性现金流增长率排名第三，这也进一步说明银行业具有稳定性，而且风险控制做得较好，其现金流相较于其他行业稳定性也较好。

从营运能力来看，银行业总资产周转率位居第 31 名，在 31 个申万一级行业中排名最后。这也进一步说明虽然银行业拥有很优质的资产，但是其网点多、重资产的模式与网商银行的轻资产模式相比，显得相对不足。

从盈利能力来看，银行业的销售净利率和净资产收益率分别排在第 9 名和第 10 名。说明相较于其他行业，银行业的盈利能力是比较优秀的。

3. 创新竞争力

银行业的创新竞争力得分为 8.42 分，在 31 个申万一级行业中位居第 14 名，排名靠前，这主要得益于在互联网、大数据等技术的快速发展下，银行业面临着网商银行新模式的竞争，不得不加大对新技术的研发投入，以避免被互联网金融侵占市场。

从研发投入占比来看，银行业在 31 个申万一级行业中排名第 7 位，可谓"名列前茅"。这说明银行业正在进行一场大的科技变革，逐渐由"典当"模式向以大数据为信用依据的"无抵押"放贷新模式转型，银行业正在逐渐提高自己的科技含量。

从研发人员占比来看，银行业在 31 个申万一级行业中排名第 9 位，这进一步说明了银行业对研发的重视，对业务转型的急切。

从专利数量来看，银行业"公司专利数量合计"指标在 31 个申万一级行业中排名第 4 位，名列前茅。以上这些都说明银行业已今时不同往日，正在加大研发投入。值得注意的是，银行业"政府补贴"指标在 31 个申万一级行业中排在第 31 位，即银行业的研发投入基本上是"靠自己"，说明这次银行业科技变革是由于经营环境的改变而被迫进行的。

4. 社会责任竞争力

银行业的社会责任竞争力得分为 10.46 分，在 31 个申万一级行业中位居第 9 位，排名靠前，毕竟银行业是所有行业中最特殊的行业之一。

从法律责任来看，银行业"对政府的责任""是否受到违规处罚"在 31 个申万一级行业中分别排在第 13 名和第 14 名。银行业受到的监管在所有行业中最严格，故其受到的行政处罚数量不少。

从经济责任来看，银行业"对员工的责任""对供应商的责任"在 31 个申万一级行业中分别排在第 28 名和第 26 名。说明银行对于员工和供应商都有着较强的"定价能力"，处于强势地位。这也符合现实情况，银行对于储蓄者和员工来说都是一种强势的存在。

从慈善责任来看，银行业"对社会的公益贡献率"在 31 个申万一级行业中位居第 4 名。可以说，银行业作为我国国民经济发展的主要支柱产业之一，其社会认可度还是很高的，银行业也在积极践行社会责任。尤其是近年来，银行业不断在 ESG 方面做出努力，大力支持绿色信贷。

从伦理责任来看，银行业"就业增长率""单位平均资产就业人数"在 31 个申万一级行业中分别位居第 1 名和第 31 名。说明银行业在吸纳就业方面做出了积极贡献，可能是由于我国银行业以国有银行为主，而且政策指引也可能在其中发挥了作用。值得注意的是，银行业单位平均资产就业人数偏低。

（三）行业发展机遇

由美国等发达经济体开启的货币紧缩政策可能会使全球经济复苏在 2023 年上半年受阻，欧美经济体大概率会陷入经济衰退，而亚太经济体出口增长面临压力。因此，全球银行业经营环境仍不太乐观。

相对于 2022 年，2023 年财政货币政策组合发力增质提效，叠加或许不会再受到新冠疫情影响的利好情形，我国消费、投资等需求都会逐渐恢复。未来一年，我国银行业将继续发挥支持实体经济发展的作用，同时实现自身盈利稳定增长。展望 2023 年，随着银行业对营业端和成本端的快速调整，商业银行净利润同比增速将由 2022 年第四季度的 5.44% 恢复到 6% 左右的正常水平，不良贷款率也将得到改善，银行经营情况好转，同时，消费也将得到充分释放，银行业资产质量防控压力将继续减小，尤其是消费贷款不良率将显著降低，银行业整体资产质量有望进一步提高。

由于整体经济环境的改善，居民收入增长预期明朗，消费也会有所回升。同时，由于政策发力，房地产市场将会迎来一定的回暖，故信用贷款也会有所增加。这将有利于银行经营情况进一步改善。

得益于我国居民收入的提高以及理财意识逐渐加强，商业银行理财产品业务将进一步推进，银行理财市场规模将逐渐增长，净值型理财产品存续规模占比将进一步增加，非息收入在银行营收中将发挥更加重要的作用，商业银行营收结构有望进一步优化。

生态环境保护在全球达成共识，各国陆续公布了碳中和时间表，绿色信贷增量空间大，将为银行业带来新的增长动力。保障性住房、养老产业等将成为银行盈利的新引擎，叠加我国商业银行持续不断的数字化转型所带来的降本增效，未来可期。

二、非银金融行业

（一）行业概况

非银金融行业指的是除商业银行和专业银行以外的所有金融机构，包括证券、保险和多元金融等。在证券领域，随着资本市场持续深化改革，注册制全面推行进展顺利，将对券商投行业务和投资业务产生较大的利好，同时有望提振市场情绪，修复行业估值。

另外，2022年12月17日，中国人民银行副行长刘国强指出，2023年的货币政策总量要够，结构要准。在2022年12月30日召开的2022年第四季度例会上，中国人民银行货币政策委员会明确表示要加大稳健货币政策实施力度，精准有力地发挥好货币政策工具在结构和总量上的双重功能，疏通货币政策传导机制，确保流动性合理充裕，保持社会融资规模增速和货币供应量增速匹配。综合来看，2023年将迎来一个相对宽松的货币金融环境。

在保险领域，负债端发展空间巨大，且随着疫情防控措施不断优化和经济复苏预期持续走强，健康险和年金险的销售快速回暖。同时，由于资产端的股市行情回暖、利率上升和地产风险缓解等原因，保险板块逐步迎来了业绩拐点，预计将在2023年进一步起飞。

在多元金融领域，公募基金的非银板块配置比例已经有所上升，多元金融板块的持仓比例也由于低基数效应而明显上升。2022年第四季度，主动型基金在多元金融领域的持仓比例环比增长1368.32%，达到0.45亿元，相较于沪深300指数的低配比例0.38%而言已经有了较大的提升。不过，从历史数据来看，机构对于多元金融板块的偏好持续时间较短，目前尚未形成长期的偏好倾向。

总体来看，在31个申万一级行业中，2022年非银金融行业以-6.41%的收益率排在第13名，略跑输同期沪深300指数-6.09%的收益率。

（二）行业综合竞争力分析

1. 治理竞争力

相对于欧美的公司治理模式，国内金融机构在治理竞争力上表现出了创新和特色，特别是在发挥内部控制和制约作用方面。目前，我国金融机构普遍采用"三会一层"的公司治理架构，制定相关议事规则和管理制度，并设立专门的风险内控和审计机构，形成相对合理的激励约束机制，治理水平得到了一定的提高。

公司股权结构指标显示，非银金融行业大股东持股比例为73.7%，在31个申万一级行业中排名第22位。此外，从公司治理架构情况来看，董事长与总经理分离指标得分为0.92分，表明92%的上市公司采用了董事长与总经理权责分离的公司治理架构。总体来看，非银金融行业的公司治理呈现出以下特点：大多数企业采用董事长与总经理权责分离的公司治理架构，职责分工明确；公司治理架构较为完善。特别是在资产管理领域，证券等企业的治理能力较强。尽管如此，与银行业相比，非银金融行业仍存在差距，一些金融机构的风险仍源自大股东对企业的控制。

就人力资源而言，非银金融行业员工平均薪酬与企业人力投入回报率在31个申万一级行业中处于中游水平，分别为第18名和第12名，薪酬总体来说保持稳定。在市场占有率方面，非银金融行业的市场份额与公司市值高度相关。其中，在保险行业中，中国平安、中国人寿和中国太保凭借高市值稳固地占据前三，并占据接近九成的市场份额。在证券行业中，每个企业占据的市场份额都在1%与10%之间，分散度较高。

2. 财务竞争力

截至2023年第一季度，非银金融行业销售净利率为50.5%，整体盈利能力持续增强，在31个申万一级行业中排名第21位，净资产收益率为74.88%，在31个申万一级行业中排名第4位。在资产营运方面，相对于全行业净资产增长率46.37%的平均水平，非银金融行业以49.28%的增长水平略高于平均值，资产质量持续改善，表明企业资本扩张的速度较快，总体规模和成长速度不断提升。

单从盈利能力来看，自 2023 年开始，非银金融行业整体盈利能力持续增强。证券方面，市场回暖后投资收益提高。从 2023 年第一季度的数据来看，42 家上市券商合计营业收入和归母净利润分别为 1344.57 亿元和 427.94 亿元，同比分别增长 38.5% 和 85.4%。头部券商整体经营稳健，自营业务弹性大的券商业绩增幅明显高于行业平均水平，中小券商盈利修复推动行业利润集中度有所回落。由于市场回暖叠加金融资产规模持续扩张，42 家上市券商在 2023 年第一季度实现投资业务收入 524.87 亿元，同比扭亏为盈，这是 2023 年第一季度唯一实现收入正增长的业务。保险领域，从资产端看，权益市场随着经济恢复而有所改善，叠加新会计准则影响，投资收益显著回升。五家上市险企（中国人保、中国太保、中国平安、新华保险、中国人寿）合计投资收益同比增长 104.5%，利润良好增长将对保险股估值修复形成有力支撑。

3. 创新竞争力

我国金融机构研发投入日益加大，其中投向以大数据、人工智能、云计算等为代表的前沿科技的资金占比不断上升。从金融机构研发投入结构来看，支付业务因受众最广、交易最高频的特性而获得占比最高的研发投入。

截至 2023 年，非银金融行业研发人员占比为 32.94%，政府补贴占比为 69.75%，比银行业多出一倍以上。公司专利数量合计在 31 个申万一级行业中排名第 14 位，创新产出位居全行业前列。非银金融行业作为构建我国多层次资本市场的中坚力量，需要进一步发挥金融创新对技术创新的推动作用，加强金融科技共性技术、资源和服务的开放合作、互惠共享，促进新技术产业化、规模化应用。积极融入全球创新网络，深化技术，加强国际交流与合作，引入前沿技术和先进管理经验，加快重点领域专利布局，推动科技成果推广应用，提升金融科技整体发展水平。

4. 社会责任竞争力

非银金融行业的社会责任竞争力得分为 7.15 分，在 31 个申万一级行业中排名第 29 位，位居全行业的末端。三级指标中较突出的是，非银金融行业就业贡献率位居全行业第二名，表明非银金融行业在增加就业机会、缓解就业压力方面的贡献度较高，也许正因为如此，其社会责任竞争力在房地产行业和纺织服装行业之上。

从对政府的责任来看，非银金融行业的得分较上年略有增长；同时，违规处罚情况排名第 17 位，但相比于上年，非银金融行业因违规而被处罚的事件数量有所增加，大多发生在未及时披露信息以及未依法履行职责方面。2022 年非银金融行业对投资者的责任基本保持稳定；但是对员工的责任有所提升，所有企业都履行了应有的责任。

（三）行业发展机遇

非银金融行业开放与改革加速推进，未来大有可为。

就证券业而言，基于对三次券商板块上涨背景下政策和流动性环境的比较，课题组认为，2023 年券商板块极有可能出现修复行情。在政策层面，资本市场改革仍将以实体经济为重点，引导更多中长期资金入市，预计在注册制全面落地的基础上，支持实体经济融资相关政策仍将陆续发布，从而推动投行业务延续 2022 年稳中有升的态势。此外，支持长线资金入市相关政策（如个人养老金）也将逐步完善，有助于提升市场活跃度和促进业务开展，同时也利好券商财富管理业务。在流动性方面，国内疫情防控措施已全面放开，市场主线回归至经济复苏，结合中央经济工作会议精神等，课题组认为，2023 年整体货币金融环境将维持较为宽松，人民银行可能会继续通过降准、降息等货币政策操作来维持流动性。

至于保险领域，作为全球第二大保险市场，中国保险业高质量发展空间巨大。在人口老龄化、居民财富增长等背景下，居民在健康、养老、财富管理和传承等方面的保险需求依然巨大，保险企业将通过产品创新助力完善社会保障体系。同时，以科技创新为趋势的实体经济发展离不开保险的"保驾护航"，未来财险将通过产品创新助力国家创新发展。

此外，十年期国债收益率上涨至 2.9% 左右，如果保持经济回暖预期，利率将持续上行，从而将显著缓解保险公司投资端压力。所以保险股估值修复只是时间问题，课题组预计 2023 年保险行业将触底反弹。党的二十大提出了"以中国式现代化全面推进中华民族伟大复兴"的目标，保险业有望在这一过程中发挥重要作用。

课题组预计 2023 年多元金融将走出谷底，在波动中修复。在由传统模式向互联网融合模式切换的过程中，消费主体逐步年轻化，贷款等金融需求上升。多元金融在实现融资企业与金融机构高效对接中利用供应链金融的优势，有望助力解决中小企业融资难等问题。

三、汽车行业

（一）行业概况

作为我国国民经济的重要支柱产业，汽车产业现已形成了各类汽车整车及零部件的多品种、全系列生产配套体系。在产业发展的同时，中国已连续十多年位居世界汽车生产第一。在31个申万一级行业中，2022年汽车行业以－20.13%的收益率排在第25名。

2022年，面对复杂严峻的国际环境和国内疫情多点散发等多种考验，在促进消费、稳定经济政策的超预期支持下，国内汽车市场连续两年实现产销双增。2020年末，全球疫情加剧、日本地震及美国暴风雪等不可抗力因素使得半导体生产企业出现减产停产，上述因素造成的芯片短缺问题在2021年凸显，并在2022年持续困扰国内汽车企业。2022年2月起，俄乌冲突导致全球汽车供应链和原材料成本压力骤然上升，叠加国内疫情多点散发、影响面广等不利因素，汽车企业均有不同程度的阶段性停产减产，汽车产销量在2022年4月至5月进入低谷。为了提振消费、稳定经济，自2022年第二季度末起，国家及地方接连推出对汽车产业的支持政策，主要包括汽车下乡、购置税减半、消费补贴等。在超预期政策的刺激下，第三季度成为全年销量的增速高点，实现产销两旺的市场格局。2022年第四季度，疫情管控压力进一步上升，短期内经济下行压力导致汽车消费市场旺季相对平淡，两者合力使得全年汽车销量增速小幅下滑，但整体上仍延续上年的增长态势。

汽车指数方面，2022年3月至4月，受疫情影响，汽车指数出现回调，第二季度复工复产进展顺利叠加各地促消费措施落地，带动汽车指数反弹；第三季度以来，全国疫情"点多面广"影响车市需求，汽车指数同步回落。汽车（申万）板块2022年累计下跌20.1%，跑赢沪深300指数1.5个百分点。

汽车产销量方面，我国汽车产销量于2017年达到峰值，此后有所回落，自2020年以来呈现回升态势。根据中国汽车工业协会的数据，截至2022年11月，中国汽车产量累计达2462.84万辆，同比增长6.12%，销量累计达2430.24万辆，同比增长3.31%。我国乘用车产销量近年不断回升，自主品牌崛起，市占率提升，发展势头强劲。相较而言，2022年商用车表现较为低迷，需求回落，产销量大幅下滑。

新能源汽车无疑是中国汽车行业的最大亮点，无论是数量还是质量，新能源汽车都已经成为中国汽车乃至中国制造的一张新名片。根据乘联会的数据，2022年，中国新能源汽车实现批发销量649.8万辆、零售销量567.4万辆，出口60.9万辆。产销量方面，2022年新能源乘用车表现强劲，渗透率逐步提升；新能源商用车体量较小，规模及渗透率稳步提升。

出口方面，随着车企自主品牌出海战略持续推进，国内出口保持强劲，2022年实现出口311.1万辆，同比增长54.4%。2022年，在芯片短缺、原材料价格上涨、供应链受阻的不利环境下，购置税减半等促消费政策对稳定车市增长起到了明显作用，新能源汽车和海外出口的强势也对汽车整体销售形成了一定补充，汽车产销量连续两年实现增长，但下半年的疫情管控在一定程度上影响了政策的实际实施效果。

（二）行业综合竞争力分析

1. 治理竞争力

汽车行业的治理竞争力得分为15.96分，在所有29个非金融类行业中排在第28位。汽车行业治理竞争力水平较低，主要原因在于汽车行业在人力资源方面的弱势表现，其中三级指标企业人力投入回报率排在29个非金融类行业的第26位。

汽车行业中有37.35%（96家）的企业股权集中度（大股东持股比例）超过40%，高于非金融类行业的平均值。整体来看，汽车行业股权分布较为集中。其背后的原因可能在于，汽车行业中国有上市公司较多，其在发展过程中由于种种历史问题，股权结构较为不合理。

从公司治理架构情况来看，一方面，汽车行业上市公司董事长与总经理权责分离度远低于非金融类行业平均水平，排在第23位，董事长与总经理权责需要进一步明确划分；另一方面，汽车行业上市公司董事会与监事会机构不够完善，主要表现在董事会成员中独董比例不满足1/3的情况比较普遍，董事会、监事会规模不恰当，"四委会"机构不健全等方面，汽车行业上市公司的治理架构和治理效率都需要进一步优化。

人力资源方面，汽车行业员工平均薪酬在31个申万一级行业中排在第11位，高于所有行业平均水平；行业的企业人力投资回报率及市场占有率表现不佳，分列31个申万一级行业中的第28位、第23位。

2. 财务竞争力

汽车行业的财务竞争力得分为25.47分，在29个非金融类行业中排在第

21 位。

从增长能力来看，汽车行业净资产增长率、营业收入同比增长率、经营性现金流增长率三个评价指标分别排在第 14 位、第 9 位、第 11 位，均处于 31 个申万一级行业的中上游，显示出行业整体增长能力较为出色。

从偿债能力来看，汽车行业资产负债率、核心一级资本充足率、流动比率均处于 31 个申万一级行业的中下游，可能是受到了以下几方面因素的干扰：第一，受疫情等因素影响，汽车行业整体的营业收入有所下降；第二，下游企业受到汽车行业整体下行的影响，盈利能力下降，还款能力较弱；第三，整体较为宽松的信贷环境使得行业应收账款总额增加。

从盈利能力来看，汽车行业毛利润保持稳定且小幅上升，但是净资产收益率、销售净利率指标仍处于全行业下游水平。

3. 创新竞争力

汽车行业的创新竞争力得分为 10.34 分，在所有 29 个非金融类行业中排在第 4 位。

2022 年汽车行业整体提升创新投入，研发投入占比、研发人员占比指标均在 29 个非金融类行业中名列前茅，均为第 6 名。从研发投入占比和研发人员占比两个方面来看，汽车行业在研发方面的投入和人力资源配置比较充足，有助于提高其技术创新能力和产品研发能力。这也是汽车行业研发投入占比和研发人员占比排名前列的原因之一。

政府补贴和公司专利数量合计也是影响汽车行业创新竞争力的两个重要因素。政府补贴可以帮助企业在研发和创新方面获得更多的支持和资源，从而提高企业的创新能力和竞争优势。同时，公司专利数量的增加表明汽车行业在技术创新方面取得了一定的成果，并拥有一定的核心技术和知识产权。这些都有助于提高企业的市场竞争力和长期发展能力。

总体来看，汽车行业的研发投入占比和研发人员占比都比较高，政府补贴和公司专利数量合计也比较突出。这说明汽车行业在技术创新和产品研发方面的投入比较充分，并取得了一定的成果。

4. 社会责任竞争力

汽车行业的社会责任竞争力得分为 10.63 分，在所有 29 个非金融类行业中排在第 8 位。

三级指标中，2022 年汽车行业"对供应商的责任""对社会的公益贡献率"表现出色，分别排在第 2 位和第 5 位，表明汽车行业企业在履行经济责任和慈善责任方面表现良好，既可以按照社会需求高效地提供服务和生产产品，也可以将企业自身的社会目标与经济目标结合在一起，提升企业的可持续发展能力。

（三）行业发展机遇

我国乘用车和商用车市场景气度持续分化。受益于汽车产业扶持政策、刺激消费举措及新能源汽车快速发展等，叠加出口市场向好，乘用车市场进一步恢复，2022年以来车企销量及盈利水平整体上行，行业景气度连续两年实现提升，其中新能源汽车市场增长明显；商用车市场继续低位运行，相关企业经营承压。预计2023年汽车行业销量仍将呈增长态势，盈利也将进一步修复，但芯片短缺对汽车行业造成的影响仍将存在，需持续关注新能源汽车和出口增长的可持续性及商用车需求恢复情况。2022年以来汽车行业企业债务整体规模有所上升，但由于货币资金充裕，经营获现能力提升且融资渠道畅通，整体偿债压力较为可控，信用水平保持稳定。同时，乘用车和商用车企业的盈利能力和偿债能力仍将保持分化，国有大型汽车集团杠杆水平较低，偿债能力强，部分自主品牌和新能源车企偿债压力偏大。

2022年以来，为了支持新能源汽车产业发展，国务院将新能源汽车免征车辆购置税政策延续到2023年底，很大程度上提振了市场信心；叠加油价高企、促消费政策等因素也刺激新能源汽车消费，我国新能源汽车保持高速发展态势。随着技术水平的提升，新能源相关基础设施和消费意愿不断提升，预计2023年新能源汽车销量将延续增长态势。在新能源汽车细分品类中，课题组重点看好新能源汽车的两条发展主线：一是插电式混动车；二是中高端纯电车。根据中国汽车工业协会的数据，2022年前三季度插电式混动车销量达到98.7万台，同比增长168.9%，领先于纯电车。比亚迪插电式混动车销量遥遥领先，市场占有率超过60%。国内其他车企正在迅速跟进，插电式混动车将成为新能源汽车销量增长的重要增量。《新能源汽车产业发展规划（2021—2023年）》强调以纯电动乘用车为中国新能源汽车未来发展主流，造车新势力也主打纯电路线。截至2022年10月，国内纯电车渗透率已快速提升至23%。2023年特斯拉或推出Model Q，产品价格下沉，预计售价16万元，Model 3、Model Y改款车型交付，配置大幅提升，或为纯电市场注入全新竞争活力。课题组预计2023年纯电车销量有望达560万辆，同比增长16%，渗透率为23%。

四、电子行业

(一) 行业概况

电子行业是研制和生产电子设备及各种电子元件、器件、仪器、仪表的行业，是军民结合型工业，是典型的资金和技术密集型行业。从行业特征看，周期性和区域性在电子行业中表现得并不明显，反而季节性和政策性特征更为突出。参照申万行业分类标准，电子行业可细分为半导体、元件、光学光电子、其他电子、消费电子和电子化学品等子行业。

综观 2022 年，在新冠疫情反复、中美经贸摩擦持续、全球通胀与创新放缓等多重因素的影响下，电子行业进入下行周期，其中，在半导体方面，美国对华技术封锁措施持续出台，叠加逆全球化趋势，导致我国半导体销售额占比下滑。在消费电子方面，2022 年我国智能手机出货量同比大幅下跌，主要是创新乏力、换机周期延长所导致的。

截至 2022 年 12 月 31 日，对比其他 30 个申万一级行业，电子行业指数涨跌幅排名最末，下跌幅度达 36.54%，走势与沪深 300（-21.63%）和创业板指（-29.37%）相似，但跑输大盘。估值方面，申万电子行业估值与指数走势基本一致，与年初相比持续下跌，2022 年末，其市盈率（TTM[①]）为 32.38，低于 2018—2022 年的历史均值。

(二) 行业综合竞争力分析

1. 治理竞争力

电子行业的治理竞争力得分为 16.4 分，在所有 29 个非金融类行业中排在第 24 位，治理竞争力总体较弱。

从公司股权结构来看，电子行业全部 422 家上市公司的股权集中度平均得分为 64.03 分，排在 29 个非金融类行业的最后一位。其中，股权制衡度在 20% 与 50% 的公司有 255 家，占总数的 60.43%。说明电子行业的大部分公司股权制衡度较为均衡，大股东对公司的控制能力并未达到特别高的状态，因此，发生大股东侵害中小股东权益事件的可能性较低。

从公司治理架构情况来看，电子行业的三级指标"董事长与总经理分离"

[①] TTM，即截至最近的连续 12 个月。

排在非金融类行业的第 29 位，说明董事长与总经理两职合一问题比较突出。在两职合一情况下，董事长和总经理的职位与职责集于一人之身，出现了"自己监督自己"的情况，这是比较明显的制度缺陷；同时，董事长陷于具体的日常管理工作，难以集中精力考虑公司长远发展规划和研究新问题，并且会影响董事会决策和经理层执行各自应有的倾向。

从人力资源来看，电子行业的表现不尽如人意。一方面，电子行业的员工平均薪酬指标得分较低，排在第 20 位；另一方面，电子行业的企业人力投入回报率指标排在第 26 位，同样处于中下游水平。这可能是近几年不断攀升的原材料价格、能源成本、物流成本和资金成本所导致的。另外，电子行业大部分员工只是重复简单劳动，如组装电子设备等，使行业整体薪酬偏低。

2. 财务竞争力

电子行业的财务竞争力得分为 24.31 分，在 31 个申万一级行业中位居第 8 位。从增长能力来看，电子行业净资产增长率与营业收入同比增长率分别排名第 5 位和第 6 位，均位居前列，其增长能力较为出色。

从盈利能力来看，电子行业整体的净资产收益率排名不佳。一方面，疫情反复导致国内消费需求降低，换机周期延长，消费电子行业的利润产生较大波动。另一方面，美国等国家为了加强对我国的技术封锁，提议组建"芯片四方联盟"①（Chip4），对半导体出口有一定影响。在此基础上，电子行业还出现了结构分化，这在一定程度上是部分电子行业企业业绩大幅下滑且未出现回升态势导致的。具体体现在：优质大型企业的下游客户群体通常比较稳定，在市场整体需求受到冲击的大背景下，能提供更强的风险承受能力，而中小企业的风险承受能力相对较小。

从偿债能力来看，电子行业的资产负债率与流动比率处于中下游水平。从营运能力来看，电子行业的应收账款周转率表现不佳，原因可能有以下几个：第一，受到疫情与技术封锁等的影响，行业整体的营业收入有所降低；第二，下游企业受行业整体下行影响，盈利能力下降，还款能力减弱；第三，行业普遍采用较为宽松的信用政策，使得应收账款总额增加。从盈利能力和现金流来看，电子行业毛利率保持稳定且小幅上升，但是净资产收益率、经营现金流量营业收入比等指标仍然处于全行业下游水平。

3. 创新竞争力

从创新投入来看，电子行业研发投入占比较高，在 31 个申万一级行业中

---

① 美国提议与我国台湾地区、日本和韩国建立"芯片四方联盟"（Chip4），建立半导体供应链。

排名第 2 位。同时，研发人员占比指标排名第 3 位，位居前列。但公司专利数量合计指标表现不佳，排名第 20 位。电子行业一般存在较高的技术门槛，研发投入更高，产出专利数量较低，但是专利所带来的收益可能会更高。

回顾电子行业的历史走势，共有四次较大的行情出现，分别为 2010 年（4G 开始建设）、2013 年（4G 手机开始快速渗透）、2017 年（苹果手机创新潮）与 2019 年（5G），其背后的核心逻辑均为电子终端的创新渗透。当今在《中国制造 2025》的指引与轰轰烈烈的国产替代进程下，电子行业的景气度较高，正处于第五次行情中。

4. 社会责任竞争力

电子行业的社会责任竞争力得分为 9.44 分，位于第 20 名。对于电子行业这样中游多为科技制造企业的行业来说，其上下游产品同质化程度较高，多处于充分竞争的环境中，国家会给予税收优惠，并且对电子行业发放大量补贴。然而，其"对政府的责任"指标垫底，意味着目前看来政府的税收优惠和补贴并没有带来明显的直接回报，但绝不代表这些钱白白打了水漂，因为电子行业对于全行业乃至整个国民经济而言都是至关重要的一环，而且其本身就有着前期高投入的特征。

从伦理责任来看，电子行业 2022 年的平均就业增长率为 8.14%，排名第 20 位。同时，电子行业属于技术密集型行业，大部分营业收入被用于技术创新投入，因此，电子行业"对员工的责任"指标排名不高。此外，电子行业对于高端人才的需求日益增长，但国内高端人才供给不足，单位平均资产就业人数排名不高也就不足为奇。

（三）行业发展机遇

目前，电子行业面临的发展机遇主要体现在以下三个方面。

一是半导体方面。（1）政策支持力度加大。伴随 2023 年全国两会的召开，工业和信息化部与国务院国资委提出推动高质量发展，补齐集成电路等领域的短板。政策的支持会加速电子行业的发展，并提升其整体估值。（2）处于下行周期拐点。半导体行业的周期性较为显著，从全球 30 年的半导体历史来看，一般 3~4 年为一个周期，如今正处于下行周期拐点附近。（3）技术推进。ChatGPT[①] 火爆离不开 GPU、CPU 等芯片算力的支撑，相关

---

① ChatGPT 是 OpenAI 开发的人工智能聊天机器人。该聊天机器人基于大语言模型，经过训练可以对用户给出的指令做出详细响应。

行业对于芯片的需求增加，带动价格上升。ChatGPT 背后的 Chiplet 技术①也会使相关产业受益。

二是汽车电子方面。(1) 新能源汽车销量持续增长，拉动车用 MCU② 需求。2022 年 MCU 在车用方面的销售额达到 88.24 亿美元，同比增长 29.30%，强劲增长趋势拉动了汽车电子方面的需求。(2) SiC③ 发展的驱动力。新能源汽车推动 SiC 发展，车用 SiC 规模有望加速提升。(3) 激光雷达市场规模提升且加速上车。新能源汽车拉动激光雷达需求，激光雷达市场规模预计将快速增长。

三是消费电子方面。(1) 折叠屏手机逆流而上。2022 年中国手机出货量遭遇有史以来最大降幅，但折叠屏手机在 2022 年第四季度逆流而上，出货 330 万台，同比增长 118%。(2) VR④ 终端销量持续上行。VR 技术逐步提升，VR 应用场景更加广阔，VR 陀螺预测到 2025 年 VR 终端的出货量将突破 1.1 亿台。(3) 计算机市场。2022 年第四季度中国个人计算机市场总出货量低迷，同比跌幅达 26%。在促进消费的大环境下，计算机市场预计将在 2023 年下半年回暖，并在 2024 年恢复温和增长。

五、医药生物行业

（一）行业概况

医药生物行业由医药产业和生物技术产业共同组成，是传统产业和现代产业相结合，一二三产业融为一体的行业，是我国国民经济的重要组成部分。参考申万行业分类标准，医药生物行业可细分为医疗服务、生物制品、医疗器械、中药、医药商业以及化学制药六个二级行业。医药生物行业具有周期

---

① Chiplet 技术是指将一个功能丰富且面积较大的芯片裸片拆分成多个芯粒，并将这些具有特定功能的芯粒通过先进封装技术组合在一起，最终形成一个系统芯片。

② MCU 是 Microcontroller Unit 的简称，中文叫微控制器，俗称单片机，是把 CPU 的频率与规格做适当缩减，并将内存、计数器、USB、A/D 转换、UART、PLC、DMA 等周边接口，甚至 LCD 驱动电路都整合在单一芯片上，形成芯片级的计算机，为不同的应用场合做不同组合控制。

③ SiC 是由硅（Si）和碳（C）组成的化合物半导体材料，以 SiC 为代表的宽禁带半导体大功率电力电子器件是目前电力电子领域发展最快的半导体器件之一。

④ VR 是 Virtual Reality 的简称，即虚拟现实，是指借助计算机系统及传感器技术生成一个三维环境，创造出一种崭新的人机交互状态，通过调动用户所有的感官，带来更加真实的、身临其境的体验。

长、投入大、风险高、回报高的特点，行业发展对于资本的要求较高，同时由于其产品性质，也是一个受政府高度监管的行业。

2022年医药生物行业的增长与新冠疫情影响情况较为一致。2022年初我国多地暴发新冠疫情，感染人数迅速增加，波及范围广。在抗疫相关产品需求的带动下，2022年第一季度医药生物行业总体营业收入增长13.01%，归母净利润增长27.66%。在疫情逐步得到控制后，医药生物行业第二、第三季度的营业收入、归母净利润增长率趋于平稳，分别为9.44%、9.81%和9.34%、7.49%。生物制品行业在前两年大规模接种疫苗之后，疫苗产品所带来的收入增速影响逐步减小，2022年生物制品行业收入增长12.1%。医疗服务行业在CRO[①]&CMO[②]产业的引领下依然保持34.28%的较高收入增速以及41.69%的归母净利润增速。由于在持续不断地提供新冠治疗必备的器械物资使得收入增长的同时，上游原材料价格上涨，医疗器械行业的归母净利润仅为0.65%。与上年26%的高增速相比，2022年中药板块增速明显下降，仅有1.12%。医药商业行业在2022年继续保持9.96%的稳定收入增长，但其利润几乎没有增长。

在医药生物行业逐步回归常态化的情况下，2022年医药生物板块进入快速调整期。2022年医药生物指数（申万）下跌20.34%，在31个申万一级行业中排名第19位，估值收缩了39.87%。细分行业中除医药商业行业上涨12.43%外，其余细分行业在2022年全数下跌，中药下跌14.71%，化学制药下跌4.75%，医疗器械下跌22.59%，生物制品下跌21.46%，医疗服务下跌14.82%。

（二）行业综合竞争力分析

1. 治理竞争力

医药生物行业的治理竞争力得分为17.51分，在31个申万一级行业中位居第16名。医药生物行业公司股权结构得分排在第20位，有待提升。同时，股权集中度不高，大股东持股比例在全行业中排名靠后。其社会影响力位居第17名，处于中游水平。

从公司治理架构情况来看，董事长与总经理分离指标得分为0.64分，在31个申万一级行业中位居第22名，医药生物行业仅有63.63%的上市公司采

---

① CRO，即Contract Research Organization（合同研发服务组织）。
② CMO，即Contract Manufacture Organization（合同加工外包）。

用了董事长与总经理权责分离的公司治理架构。这可能与医药生物行业的特点有关，往往医药生物行业公司的董事长开创和掌握核心产品技术，进而对整个公司的战略方向以及日常运营有着与之相匹配的要求。

从人力资源来看，医药生物行业表现较好。员工平均薪酬指标得分为0.55分，排在第14位，处于全行业的中上游。企业人力投入回报率指标得分为0.57分，位居第17名。

此外，2022年医药生物行业市场占有率指标得分为0.59分，仅排在第29位，说明行业集中度很低。主要原因可能是，一方面，医药生物行业的细分产业广泛，不同的医药生物技术需求需要各种不同类型、不同规模的企业来满足它们的需求，导致供应商数量较多，行业集中度难以提高。另一方面，医药生物研究不断深入，医药生物技术不断更替，市场竞争激烈，没有一家公司能够长期完全掌控市场份额，导致行业集中度较低。

2. 财务竞争力

医药生物行业的财务竞争力得分为18.87分，在所有行业中位居第6名。其财务竞争力优势主要体现在增长能力和盈利能力上。

从增长能力来看，2022年医药生物行业净资产增长率指标得分为0.56分，排名第6位；营业收入同比增长率指标得分为0.56分，排名第12位；经营性现金流增长率指标得分为0.51分，排名第16位。可以看到，医药生物行业公司的增长能力在新冠疫情所带来的医疗需求逐步退出的背景下依然保持稳步增长态势。

从偿债能力来看，医药生物行业流动比率指标得分为0.51分，位居第21名，处于全行业下游水平，短期偿债能力较差。但同时，其资产负债率排在第4名，整体资产负债结构较佳。

从营运能力来看，医药生物行业总资产周转率指数为0.47，位列第18名，应收账款周转率指数为0.51，排在第21位。这体现的是医药生物行业资产运用效率不高以及较慢的回款速度给企业盈利以及现金流周转带来压力。

从盈利能力来看，医药生物行业销售净利率位居第6名，净资产收益率排名第13位。医药生物行业的盈利能力处于全行业前列。

3. 创新竞争力

医药生物行业的创新竞争力得分为9.31分，在所有行业中位居第9名，处于全行业前列。医药生物行业重视创新的原因一方面是政府一直支持医药生物行业发展，并采取了一系列政策措施（包括简化审批程序、提升专利保护力度等）鼓励创新。另一方面，医药生物行业竞争激烈，这种竞争压力迫使企业不断推陈出新，开发新的产品和技术来满足市场需求，并提高企业的竞争力。这些都对医药生物行业创新竞争力具有强化作用。

从创新投入来看，医药生物类企业研发投入占比得分较高，在所有行业中位列第 5 名，研发人员占比以及政府补贴得分分别位居第 8 名、第 16 名，总体来说，医药生物行业非常重视研发投入，大量资金被用于支付研发人员的薪水以及生物医药新技术和产品的研发。成功的研发可以为企业带来丰厚的投资回报。一些成功的药物或治疗方案可以成为企业的主要收入来源，帮助企业实现长期的经济增长和发展。

4. 社会责任竞争力

从法律责任来看，医药生物行业"对政府的责任"指标得分排在第 12 名，排名靠前。同时，2022 年医药生物行业受到违规处罚的次数在所有行业中排名第 5 位，处在全行业前列。因此，医药生物行业需要持续构建生物安全能力和合规体系，中国首部《药品年度报告管理规定》、GMP 附录[①]《临床试验用药品（试行）》、《细胞治疗产品生产质量管理指南（试行）》于 2022 年贯彻落实。这些监管法案对划定生物药品的全产业链（包括原则、质量管理、人员、厂房、设施和设备、物料管理）提出了监管规范以及质量要求。中国将继续推动完善各个行业的合规体系，医药生物行业也是如此。

从经济责任来看，医药生物行业"对员工的责任"指标得分为 0.67 分，仅次于食品饮料行业与煤炭行业，位居第 3 名，说明医药生物类企业普遍愿意支付给员工较高的薪水与给予较高的福利。

从慈善责任来看，医药生物行业"对社会的公益贡献率"位居全行业第 9 名，说明医药生物行业非常重视对于社会的公益回馈。

从伦理责任来看，2022 年医药生物行业平均就业增长率为 7%，就业增长率指标排名第 23 位。

（三）行业发展机遇

2023 年 3 月 5 日，李克强总理代表国务院在十三届全国人大五次会议上作《政府工作报告》，其中全方面地总结了过去五年中我国在医药生物、卫生健康领域取得的重要成就，同时提出 2023 年医药生物领域的工作重点包括在疫情防控"乙类乙管"的情况下，持续推进新冠疫苗迭代升级和新药研制；

---

① GMP，即 Good Manufacturing Practice（良好生产规范）。

在医疗服务上要不断提升县域医疗卫生服务能力，完善分级诊疗体系；在中医药方面，国家将进一步建设中医药健康服务高质量发展工程；将零售药店纳入门诊统筹管理，推动处方外流。展望2023年，稳固"双链"支撑医药生物产业高质量发展成为主基调，医药生物产业的发展模式将持续创新，新的产业组织形态将被构建，同时开放型载体的建设将推动产业深度融入全球创新发展。此外，一些前沿生物技术将突破商业化的拐点并成为独立的发展赛道，产学研医协同链条将持续贯通联动，科技成果转化的难题破解速度加快。面对新形势新挑战，我国医药生物行业发展将聚焦于四个重点方向：集群创新、重点领域培育、区域协作和示范应用。

2023年2月28日，国务院办公厅印发《中医药振兴发展重大工程实施方案》，将围绕中药全产业链技术进步与创新，改善中药产品质量，推动中药行业现代化，实现中药行业全面升级。这会导致中药行业企业的生产成本上升并促进行业内企业优胜劣汰，拥有强大研发能力与较多优质产品的企业将受益于行业整合。

2023年3月1日，国家医保局发布《关于做好2023年医药集中采购和价格管理工作的通知》，要求进一步完善医药价格形成机制，促进医保、医疗、医药协同发展和治理，向人民群众提供优质高效、经济合理、方便可及的医药服务。对于任何一个国家来说，医疗资源都是有限的，保障公民医疗需求的医保资金也是有限的。特别是当下我国正逐步迈向老龄化社会，为了实现医保资金利用效率最大化，必将持续深化医改以及加大控费力度。从企业端来看，当前的多数传统药械企业正处于现有产品受到集采影响，业绩暂时无法回到集采前水平，但积极创新，希望向创新药或高端难仿药转型，因而需要时间和资金这样一个青黄不接的过渡阵痛期。集采作为其中的重要环节，其政策具有持续性以及长期性。药械企业应积极面对集采，敏锐把握产业发展趋势，做好面对各种政策变化都有应对、生存和发展能力的准备。集采并不完全是一件坏事，虽然人均治疗费用在集采的影响下出现下滑，但行业规模增速却会快速上升。如PCI[①]手术、出血性脑卒中、白内障手术等市场在几年的时间内就从一个几亿元、十几亿元的市场变成一个百亿元甚至几百亿元的市场，从而带来总量大幅提升，远期总量依然存在。

---

① PCI（Percutaneous Coronary Intervention）是指经心导管技术疏通狭窄甚至闭塞的冠状动脉管腔，从而改善心肌的血流灌注的治疗方法。

从供给端来看，任何行业的市场竞争化过程都是不可避免的，医药生物行业也不例外。若医药生物行业公司的产品缺乏技术壁垒，那么在市场化以及集采政策的影响下，产品价格大幅下跌甚至实现市场出清是很可能发生的事情。医药生物行业企业应将目光放长远，寻找研发具有技术壁垒的拳头产品。从需求端来看，在中国制造全球化趋势以及国产替代政策的大力支持下，我国医药生物类企业的产品将会供应给中国、欧洲、俄罗斯以及各个新兴市场国家，需求总量增长空间依然存在。

六、计算机行业

（一）行业概况

计算机行业在推动国民经济发展中的作用日益凸显。参照申万行业分类标准，计算机行业可细分为计算机设备、IT服务和软件开发三块。在新一轮技术变革下，国内计算机行业迅速发展，云计算、大数据、人工智能等数字化技术与实体经济深度融合，为我国产业转型持续提供动力。目前，国内外社会经济发展的底层驱动力都将因数字产业的发展而发生历史性转变。但在计算机行业三大板块的核心技术上，我国仍面临欧美国家"卡脖子"，掌握主动权压力巨大。

2022年前三季度，我国计算机板块实现营业收入7310亿元，同比增长4.79%。新冠疫情在经济发达地区的小规模暴发，导致计算机公司在业绩端受到明显影响，业绩增速放缓。2022年，疫情对全行业影响较大，整体需求低迷、项目实施和确认延迟几乎贯穿全年，所有公司的财务报表均受到一定冲击。

2022年，申万计算机指数跑输沪深300。截至2022年底，申万计算机指数下跌26.51%（而沪深300下跌22.51%），在31个申万一级行业中排名第27位，居于末尾。复盘全年，计算机行业处于底部的原因主要是疫情反复使得计算机企业业绩增长动力不足，叠加美国商务部宣布新一轮对华芯片出口管制措施，导致投资者信心和预期受到较大影响。

（二）行业综合竞争力分析

1. 治理竞争力

计算机行业的治理竞争力得分为16.54分，在全行业中居于末尾，在330

家计算机行业上市企业中，股权占比为20%到50%的企业共有193家，一般来说，20%~50%的相对控股状态能够防止权力被过度滥用或者是过度分散，能有效保持公司的稳定性。这一区间内的计算机公司数量占比仅有58.48%，仍有提升空间。

此外，作为知识密集型行业，员工薪酬是计算机行业上市公司重要的成本费用支出。如图3-1所示，员工平均薪酬在过去10年中均保持上涨趋势，并在2021年达到21.59万元；从2022年上半年开始，计算机公司开始有意识地进行人员成本控制。2022年上半年计算机行业员工数量微增0.28%，同时员工平均薪酬由2021年下半年的12.00万元下降至11.25万元，环比下降6.23%，同比增长5.41%，远远小于2021年上半年的同比增幅28.90%。课题组认为，2022年上半年计算机行业员工数量增幅微小、员工平均薪酬同比增速相比于2021年上半年明显减小，表明目前计算机行业已经意识到人员成本高涨的问题，并开始逐步采取措施，通过放缓员工规模增长、控制员工薪酬等方式进行成本端的调控。

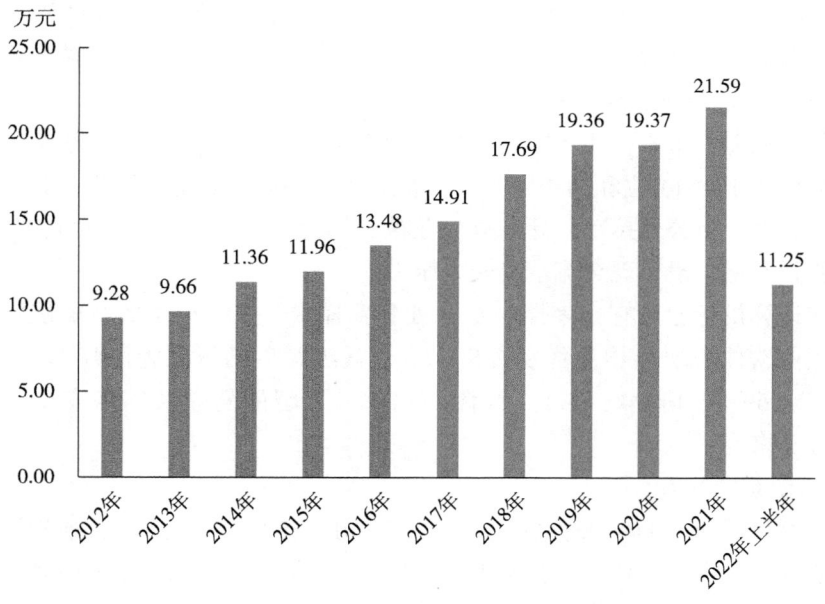

图3-1 近十年计算机行业员工平均薪酬

（资料来源：Wind，课题组整理）

2. 财务竞争力

计算机行业的财务竞争力得分为 20.92 分，在 31 个申万一级行业中排名靠后，往年表现较为突出的持续增长能力 2022 年也有所减弱，净资产增长率、营业收入同比增长率分别排在第 9 位、第 15 位，较上年的排名均呈下降趋势。

2022 年，疫情影响较大，行业业绩承压。从收入端来看，2022 年计算机行业总资产规模达到 3.39 万亿元，总体实现营业收入 11402 亿元，同比增长 1%。从 2022 年第四季度的收入情况来看，受疫情影响最为严重，计算机行业的收入呈下滑趋势。

从利润端来看，2022 年计算机行业净利润为 309 亿元，同比减少 43.8%，过半数公司由盈转亏或出现利润下滑，全年亏损企业占到 36%。其原因主要是 2022 年计算机行业受疫情影响导致项目实施及确认延后，叠加研发投入持续加大，毛利率延续下滑趋势，利润下滑严重。从偿债能力来看，流动比率得分为 0.38 分，在全行业中居于第 26 位，处于末尾水平。资产负债率得分为 0.56 分，居全行业第 3 位。总体来说，整体尝债能力处于中游水平。

从营运能力来看，总资产周转率得分为 0.46 分，应收账款周转率得分为 0.38 分，均处于中下游水平，营运能力表现不佳。

从盈利能力来看，销售净利率得分为 0.53 分，净资产收益率得分为 0.53 分，分别居于第 14 位和第 19 位。计算机行业业绩分化现象显著，业绩增长主要由头部上市公司拉动。计算机行业盈利能力下降，毛利率、净利率走低，盈利质量有所下滑，现金流承受较大压力。

在计算机行业具有代表性的 9 个细分赛道中，从分板块的行业涨跌幅来看，工业软件表现最佳，营收增长 17%，紧随其后的依次为医疗 IT（8%）、电力 IT（6%）、信创（6%）、教育 IT（5%），智能驾驶及网络安全表现较差，位于末尾。

3. 创新竞争力

计算机行业的创新竞争力得分为 11.72 分，排名全行业第 1，研发人员占比和研发投入占比均位居全行业第 1，表明计算机行业重视研发，研发投入不断提升。2022 年计算机行业研发费用为 1089 亿元，同比增长 11.26%，平均研发人员占比为 83.77%。目前我国计算机行业竞争性较强，更新换代速度极快，但与国外相比仍有很大的提升空间。

2022 年，国家新能源战略进入收获期，新能源产业景气度快速上升，倒逼能源信息系统改革，新能源 IT 势在必行。相比于新能源产业，计算机行业景气度即将加速上升,具有持续提升估值的可能性;智能座舱进入深化的临界点,芯片算力的提升为高阶智能驾驶落地提供了沃土;《数据安全法》《个人信息保护法》的到来使得数据安全迈入产业元年,成为后互联网、后信息化时代的核心领域;元宇宙进入行业导入期,全球各IT巨头纷纷布局,视觉技术、相关供应商有望核心受益,这些都刺激着计算机行业的创新竞争力繁荣发展。

4. 社会责任竞争力

计算机行业的社会责任竞争力得分为11.06分,其对员工的责任远高于其他行业,在全行业中排名第5位,同时就业增长率也位居第9名,说明计算机行业在对优秀员工的吸纳上下足了功夫。计算机行业目前是公认的高薪行业,愿意以更高的工资来吸引员工,这有利于员工之间的竞争,也有利于行业加速发展。从慈善责任来看,计算机行业对社会的公益贡献率处于全行业中上游水平。

(三) 行业发展机遇

2023年我国计算机行业将面对以下风险因素。第一,中美高科技领域加速脱钩背景下,美国商务部工业和安全局(BIS)正式宣布了对中国超算和半导体制造物项的出口管制新规,全面加强了对超算和芯片制造领域的限制措施,未来国内企业获得受美国管辖的物项的难度将大幅提升,阻碍我国算力和先进制程的发展。第二,我国大力发展数字经济,下游企业对产品和服务的需求依靠5G、云计算等新基建带动,如若下游企业数字化建设投资增长疲软、IT支出放缓、下游子行业业务开展受阻,上游软件子行业可能会有需求下降的风险。

数字中国顶层设计在新一轮技术革命中应运而生。2023年2月27日,中共中央、国务院印发《数字中国建设整体布局规划》,标志着数字中国全面建设时代来临,无论是底层国产化、新基建,还是产业数字化或数据要素变现,数字产业将迎来新的发展窗口期,计算机行业将再次站上潮头,引领科技板块发展。

展望2023年,计算机公司基本面稳健向好。从需求端来看,"信创+密评+数据安全",叠加疫情防控措施全面开放,外部环境好转,释放财政对于网络安全以及数字化基建的投入,助力需求修复。从费用端来看,行业控费效果逐步显现,在计算机行业整体收入提速的背景下,收入费用剪刀差有望实现,行业净利润或将快速提升,驱动业绩同比大幅增长。

2023年，新兴板块将继续突破。第一，ChatGPT横空出世，标志着强人工智能时代的到来。ChatGPT引起全球热议，在两个月内月活用户突破1亿。此次AI浪潮将推动国内公司加速研发中国ChatGPT产品，AIGC产业将迎来大发展。第二，数据要素与行业IT有望紧密结合。我国将数据定位为第五大生产要素，高度重视数据要素市场发展，随着疫情防控措施不断优化，经济复苏，政务IT、医疗IT、金融IT等需求将逐步恢复，数据要素在我国各行业的巨大价值将持续释放。第三，信息安全成为大国博弈的手段之一，政府、企业、个人在地缘政治冲突中可能会面临网络瘫痪、信息泄露等风险，关乎国家安全。信创、信息安全产业预计将得到政策的充分支持，"大安全"主线下的信创和信息安全赛道将迎来更好的发展机会。

七、电力设备行业

（一）行业概况

电力设备行业是我国经济发展的主要支柱产业之一，在"双碳"目标的指引下，从化工燃料转向电气化是我国能源发展的长期趋势，也是推动经济社会绿色转型的有效途径。电力设备行业主要为电能的生产、传输、分配、使用和电工装备制造等领域提供所需的设备，并在此方向不断创新发展。参照申万行业分类标准与行业惯例，电力设备行业可细分为光伏设备、电池、电源设备等子行业。在31个申万一级行业中，2022年电力设备行业以-25.43%的收益率排在第26名。

背靠全球发展最快的国家之一，拥有巨大的本土市场，中国光伏产业在"双碳"政策支持下，近年来的成长幅度远高于世界平均水平。截至2022年底，在制造端，我国光伏组件和多晶硅产量多年位居世界榜首；在应用端，我国光伏新增装机容量和光伏累计装机容量也多年位居世界榜首。同时，我国面临严峻的环保形势，客观上急需寻找可替代能源，这些都为光伏产业的发展奠定了良好的基础。2022年，国内光伏新增装机容量实现高增长。截至2022年底，光伏新增装机容量高达8741万千瓦，同比增长59.13%，在所有发电机中新增装机容量位居第一。

随着电池行业的发展，配套使用锂电池和铅酸电池等的新能源汽车也迎来了高速发展阶段。根据中国汽车工业协会的数据，2022年新能源汽车销量爆发式增长，截至2022年底，新能源汽车销量达688.7万辆，同比增长

95.60%。随着新能源汽车的迅速发展，配套使用的电池及电力设备销量也加速增长。同时，随着宁德时代、派能科技等企业的海外市场占有率上升，锂电池配套新能源汽车使用或作为储能系统使用的范围将扩大，整体电池行业将获得更大的发展机会。

截至 2023 年 3 月 21 日，在 31 个申万一级行业中，电力设备行业以 -15.13% 的跌幅跑输沪深 300（-6.65%）和上证综指（0.14%）。受到俄乌冲突和新能源汽车发展的影响，能源转型将加速，电力设备行业有望在"双碳"政策支持下大力发展光伏领域和电池领域。

（二）行业综合竞争力分析

1. 治理竞争力

电力设备行业的治理竞争力各项指标表现较为平庸，处于 31 个申万一级行业的中下游水平。电力设备行业全部 323 家上市公司的平均股权集中度得分为 25.90 分，在 31 个申万一级行业中排名第 29 位，说明电力设备行业总体股权集中程度相对于其他行业而言较高。其中，股权集中度为 1 的公司共有 191 家，占总数的 59.13%，说明电力设备行业大部分公司的股权集中度尚可，这些企业的中小股东因大股东侵占而导致其权益受到侵害的可能性比较低。

从公司治理架构情况来看，323 家电力设备上市公司中，有 206 家上市公司的董事长与总经理由不同经理人任职，117 家上市公司采用董事长与总经理兼任的方式，行业整体的公司治理架构较为合理。

从社会影响力来看，电力设备行业收到的平均诉讼次数排名第 15 位，诉讼次数较少，且诉讼与仲裁主要发生在合同履行与票据纠纷等方面。

从人力资源来看，电力设备行业员工平均薪酬与企业人力投入回报率均在全行业中处于中上游水平，其中，员工平均薪酬位于第 13 名，较上年的第 12 名略微退步，企业人力投入回报率排在第 10 名，较上年的第 12 名有所进步。电力设备行业的市场占有率得分排名第 26 位，相比上年下降了 4 位，说明电力设备行业的集中度有所下降。

2. 财务竞争力

电力设备行业的财务竞争力得分为 24.62 分，在所有行业中位居第 7 名，处于上游水平，具有较大优势。

从增长能力来看，电力设备行业净资产增长率为 0.6395，营业收入同比增长率为 0.7314，经营性现金流增长率为 0.5112，三个指标分别排名第 2 位、第 2 位和第 15 位。电力设备行业的增长能力具有明显的竞争优势，尤其在净资产增长率和营业收入同比增长率上，而经营性现金流增长率较上年而言有小幅度下降。增长能力指标排名靠前，主要是因为光伏产业与电池产业在"双碳"政策支持下处于快速发展不断进步的阶段。

电力设备行业企业具有广阔的市场空间与较高的成长性，但是现金流情况往往是制约发展的不利因素，尤其是在新能源方面。我国电池产业集群全球竞争力比较明显，无论是上下游产业的成本还是国内外的订单量，都处于世界领先地位。

从偿债能力和营运能力来看，电力设备行业的资产负债率、流动比率和应收账款周转率都处于全行业中下游水平，原因可能有以下几个方面：（1）行业普遍采用较为宽松的信用政策，使得应收账款总额增加，但不良贷款率上升，从而限制了企业的现金流。（2）"双碳"政策的推行在一定程度上促进了新能源创新发展，但也限制了新能源汽车行业营业收入的增长。（3）从盈利能力和现金流来看，行业盈利保持稳定且小幅上升，但经营现金流量营业收入比指标处于下游水平。

3. 创新竞争力

电力设备行业的创新竞争力得分为9.95分，在所有行业中位居第6名，排名与上年相同。

从创新投入来看，2022年电力设备行业研发投入占比排名第9位，相比上年下降了1位。电力设备行业部分子行业目前已进入深层次转型期，光伏发电、风力发电、电池储能、新能源设备等行业对创新与研发的要求越来越高。

从创新产出来看，公司专利数量合计排名第9位，说明创新产出持续增加。

4. 社会责任竞争力

电力设备行业的社会责任竞争力得分为9.70分，在所有行业中位居第16名，处于中游水平。

从法律责任来看，电力设备行业"对政府的责任"排在第29位，排名较靠后，这是因为目前电力设备行业受到国家诸多政策的支持，如"双碳"政策、新能源补贴政策、风电与光伏发电平价政策等，使得电力设备行业收到的补贴较多但交税较少。

从伦理责任来看，2022年电力设备行业平均就业增长率为8.67%，就业增长率指标排名第17位，位于全行业中下游水平。由于近年来市场需求显著上升，电力设备行业盈利能力明显提高，且随着行业信息化与科技化的发展，其对科技科研人才的需求日益增长，行业机械化、智能化对就业率水平产生了一定的影响。

（三）行业发展机遇

2023年电力设备行业在不同领域有着不同的发展机遇。

对于光伏领域，进入平价时代后，经济性驱动增加，光伏行业各项产品的经济性有望进一步显现，进一步扩张全球需求。产业链将迎来再次创新，电站关注放量弹性，电池片与硅片的优势有望得到强化；光伏新技术持续突破，有望创造新空间与新格局；同时，产业链价格快速下行，推动需求提升，光伏扩产将提速，预计将刺激2023年装机需求。

对于风电领域，从全球来看，未来10年海上风电将成为风电增长的核心来源，陆上风电增量较为有限。国内风电装机容量在陆风、海风的共同支撑下有望迎来进一步增长。根据CWEA的统计数据，陆风装机容量已经连续两年下滑，按照五年周期考虑，2023年有望出现回升。主机市场格局依旧分散，不过龙头企业占比有所增加。欧洲国家主机订单价格提高，为国内主机出口提供了机遇。同时，国内风电产业链许多环节已逐步进入海外供应链，海外供应链占比有望进一步提高。

对于电池领域，锂电池已经广泛应用于新能源汽车和储能系统。近年来，国内锂电池出货量快速增长，一方面受益于新能源汽车动力电池和储能电池两大出货量的上升，另一方面受益于海外市场对电池的需求增长，带动国内电池企业出口规模增加。2022年中国锂电池出货量高达655GWh，同比增长100%。

无论是从光伏、风电领域来看，还是从电池领域来看，在"双碳"政策背景下，2023年电力设备行业将处于快速发展且技术不断革新的阶段。国内电力设备市场已经无法满足整个电力设备行业发展的需要，应向海外市场拓展，增加海外市场占有率，这对于产业链的完善有着至关重要的作用。同时，国内疫情的不确定性可能导致新能源相关需求受到影响，并可能再度影响产业链。上游原材料价格的波动会对电力设备行业盈利能力产生较大的影响。

八、机械设备行业

（一）行业概况

机械设备行业是以机械制造为主要活动的行业，包括各种工业机械、农业机械、建筑机械、交通运输设备、医疗器械等。机械设备行业是国民经济的重要支柱产业之一，其发展水平与国家的经济实力和国防实力密切相关。

在我国的经济体系中，机械设备行业的产品种类多样化，广泛应用于制造业的各个环节，并且有着不可替代的地位和作用。其上游行业主要包括钢铁、有色金属等原材料行业，下游行业则主要覆盖房地产、汽车、基础设施建设、新能源、环保、农业生产、交通运输等多个领域。

从行业的特征来看，机械设备行业属于劳动、技术和资本密集型行业，具有明显的周期性和政策性。从行业的生命周期来看，我国的机械设备行业已经进入成熟期。经过几十年的发展，我国的机械设备行业已经进入中高速发展阶段。

2022年数据显示，申万机械指数下跌了20.67%，与深证成指、中证1000、上证指数相比的超额收益分别为4.86%、0.65%、-5.72%，走势与中证1000指数相近。2022年A股市场整体表现不佳，机械板块涨跌幅居于中等偏后的位置。截至2022年12月31日，机械设备指数下跌1%，排名第21位，居于中等偏后的位置。从细分行业来看，截至2022年12月31日，工程机械行业跌幅最大，其次是自动化设备行业，通用设备、专业设备及轨交设备行业的表现比整体机械板块略好，分别下跌18%、19%和17%。

（二）行业综合竞争力分析

1. 治理竞争力

机械设备行业的治理竞争力得分为16.582分，在除银行业和非银金融行业外的29个申万一级行业中排名第22位，整体排名较低，主要是由于机械设备行业市场占有率较低，导致其在人力资源方面表现欠佳。

在公司股权结构和治理架构方面，机械设备行业股权集中度和上市公司董事会与监事会机构指标分别排在第25名和第21名，说明机械设备行业的股权相对比较分散，公司治理结构比较完善，投资风险相对较低。但董事长与总经理权责分离程度较低，在29个非金融类行业中排名第24位，可能会导致公司决策过程中出现权力过于集中的问题，削弱公司治理效率和风险控制能力。

机械设备行业在社会影响力方面表现较差，具体表现在其收到的诉讼次数为0.597次，在29个非金融类行业中排名第27位。这表明机械设备行业面临的法律诉讼问题较多，其中部分公司的诉讼案件不仅对行业和社会造成了一定的负面影响，还导致公司自身产生大笔营业外支出，从而影响公司盈利能力。

在人力资源方面，机械设备行业员工平均薪酬、企业人力投入回报率分别排在第19位、第23位，处于全行业中后段，员工平均薪酬并不十分可观，企业每单位人力投入所回报的利润额较低，说明机械设备行业员工创造利润的能力较低。机械设备行业目前面临成本上升、人才紧缺的困境。一方面，上游原材料价格、能源成本、物流成本和资金成本不断攀升，使机械设备制造业承压，净利润增速有所下降。另一方面，近年来我国工资上涨速度明显高于其他主要经济体，人口红利逐渐消退。但机械设备制造业是劳动密集型产业，除了需要科技创新人才和管理人才，还需要高级技工等。目前我国面临高技能人才短缺问题，技术工人技能偏低，不但造成企业用工成本上升，更影响了企业运转效率和产品质量。

机械设备行业的市场占有率在所有行业中位居第30名，仅高于电子行业，表明机械设备行业市场集中度偏低，缺少有影响力的领军企业和知名品牌。机械设备行业虽然企业数量众多，但以中小企业为主，市场份额相对分散，在505家上市公司中仅有2家千亿市值的公司。

同时，机械设备行业缺少有国际影响力的高端装备品牌。在世界品牌实验室2022年发布的"世界品牌500强"中，中国有45家企业入选，其中机械制造行业仅有一家。目前来看，美国、日本、欧盟长期全面占据品牌高地，韩国则在优势产业方面有一些品牌影响力，而中国正从代工贴牌逐渐走向品牌化，但企业仍缺乏品牌意识和品牌战略。国内很多企业更倾向于为大型企业贴牌生产，这样既可以利用国内较低的劳动力成本和土地成本，又省去了创造自身品牌所需的资本。但在这种运营模式下，企业进行重复劳动，只能得到小部分利益，缺乏持续盈利的能力。

2. 财务竞争力

机械设备行业的财务竞争力得分为21.412分，在29个非金融类行业中排名第19位，处于中下游水平，总体表现有所提升。

从盈利能力来看，机械设备行业的毛利率在所有行业中排名第19位，精细化管理下，净利率提升明显。但净资产收益率在所有行业中排名第17位，仍处于中下游水平，说明机械设备行业的盈利能力仍有很大的提升空间。

从增长能力来看，机械设备行业净资产增长率、营业收入同比增长率和经营性现金流增长率分别排名第20位、第19位和第22位，整体表现不佳。

从营运能力来看，机械设备行业总资产周转率在31个申万一级行业中排名第22位，核心一级资本充足率、流动比率分别排名第26位和第27位，处于中下游水平。2022年以来，在新冠疫情和俄乌冲突的双重影响下，机械设备行业面临严峻的复工复产问题，导致市场成本上升、亏损增加，同时需求端疲软，多方面因素导致机械设备行业资产周转能力较低。

3. 创新竞争力

机械设备行业的创新竞争力得分为10.240分，在31个申万一级行业中排名第5位，处于中上游水平。

在创新投入方面，机械设备行业研发投入占比和研发人员占比排名均为第4名。从研发投入占比和研发人员占比两个方面来看，机械设备行业在研发方面的投入和人力资源配置比较充足，这有助于提高其技术创新能力和产品研发能力。机械设备行业的政府补贴在31个申万一级行业中排名第23位，政府对于机械设备行业研发的支持力度小幅提升，未来机械设备行业的发展方向在于研发创新。减税政策促使机械设备行业不断加大研发力度，随着人口红利逐渐消失，制造业向高端行业不断迈进，为了推动其加大研发力度补齐短板，财政部、国家税务总局对研发费用进行加计扣除。通过税收优惠政策，切实让利企业，激励机械设备企业进一步加强研发，为我国制造业发展以及产业结构转型升级提供助力。

在创新产出方面，机械设备行业公司专利数量合计指标排名第11位，相较于往年有所下降。说明2022年机械设备行业技术创新能力不足，这是由于行业竞争加剧，企业难以获得更多的专利，同时机械设备行业的技术突破周期较长，导致机械设备行业的专利产量较低。

4. 社会责任竞争力

机械设备行业的社会责任竞争力得分为9.768分，在29个非金融类行业中排名第15位，位于全行业中游水平。

从细分指标来看，对投资者的责任、对员工的责任、对供应商的责任、对社会的公益贡献率排名分别为第23位、第21位、第13位、第10位，说明机械设备企业在对供应商的责任、对社会的公益贡献率方面表现较好，但在对投资者的责任、对员工的责任方面有待提升。同时，机械设备行业就业增长率排名第18位，在所有非金融类行业中对就业的贡献程度中等偏下。作为劳动密集型行业，机械设备行业是我国工业中的重要产业分支，提供了大量的就业岗位，同时也为我国实体经济发展做出了重要贡献。

（三）行业发展机遇

根据机械设备行业的表现，2022年制造业景气度下滑，在疫情反复和俄乌冲突的冲击下，我国经济运行受到较大的影响，面临较大的下行压力，制造业投资增速与政策推进程度不及预期，叠加行业竞争加剧，多种因素使得行业承压。2022年我国制造业PMI指数始终偏低且持续下行，1月至11月7次跌破荣枯线，供需走弱仍是主要拖累，世界经济复苏步伐放缓、海运紧张等影响国内企业预期，疫情对经济的影响还在持续。受房地产市场下行影响，市场投资信心有所下滑，大宗商品价格总指数由7月的207.6下降至12月的188.94，降幅达8.99%。其中，能源类降幅最大，由7月的206.39下降至12月的163.28，降幅达20.89%。钢材等原材料价格在大宗商品价格下降的带动下普遍下降，行业成本上升压力缓解，但长远来看，机械设备行业将会受益于我国推动智能制造、高端制造等制造业升级，以及碳中和、碳达峰等目标的制定。同时，硬科技、专精特新、新能源等领域不断涌现投资机会，这也将直接影响到机械设备行业景气度，相关产业链有望持续走强。

2023年初以来，疫情对行业复工复产的影响逐渐减弱，同时政府以"保交楼"为目标出台了一系列房地产支持政策，预计房地产行业回暖将持续带动工程机械需求。结合目前汽车、光伏等行业持续高景气，对工业机器人以及自动化设备产销数据的回暖带动作用明显。展望2023年，制造业投资仍是政策发力的方向，增长将主要来源于政策对于高技术制造业的支持、国际形势不确定性增强下的产业链自主可控，以及设备更新周期。

综上所述，受供需走弱影响，2022年我国实际需求仍偏弱，随着疫情防控政策完全放开，促消费、扩内需等相关政策有望带动需求底部反转。2022年受房地产市场下行影响，市场投资信心有所下滑，但随着2023年"三支箭""金融16条"等相关政策落地，从政策内容来看，既有存量政策又有增量政策，既有需求侧的政策又有供给侧的政策，其中帮助民营房企拓宽融资渠道为新增重点内容；从政策目的来看，本轮政策意在统一和强化前期政策方向，在防范房地产风险的同时，加速推进"保交楼"等工作落实，或将对投资端带来提振作用。2022年我国制造业增加值同比增速偏低，说明我国工业经济运行走势、经济景气程度有所下滑，2023年我国将加快实施创新驱动发展战略，高技术产业的发展或将为制造业带来新的增长点。

九、化工行业

(一) 行业概况

石油化工是我国国民经济的支柱产业，具有总量大、链条长、种类多、关联广等特征。当前，我国化工产业存在部分化学工业产品供应过剩、低端产品同质化、高端产品依赖进口、环境污染严重等问题。2022年起，在"十四五"规划的指引下，我国石油化工产业将在绿色低碳、高附加值产品上持续发力，预计在 2025 年前，形成有自主创新能力、产业链结构布局合理、高端产品持续开发、绿色安全低碳环保的新格局，中国将逐步实现由石油大国迈向石油强国的目标。

回顾历史行情，2022 年化工品价格整体上先涨后跌。在俄乌冲突爆发的大背景下，2022 年上半年，国际石油价格持续走高，化工大宗商品整体价格水平不断抬升，多数石化产品创近年新高。2022 年下半年，随着国际油价回落，化工大宗商品价格整体呈现走低趋势。

总体来看，我国化工行业景气度较低，市场需求疲软。在 31 个申万一级行业中，2022 年基础化工以 -18.83% 的收益率排在第 20 名。展望 2023 年化工行业发展趋势，随着新冠疫情防控从"乙类甲管"调整为"乙类乙管"，以及防控措施进一步优化，化工行业作为一个典型的中游行业，上游连接原油与各种其他石化资源品，下游与居民生活中的衣食住行直接相关，2023 年国内需求有望实现触底回升，出行和消费等有关上游材料产品需求若实现回暖，则能从需求端为化工行业景气度提升提供坚实的后盾。

(二) 行业综合竞争力分析

1. 治理竞争力

化工行业的治理竞争力得分为 18.17 分，在所有行业中位居第 9 名，主要呈现以下特点。

一是公司股权结构和公司治理架构情况得分处于中等偏下水平，其中，股权集中度得分在 31 个申万一级行业中排名第 21 位，较往年排名有所下降，说明其大股东持股比例相对更加集中。同时，上市公司董事会与监事会机构指标得分为 0.69 分，排在第 12 名，处于中等偏上水平，说明化工行业监管制度较为合理。

二是化工行业收到的诉讼次数低于全行业平均水平，诉讼次数得分为 0.71 分，排在第 10 名，且增速呈下降趋势，这主要是因为环保和安全意识逐渐增强，化工园区已进入高质量发展新阶段，化工企业安全生产整治行动逐步取得成效。

三是企业人力投入回报率得分为 0.72 分，排名第 6 位，但较上年排名有所下降，且员工平均薪酬和市场占有率排名较低。数据显示，员工平均薪酬得分为 0.54 分，在所有行业中排在第 15 名，不具有工资竞争性，这主要是因为化工行业中的部分产业低技能员工占比较大。

化工行业的市场占有率指标得分仅为 0.66 分，在所有行业中位居第 27 名，表明化工行业市场集中度较低。整体来看，中国化工产品产量已经占据全球的很大一部分比重，2021 年中国化工品销售额占据全球的 45%，预计将于 2030 年达到 48.6%，保持增长态势。中国继续扩产所带来的环保、安全、能源消耗、碳排放压力非常大，加上中国目前仍面临技术升级的挑战，提升产品附加值、优化产业结构成为必由之路。在能耗双控、限电限产的背景下，化工行业中的部分高耗能子行业产能放量受阻，供给端趋紧。与中小企业相比，龙头企业（如万华化学、盐湖股份等）往往拥有先进技术设备和产业链一体化等优势，能够充分利用能源，能效水平高于行业平均值，在产能置换过程中能够进一步凸显优势，未来有望通过行业整合，提高市场集中度。

2. 财务竞争力

化工行业的财务竞争力得分为 25.45 分，在全行业中排名第 5 位，较上年排名有所提升，处于上游位置。

从盈利能力和增长能力来看，净资产增长率和净资产收益率分别位居全行业第 4 和第 6，处于上游位置。

从营运能力来看，受到行业景气度提升的影响，化工行业近几年营业情况明显提升，总资产周转率平均值为 0.59，排名第 12 位，较上年有所上升。随着疫情防控措施逐步优化直至放开，化工行业各子行业下游需求持续改善，叠加原油价格上涨，行业营收整体表现优秀。但由于产能扩张导致供需格局变化，以及需求端复苏程度不一，各细分行业盈利状况差异明显，同时也导致价值链利润流向发生了变化。整体来看，2022 年上半年，在出现阶段性牛市的情况下，化工行业整体盈利尚可。

3. 创新竞争力

化工行业的创新竞争力得分为 7.5 分，在 31 个申万一级行业中排名第 17 位，处于中下游水平，创新仍是后续化工行业发展的关键驱动因素。由于研发转化成产出滞后性较大，从创新投入和创新产出来看，产出水平略落后于投入水平，研发投入占比和研发人员占比排名分别为第17位和第13位。国内化工行业研发投入已具备体量优势，但研发费用率相较于发达经济体仍有差距。2022年3月28日，工业和信息化部、国家发展改革委等六部门联合发布《关于"十四五"推动石化化工行业高质量发展的指导意见》，提出到2025年，石化化工行业规模以上企业研发投入占主营业务收入的比重达1.5%以上。中国化工信息中心表示：在过去，跨国化工企业习惯于全球化所带来的便利与效益，在资本效益和劳动效益发生矛盾时，放缓了高投入高风险的基础研发步伐，但在能源转型的大背景下，化工企业将重启研发及创新。

作为技术密集型产业，精细化工的发展十分依赖科技创新，创新水平和创新能力是行业发展和提升竞争力的关键。虽然我国精细化工产业已经取得了长足发展，但产品结构仍主要集中于中低端，且精细化率远低于发达国家，其中的核心制约点就是创新，我国化工行业仍要把握精细化工的大趋势，不断创新，提升自身实力。

4. 社会责任竞争力

化工行业的社会责任竞争力得分为10.41分，位居全行业第10名。我国对环境安全的重视程度明显提升，2022年5月，国务院办公厅印发《新污染物治理行动方案》，围绕国内外广泛关注的新污染物，提出了管控目标和行动举措。该行动方案对石化化工行业加快有毒有害物质绿色替代、降低新污染物排放提出了新要求，是提升石化化工行业绿色制造水平、增加绿色产品有效供给的重要举措，持续推进了绿色可持续发展。

在法律责任方面，课题组用"对政府的责任"和"是否受到违规处罚"两个指标来衡量。从对政府的责任来看，化工行业较上年略有提升。同时，"是否受到违规处罚"得分为0.21分，排名第26位，较上年排名下降幅度较大，说明受到的违规处罚较多。

（三）行业发展机遇

2022年，在疫情反复引起的内在压力和俄乌冲突带来的外部冲击作用下，化工行业整体处于持续低迷状态，化工企业整体不景气，企业亏损数量及规模较高。但展望2023年，随着新冠疫情防控从"乙类甲管"调整为"乙类乙管"，各行业逐步返工复工，对化工产品的需求将提升至相适应的合理状态，2023年将是化工行业充满机遇的一年。

首先，在化工产品市场需求方面，2023年，伴随美联储加息逐步减缓，以及国内经济稳定政策与后续举措加快实施，国内需求有望整体复苏。尤其是在化工领域，受益于房地产等行业支持政策的出台，相关上游化工品与原材料景气度有望回升。与此同时，受地缘政治冲突影响，欧洲天然气供应紧张，深度影响当地化工企业开工满产能力，这为中国化工企业进一步供应海外市场创造了较大空间。

其次，在"拼技术、拼实力"方面，近年来，逆全球化因素持续驱动国内化工企业打造产业自主技术核心竞争力，进口替代将成为未来化工市场的主旋律。当前，中国化工企业正持续加速国产替代进程，积极推动领先技术自主研发、供应链重塑、替代性产品筛选等。更进一步看，部分基础化工产业、已初步完成替代的产业及中国固有优势产业不满足于止步国内市场或通过贸易渠道触达海外客户，正逐步寻求出海的机会和可能。

最后，尽管 2022 年化工行业整体遭受了不小的挫折，但 2023 年经济形势回暖，宏观政策落实，将推动化工行业在我国能源结构转型道路上找到应有的价值，实现结构优化、品质提升。

十、有色金属行业

（一）行业概况

有色金属是不可或缺的基础材料和战略物资，广泛应用于国民经济、人民日常生活、国防工业以及科学技术发展等领域。近年来，我国有色金属工业取得了巨大进展，基本满足了经济社会发展和国防科技工业建设的需求。参考申万行业分类标准与行业惯例，有色金属行业可细分为能源金属、黄金、工业金属、稀有金属等子行业。其中，稀有金属被广泛用于制造特种钢、超硬质合金和耐高温合金，电气工业、化学工业、陶瓷工业和火箭技术等领域也有所应用。有色金属行业周期性和政策性特征显著。

中国主要的十大有色金属产地分布不均衡，主要集中在东部地区、西南地区和西北地区，其中西北地区产量最高。近年来，有色金属生产、消费保持平稳增长。从供给端来看，常用有色金属产量保持稳中有升；从需求端来看，国内有色金属消费始终保持平稳增长。目前有色金属行业已进入成熟发展期。

2022 年，我国有色金属工业生产呈现稳中有升的趋势。统计数据显示，截至 2022 年末，我国铜、铝、铅、锌、镍等十种有色金属的总产量为 6774.3

万吨，同比增长 4.3%。其中，精炼铜的产量为 1106.3 万吨，同比增长 4.5%；原铝的产量为 4021.4 万吨，同比增长 4.5%；工业硅的产量约为 335 万吨，同比增长约 24%。随着碳达峰、碳中和政策的提出，有色金属行业必然会进入优化产业结构、节能减排的革新时期。

从申万一级行业指数来看，有色金属板块在 2022 年下半年表现为波动不平稳，全年涨跌幅为-20.31%，在 31 个申万一级行业中排名第 18 位。

（二）行业综合竞争力分析

1. 治理竞争力

有色金属行业的治理竞争力得分为 19.01 分，在所有行业中位居第 3 名。这表明有色金属行业企业拥有非常优秀的公司治理架构与管理策略。

从股权集中度来看，有色金属行业的得分为 28.46 分，排在第 26 名。股权过度集中或过度分散都不利于企业发展，有色金属行业中超过 3/4 的企业股权集中度都在 80%左右，这些公司具有较高的大股东持股比例，使得有色金属行业成为全行业中股权比较集中的行业。

从公司治理架构情况来看，有色金属行业的董事长与总经理分离得分为 0.73 分，排名第 17 位。产生这一结果的主要原因是国家加强了对有色金属行业的监管，企业面对的外部监督力度较大，大多数企业为了避免在日常经营中出现权责划分不清晰的情况，将董事长与总经理两职分离。但从上市公司董事会与监事会机构这一指标来看，有色金属行业的得分为 0.65 分，处于全行业末尾位置。说明企业"四委会"设定比较完善，在公司治理架构上对独董比例、董事会及监事会规模等问题处理比较得当。

从人力资源来看，有色金属行业的员工平均薪酬得分为 45.01 分，排在第 22 名，处于全行业的后段，说明有色金属行业在给予员工的报酬上表现不佳。企业人力投入回报率的平均值为 0.58，排在第 12 名，与往年差别不大，位于所有行业的中段。

2. 财务竞争力

有色金属行业的财务竞争力得分为 25.46 分，在所有行业中排名第 4 位，处于行业领先水平。

从增长能力来看，有色金属行业的净资产增长率、营业收入同比增长率和经营性现金流增长率分别为 0.62（第 3 位）、0.73（第 1 位）、0.65（第 1 位），与上年相比排名提升明显，盈利能力十分优秀，处于全行业头部地位。从盈利能力来看，2022 年有色金属行业整体利润表现延续了 2021 年的高涨状态。

造成 2022 年有色金属行业增长能力和盈利能力强劲的原因主要有三个：第一，生产保持平稳。根据国家统计局数据，2022 年有色金属行业工业增加值同比增长 5.2%，较工业平均水平高 1.6 个百分点。第二，大宗商品价格呈区间震荡，碳酸锂价格同比上涨。第三，进出口贸易保持较快增长。金川集团、中铝集团、万宝矿产等海外项目顺利投产达产，中铝集团几内亚铝土矿项目矿石开始供给国内，江西铜业、紫金矿业增资海外铜资源龙头企业。

3. 创新竞争力

有色金属行业的创新竞争力得分为 7.32 分，在所有行业中位居第 19 名，处于全行业的中下游。

从创新投入来看，有色金属行业的研发投入占比和研发人员占比指标得分分别为 0.26 和 0.34，分别排在全行业的第 22 位和第 19 位。目前，我国有色金属行业仍处于产能扩张阶段，但行业增长能力和盈利能力整体受限，因此我国有色金属行业在国家的要求和号召下，摒弃粗放型增产模式，向附加值更高、需求更广的有色金属深加工方向转型，行业中大多数企业由原先坚持规模扩张，转向有助于环保、安全等科技以及高端绿色材料、新科技等研发。根据《有色金属行业碳达峰实施方案》的要求，有色金属行业应围绕碳达峰总体目标，积极推进清洁能源替代与转型。同时，为了推进有色金属行业技术改革，政府加大了对相关厂商的补助，使得政府补贴这一指标位于 27 个非金融类行业的第 11 名，较上年有一定增长。

然而，从创新产出来看，有色金属行业的公司专利数量合计排在全行业的第 17 位，创新产出的表现较为平庸，创新投入转化为产出的效率不高，形成一套成熟的政产学研用相结合的产业创新体系或是提升有色金属行业技术创新转化效率的关键点。工业和信息化部发文表示，将大力推动有色金属新材料的研发，加快新业态的发展和创新。此外，还将对产业链进行智能化调整，提升绿色化、可持续发展水平。为了形成国企和民营互帮互助、相互促进的发展格局，工业和信息化部将推进供给侧结构性改革，各方协调从而降低成本。在政府的引导和政策的支持下，预计有色金属行业的创新竞争力将进一步提升。

4. 社会责任竞争力

有色金属行业的社会责任竞争力得分为 10.46 分，在所有行业中位居第 9 名。

从法律责任来看，有色金属行业"对政府的责任"指标排在全行业的第

6 名，由于有色金属行业盈利能力相对较强，所需支付的税额排名全行业前十。有色金属行业"是否受到违规处罚"指标排名第 30 位，主要原因在于采掘和提取有色金属时，容易对自然生态环境产生负面影响，进而威胁到普通民众的生活空间。

从慈善责任来看，有色金属行业对社会的公益贡献率位居全行业第 23 名，处于中下游水平，企业公益意识较弱。

（三）行业发展机遇

有色金属行业是我国重要的制造业基础性行业之一，其产值和利润规模占据较大的比重，具有重要的经济价值和社会价值。从需求的角度来看，有色金属在我国的直接需求占比较高，部分品种（如稀土、钨等）的直接需求占比可达 80%以上。随着我国经济不断发展和基础设施建设加速推进，有色金属需求得到了进一步改善，对有色金属行业的景气度和盈利水平产生了持续影响。

近年来，随着"碳达峰""碳中和"战略的推进，有色金属行业绿色发展迎来了新机遇。政策导向将加速国内产业结构转型升级，使有色金属行业更加注重绿色生产和低碳发展，推动"双碳"战略的实施，影响有色金属行业各方面的发展。同时，市场在供给上做减法，在需求上做加法，从而通过供需曲线的改变，创造出新的有色金属板块结构性增长机会。在高效的高端制造业产业结构转型升级背景下，新兴材料的发展将带动锂、钴、镍、稀土等新兴金属在产业链上游资源端的需求增量，打开成长空间。

未来，"双碳"政策将对有色金属行业的冶炼产能产生明显推动作用。首先，"双碳"政策将优化增量，使有色金属新型材料更快发展，有色金属新兴业态更新发展。其次，"双碳"政策将优化存量，结合新兴技术，使产业链更智能、更高效、更绿色。同时，"双碳"政策将落实到位，使有色金属行业的发展更健康、更规范。推进供给侧结构性改革，持续严格把握电解铝产能高涨的高压态势，严格落实好产能置换，通过将"政策驱动"转化为"市场驱动"，促进电解铝、氧化铝行业高质量发展。持续推进光伏、新能源汽车、新能源电池等热门行业的发展，对有色金属的新增需求也会有显著的提振作用。

综上所述，有色金属行业在国家政策的支持下，具有广阔的发展前景。通过不断优化产业结构、加强绿色发展、推动新兴材料的发展，以及有效控制产能过剩等措施，有色金属行业将实现持续、健康、高质量的发展。同时，随着全球经济一体化进程加快，有色金属行业也将受益于国际市场的扩大、国际贸易的增加,以及国际投资的加强。这将为中国有色金属行业带来更多的机遇和挑战,促进行业优化和提升。

尽管有色金属行业具有广阔的发展前景,但也面临一些挑战和风险。首先,供需关系不平衡和产能过剩问题仍然存在,这会导致价格波动和利润下降。其次,环保和能源消耗问题也是有色金属行业面临的重要挑战,特别是在"双碳"政策背景下,有色金属行业需要加强绿色发展,控制能源消耗和环境污染。此外,国际市场竞争加剧和贸易保护主义的兴起也是有色金属行业面临的重要风险。

在面临挑战和风险时,有色金属行业需要采取一些措施,推动可持续发展。首先,需要加强供给侧结构性改革,控制过剩产能,提高行业集中度和竞争力。其次,需要加强绿色发展和控制能源消耗,推动新技术、新工艺的应用,提高资源利用效率和环境保护水平。此外,也需要加强国际合作,开拓国际市场,提高国际竞争力。最后,需要加强人才培养和科技创新,推动产业转型升级。

十一、公用事业

(一) 行业概况

公用事业一般是指企事业单位、政府部门以及居民所共享的事业的集合,其服务于地区生产活动与居民日常生活的方方面面,包括该地区的供水、供电、供暖等事业。公用事业涉及国计民生,关系着千家万户,是国民经济发展的基础。在我国,公用事业的供给主体一般以国有企业为主,由中央财政或地方财政参与出资,在经营过程中也因其重要性而受到政府更加严格的管控。

参照申万行业分类标准,公用事业企业主要划分为电力和燃气两大板块。其中,电力板块又细分为火力发电、水力发电、热力服务、光伏发电、风力发电、核力发电等板块。

近年来,我国发电结构向着"碳达峰"和"碳中和"两大目标持续前进,火力发电的占比不断下降,绿色能源发电的占比逐步提升。从需求端来看,随着各行各业有序复工复产,海外订单大量增加,推动电能需求不断上升。从供给端来看,在绿色转型的压力下,火力发电供给增长有限,绿色能源发电供给提升尚需要时间。同时由于极端高温干旱天气的影响,依赖水力发电的地区出现了电力供应不足的问题。因此，2022 年火力发电仍然承担着电力保供的"压舱石"作用，全年电力供应占比超 60%，风力发电、水力发电、光伏发电供给则受气候影响波动较为明显。此外，年内电力板块的情况稍好于沪深 300 指数，盈利能力较 2021 年有所提升，但各细分板块均呈下跌趋势，电能综合服务、风力发电和光伏发电板块跌幅均超过 20%，在 31 个申万一级行业中，2022 年公用事业以–16.36%的跌幅排在第 15 名。

（二）行业综合竞争力分析

1. 治理竞争力

公用事业行业的治理竞争力在 31 个申万一级行业中排名第 15 位，处于中游水平。

从公司治理架构情况来看，其董事长与总经理分离指标排名位于中部，在全部 29 个非金融类行业中排在第 14 位，118 家公用事业上市公司中，有 91 家上市公司的董事长与总经理由不同经理人任职，27 家上市公司采用董事长与总经理兼任的方式，行业整体的公司治理架构较为合理。董事长与总经理两职分离的公司治理架构既能保证董事会对企业的独立监管能力，又可以保证对总经理的内部约束。由于公用事业行业的特殊性，国有控股的上市公司数量占比较高，其董事长和总经理往往由国家委任，这样的安排也有利于职权不被滥用。

从社会影响力来看，公用事业行业平均收到的诉讼次数排名第 26 位，诉讼次数较少。

从人力资源来看，公用事业行业员工平均薪酬与企业人力投入回报率均在全行业中处于中上游水平，分别为第 16 名和第 5 名，总体来说薪酬保持稳定。行业的市场占有率得分排在第 13 名，相比上年上升 2 名，说明公用事业行业的集中度正在增加。

2. 财务竞争力

公用事业多数被国家掌管，服务于社会公众，即普通消费群体，利润最大化并不是该行业的目标，导致其财务竞争力在 31 个申万一级行业中排名中下，位居第 24 名，增长能力指标的表现不如其他行业。其中，电力行业整体呈现出增长的态势。

从偿债能力来看，公用事业行业的资产负债率整体保持稳定，但相较于其他第二产业的行业，其总体资产负债率偏高。

从营运能力来看，公用事业行业的总资产周转率在全部 29 个非金融类行业中处于末位。

从增长能力来看，公用事业行业的营业收入同比增长率在 31 个申万一级行业中处于第 18 位。从盈利能力来看，其销售净利率在 31 个申万一级行业中排名第 4 位。总的来说，公用事业行业毛利率较高，但增长幅度相比于其他行业处于劣势。

3. 创新竞争力

公用事业行业的创新竞争力排名处于中下游水平，在 31 个申万一级行业中排在第 24 位。公用事业行业性质比较特殊，部分公用事业（如水电行业）带有非营利性质，为了更好地服务大众，并不制定过高的价格，并且由国家补贴以维持低价。由于公用事业子行业属于传统行业，涉及生活的方方面面，在电力、水力等方面很难做到创新，也不需要引入大量的研发人员来维持行业的增长，因此其创新竞争力排名较低。但是在"碳达峰"和"碳中和"政策指引下，电力行业中的光伏发电、水力发电和风力发电等清洁能源行业将迎来更大的创新需求，根据国家电力投资集团有限公司发布的《国家电力投资集团有限公司"十四五"总体规划及 2035 年远景展望》，国家电力投资集团将坚持"2035 一流战略"目标不动摇，立足"三商"战略定位，聚焦现代清洁低碳能源企业和国有资本投资公司双转型。其中，水电作为中国目前开发程度最高、技术相对成熟的清洁可再生能源，在未来将发挥更加重要的作用。

4. 社会责任竞争力

公用事业行业的社会责任竞争力位居全行业第 21 名。其中，违规处罚情况排名第 25 位，大多发生在未及时披露信息以及未依法履行职责方面。1992 年公用事业被国家确立为宏观经济发展中的基础性产业，这从根本上决定了公用事业不以营利为目的，而是服务于人民的生活。随着城市工业化进程加快，以及经营城市理念逐步确立，公用事业获得了更大的发展，开始引入外部投资者。公用事业的自然垄断性，决定了消费者对公用事业产品的可选择性受到很大的限制，因此，公用事业上市公司的社会责任与其他行业的上市公司相比具有极大的区别。公用事业产品的公益性特点，决定了公用事业企业不得因追求利润而忽视公众利益和社会的责任。公用事业的公益性往往体现在社会捐赠以外的社会活动中，如维护市场稳定、确保政府放心、满足公众需求，而这些社会责任无法在数据上得到直接体现，这也是公用事业行业在社会责任竞争力上排名相对靠后的原因。

（三）行业发展机遇

火电：2022 年主要火力发电公司（如国电国力、内蒙华电）都面临煤炭价格上升的情况，在煤炭供需缓解以及国家调控政策的作用下，2023 年煤炭价格有望稳步下降。目前我国煤炭交易价格已经实现市场化，但是电价长期受到管控，2022 年 1 月 18 日国家发展改革委、国家能源局联合发布《关于加快建设全国统一电力市场体系的指导意见》，使交易电价上下浮动范围更宽，增长至 20%，对于高能耗企业则不做上浮限制，为火力发电厂商传导发电成本提供了可能。从 2023 年初的情况来看，各地电价都大幅上升，而且接近 20%的电价浮动上限。鉴于目前电力供应存在缺口以及绿电供应不足的情况，火电仍然承担着保供电的重点任务，煤电建设审核加速，2022 年新增审核通过 73.3 吉瓦煤电装机容量，2022 年前 11 个月火力发电投资同比增长 38.3%，利好相关运营商和设备商。

光伏：光伏发电在我国发电结构中占比仍然较低，作为绿色发电的主要组成部分，其发电量将继续上升，2022 年前 11 个月光伏发电较上年同期新增发电量 65.7 吉瓦，增速达 88.7%，保守估计 2030 年我国光伏新增发电量将达到 105 吉瓦。同时，随着光伏发电设备所需的单、多晶硅和电池等原材料价格下跌，设备商生产成本将会降低，其盈利能力将会上升。

水电：2022 年受气候和季节影响水力发电供给表现不太稳定，但据中国水力发电工程学会专家估算，我国水力发电能力仍有一倍以上的提升空间。同时抽水蓄能也成为水力发电行业一大发展方向，"十四五"时期我国新增抽水蓄能累计发电装机容量达到 3050 万千瓦。

风电：2022 年前 11 个月我国风电新增装机容量较上年下降 8.8%，为 22.5 吉瓦，与之相对应，风电招标数量大幅上升，2022 年前 11 个月风电招标数量达 117.6 吉瓦，增速为 117%，预计 2023 年风电新增装机容量将会大幅增加。

核电：核电站安全问题使得我国对其采取相对保守的态度，发展较为平稳，2022 年我国共审核通过 10 台新建核电机组，分别来自国家电投、中国核电和中广核三家公司，预估 2025 年核电站投产将达到高峰。

十二、纺织服装行业

（一）行业概况

纺织服装行业是我国传统的支柱行业，属于劳动密集型行业，在解决就业和增加国民收入方面有着重大意义，同时在国民经济和社会和谐方面做出了贡献。参照申万行业分类标准，纺织服装行业可以细分为服装家纺、纺织制造和饰品三个二级行业。纺织服装行业的产业链上下游关联度较大，上游原材料包括天然纤维（棉花、蚕茧丝等）、人造纤维和合成纤维等，与种植业、养殖业以及化工行业相关；中游主要有纺织产品生产和服装加工制造等；下游主要是产品的销售。

2022年，由于疫情反弹，叠加日益复杂的国际政治经济环境，纺织服装行业面临局部地区阶段性停工停产、物流运转不通畅、原材料价格上涨等问题，生产经营受到一定程度的冲击。但是随着疫情形势逐步好转，企业产销也逐渐恢复。

纺织服装行业的固定资产投资增速总体上恢复上升趋势。2020年，受疫情影响，我国纺织服装业固定资产投资受到一定的影响，完成额相较于上年有所下滑。由于2021年我国疫情防控措施得当，形势有所好转，因此，纺织服装行业的固定资产投资完成额较2020年有所增长，其中纺织制造业和服装家纺业分别增长11.9%和4.1%，纺织制造业投资总规模与疫情暴发前水平大致相当，服装家纺业投资额相较于2019年更低。2022年，国内外形势复杂，纺织服装行业积极开展升级转型，通过增加技术升级方面的有效投资，促进企业智能化转型和绿色化改造，使得行业保持稳定增长。2022年纺织服装行业的固定资产投资完成额继续保持增长，其中纺织制造业和服装家纺业分别增长4.7%和25.3%，纺织制造业增速放缓，而服装家纺业增速加快。

2022年纺织服装指数跑赢大盘7.7%，其中，饰品板块的表现最好。2022年纺织服饰板块（申万）下跌14.66%，在31个申万一级行业中排名第17位，纺织制造板块下跌14.58%，服装家纺板块下跌15.24%，饰品板块下跌12.83%。

（二）行业综合竞争力分析

1. 治理竞争力

纺织服装行业的治理竞争力得分为16.21分，在除银行和非银金融外的29个非金融类行业中排名第26位，整体排名第28位，在全行业中排名靠后，整体公司治理架构有待加强。同时，股权集中度处于全行业中游水平。其在社会影响力方面表现较好，收到的平均诉讼次数为0.58次，得分为0.7分，在所有行业中排名第11位，表明纺织服装行业面临的诉讼问题并不多，对社会产生的负面影响较小。

从公司治理架构情况来看，纺织服装行业的公司治理架构表现较差，董事长与总经理分离指标得分为0.62分，在全行业中排名第25位，可能是因为纺织服装行业市场竞争较为激烈，企业需要快速应对市场变化，采取灵活的经营策略，从而需要董事长和总经理密切合作，协同管理企业，以保持企业的竞争力。此外，纺织服装行业的企业规模相对较小，董事长和总经理之间的职责分工相对模糊，因此分离程度较低。上市公司董事会与监事会机构指标得分为0.64分，排在全行业第29名，说明其独立董事比例、董事会和监事会规模相较于其他行业而言合理性欠佳。

从人力资源来看，纺织服装行业的员工平均薪酬、企业人力投入回报率分别排在第31名、第22名，处于全行业后段，员工平均薪酬并不十分可观，企业每单位人力投入所回报的利润额较低。纺织服装行业员工平均薪酬低主要是因为该行业的劳动力成本较低，由于纺织和服装制造属于劳动密集型行业，因此相对于其他行业，其员工薪酬水平较低。此外，纺织服装行业的产品生命周期相对较短，市场竞争激烈，利润空间较小，因此，企业往往需要降低成本以保持竞争力。这就导致企业在人力资源方面的投入不足，员工培训、福利待遇等方面的支出也相应减少，从而影响企业人力投入回报率。

纺织服装行业的市场占有率得分为0.85分，在所有行业中位居第12名，表明纺织服装行业市场集中度较高，市场份额较为集中，存在一部分知名品牌占据大部分市场份额的情况。主要有以下几个原因：第一，技术门槛相对较低，相对于其他行业，纺织服装行业的技术门槛较低，容易进入市场，导致市场竞争激烈，企业数量多，但是市场份额较小。第二，纺织服装行业的生产过程通常需要大量的设备和人力资源，企业的规模大，就能够更有效地利用资源，降低成本，并提高生产效率。第三，纺织服装行业的品牌效应非常显著，消费者更愿意选择知名品牌的产品，因此，那些具有较强品牌影响力的企业往往能够占据更大的市场份额。第四，纺织服装行业的生产和销售通常需要建立完整的渠道网络，那些拥有渠道优势的企业可以更好地覆盖市场，提高市场占有率。第五，相对于其他行业，纺织服装行业的市场波动性较小，因此，企业更容易制定长期发展战略，提高市场份额。

2. 财务竞争力

纺织服装行业的财务竞争力得分为 22.39 分，在所有行业中排名第 16 位，处于中游水平。其增长能力较弱，但行业整体的财务状况保持良好状态。

从偿债能力来看，纺织服装行业的流动比率指标得分为 0.72 分，位居第 10 名，处于全行业上游水平，短期偿债能力较强。同时，其资产负债率排在第 5 名，整体资产负债结构较好。

从营运能力来看，纺织服装行业总资产周转率为 0.65，位居第 9 名，应收账款周转率为 0.73，排在全行业第 10 名。这说明纺织服装行业的资产运用效率较高，资金回转速率较快，整体资金运作压力较小。

从盈利能力来看，纺织服装行业销售净利率为 0.52，位居第 17 名；净资产收益率为 0.6，排名第 14 位。纺织服装行业的盈利能力处于全行业中游水平。

3. 创新竞争力

纺织服装行业的创新竞争力得分为 5.84 分，在全行业中排名第 26 位，相对靠后。

在创新投入方面，纺织服装行业研发投入占比和研发人员占比分别位居第 21 名和第 24 名。纺织服装行业的特点是产品周期较短、市场变化较快、对新技术的需求较少，这使得企业在研发方面投入相对较少，更多地关注生产和销售，以追求更快的回报。同时，纺织服装行业市场竞争激烈，价格成为企业争夺市场份额的主要手段。在这种情况下，企业可能更倾向于降低成本，而不是增加研发投入，以保持价格竞争力。另外，纺织服装行业市场化程度较高，市场反馈和市场需求往往是企业研发方向的主要参考。如果市场对新技术和新产品的需求不高，企业可能会更加谨慎地考虑研发投入的合理性。因此，行业整体的研发投入相对较少。

在创新产出方面，纺织服装企业"公司专利数量合计"指标排名第 22 位。由于行业结构的惯性和产业链上游的技术壁垒等因素，纺织服装企业往往缺乏技术优势和创新能力。传统的纺织服装生产方式比较固化，往往采用大规模、标准化、低价的生产模式。这种模式的生产效率高，但也限制了产品创新空间。此外，纺织服装行业所处的生态环境相对不利，包括缺乏创新支持、知识产权保护不完善、行业标准和规范不统一等因素，这些问题都有可能降低企业的创新积极性，从而导致创新产出减少。

4. 社会责任竞争力

纺织服装行业的社会责任竞争力得分为 11.57 分，在所有行业中排名第 2 位，处于领先地位。

在法律责任方面，纺织服装行业"对政府的责任"指标排在全行业第 8 位，处于上游水平。同时，纺织服装行业"是否受到违规处罚"指标也在全行业中排名第 8 位。

在经济责任方面，纺织服装行业表现良好，其中，对投资者的责任排在全行业第 5 位，对员工的责任排在全行业第 8 位。说明纺织服装行业充分履行投资者和员工利益最大化的目标，为股东创造价值，同时为员工提供较多的福利。

在慈善责任方面，纺织服装行业对社会的公益贡献率位居全行业第 1 名，说明纺织服装行业十分重视对于社会的公益回馈，将社会责任也作为行业追求的一部分。

在伦理责任方面，纺织服装行业的表现令人瞩目，其中就业增长率得分为 0.11 分，单位平均资产就业人数得分为 0.48 分，分别位居全行业第 11 名和第 6 名，处于全行业上游水平。作为劳动密集型行业，纺织服装行业是我国重要的基础产业之一，提供了大量的就业岗位，同时也为实体经济的发展做出了重要贡献。

（三）行业发展机遇

纺织服装行业正将产能逐步向东南亚转移，因为这些国家的劳动力成本更具有比较优势。在经济和技术水平等诸多因素的推动下，我国纺织服装行业积极追求转型，使得劳动力成本不断提高，而纺织服装行业属于劳动密集型行业，为了降低成本，我国纺织服装企业将部分产能向劳动力成本较低的东南亚地区转移；同时，随着发展中国家区域贸易协定陆续开放与实施，将在一定程度上降低相关国家的贸易成本，使得印度等发展中国家的纺织服装行业整体呈现向上的趋势。

实现全行业优质发展的重要标志和基础底线是纺织服装行业以责任为导向，建立和完善绿色低碳循环的产业体系。在世界正经历百年未有之大变局，中国构建双循环新发展格局的大背景下，为了响应国家绿色低碳环保政策，促进行业全面绿色转型，纺织服装行业在国家"碳达峰""碳中和"目标的引导下，近年来逐步向绿色环保方向迈进。绿色环保这个绕不开的话题也是我国纺织服装行业发展的风向标，值得持续关注。

"互联网+"这个概念虽然在 2012 年就已经提出，但是如今依然还有极大的可挖掘空间，可以和不同的领域进行新的结合，孕育出不一样的模式，"互联网+纺织"有望成为纺织服装行业未来的发展趋势之一，由于大数据、电商平台等的兴起，同时受到疫情的影响，我国线上消费快速发展。纺织服装行业与互联网的深度融合拓宽了传统纺织服装行业的服务场景，在一定程度上可以提升纺织服装行业的盈利水平。

随着国民经济水平的提高和人民生活质量的不断提升，消费者的消费需求也在不断升级。消费者对服装的要求从单纯的满足基本需求转变为更加注重品质、风格、个性化等，这给纺织服装企业提供了更大的创新空间。企业需要加强创新和品牌建设，不断提高产品品质，提供个性化定制服务以适应消费者的需求变化，从而实现可持续发展。

十三、商贸零售行业

（一）行业概况

商贸零售行业是国民经济运行的重要环节，是决定经济运行速度和质量的主导力量，也是我国市场化程度最高、竞争最激烈的行业之一。参照申万行业分类标准，商贸零售行业可细分为一般零售、旅游零售、互联网电商、专业连锁等子行业。在 31 个申万一级行业中，2022 年商贸零售行业以 -7.08% 的收益率排在第 8 名。

目前，从宏观经济走势来看，整体经济处于复苏阶段，居民收入也处于逐步上升的阶段。从长远来看，我国消费结构拥有巨大的发展空间，同时消费群体广泛，这为我国商贸零售行业的发展提供了良好的环境。截至 2022 年底，国内社会消费品零售总额达到 439732.5 亿元，相比于 2021 年下降了 0.2%。主要是由于 2022 年社会消费增速受制于疫情冲击表现相对承压。新冠疫情叠加经济下行压力，导致整体社会消费偏弱。随着国家对疫情防控政策不断地进行调整优化，商场人流量逐步回升，超市行业经营业绩回转，从而刺激了社会消费。

作为商品流通的终端环节，零售业是国民经济的先导产业和基础产业，其行业景气度与社会消费息息相关。零售行业发展受到居民收入水平、消费信心及物价水平等因素影响。其中，居民收入提高带来的消费升级是零售行业发展的主要动力。2022年1月至9月，全国居民人均可支配收入为27650元，实际增长3.2%，增速明显收窄。此外，2022年以来，我国失业率因疫情影响持续上升，2022年11月，全国城镇调查失业率升至5.7%，环比上升0.2个百分点，失业率上升致使预期收入下降进而影响消费。

截至2023年3月21日，在31个申万一级行业中，商贸零售行业以2.09%的涨幅跑赢沪深300（−6.65%）和上证综指（0.14%）。在经济复苏与消费回暖的背景下，商贸零售行业的表现逐渐转好。

（二）行业综合竞争力分析

1. 治理竞争力

商贸零售行业的治理竞争力得分为17.05分，在31个申万一级行业中排名第19位，处于全行业中下游水平。商贸零售行业全部97家上市公司的平均股权集中度为0.8925，在所有31个申万一级行业中排名第2位，说明商贸零售行业总体股权集中程度相对于其他行业来说较高。其中股权集中度为1的公司共有68家，占总数的70.10%，说明商贸零售行业中大部分公司的股权集中度都比较高，这些企业的中小股东因大股东侵占而导致其权益受到侵害的可能性也比较高。

从公司治理架构情况来看，97家商贸零售上市公司中，有72家上市公司的董事长与总经理由不同经理人任职，25家上市公司采用董事长与总经理兼任的方式，行业整体的公司治理架构偏向于董事长与总经理权责分离，结构较为合理。

从社会影响力来看，商贸零售行业收到的诉讼次数排名第12位，诉讼次数较少，表明商贸零售行业面临的诉讼问题较少，主要是因为我国商贸零售行业服务质量不断提升，各类商场和超市为客户提供了高质量的服务。

从人力资源来看，商贸零售行业员工平均薪酬在全行业中处于下游水平，位居第25名。企业人力投入回报率在全行业中处于中上游水平，位居第11名。市场占有率为0.8420，全行业排名第14位，处于中上游水平，说明商贸零售行业的市场集中度与其他行业相比较高。

2. 财务竞争力

商贸零售行业的财务竞争力得分为21.99分，在所有行业中位居第17名，处于中下游水平，与其他行业相比略显劣势。

从增长能力来看，商贸零售行业净资产增长率为0.4973，营业收入同比增长率为 0.3480，经营性现金流增长率为 0.5015，三个指标分别排名第 10 位、第 28 位和第 17 位。其中，仅净资产增长率占有优势，而营业收入同比增长率与其他行业相比存在明显劣势。主要是由于 2022 年前 11 个月受到新冠疫情影响，商场、超市等门店客流量减少，从而影响商贸零售行业营业收入的增长。增长能力指标排名的变化，主要受益于扩大内需战略的提出与疫情防控政策的调整优化。

从偿债能力来看，商贸零售行业资产负债率与流动比率分别为 0.4581、0.9122，都处于全行业上游水平，原因可能有以下几点：第一，从营销策略来看，商贸零售行业采用灵活和差异化的营销策略，加快货物销售速度，缩短款项回收周期；第二，从货款结算方式来看，商贸零售行业的货款收付流程相对于其他行业而言较短；第三，从现金流来看，商贸零售行业的现金流保持稳定且小幅上升，经营现金流量流动负债比指标处于全行业中游水平。

3. 创新竞争力

商贸零售行业的创新竞争力得分为 3.87 分，在所有行业中位居第 31 名，处于末尾水平。

从创新投入来看，2022 年商贸零售行业研发投入占比排在第 30 位，处于全行业末尾水平。商贸零售行业的子行业主要有超市、百货、电商等，在经营模式、销售方式上对创新与研发的要求不高。

从创新产出来看，公司专利数量合计指标排名第 31 位，创新产出在全行业中垫底。

4. 社会责任竞争力

商贸零售行业的社会责任竞争力得分为 10.30 分，在所有行业中位居第 11 名。

从法律责任来看，商贸零售行业对政府的责任排名第 5 位，相对靠前，这是因为商贸零售行业与普通民众相关，消费者的权利受到国家诸多法律政策的保护。

从伦理责任来看，2022 年商贸零售行业的平均就业增长率为 8.16%，排名第 19 位，位于全行业中下游水平。受到消费复苏的影响，商贸零售行业市场需求显著上升，行业盈利能力明显提高，随着各地政府促消费政策的实施，商贸零售行业景气度逐步恢复。

（三）行业发展机遇

近年来，数字化已经成为中国经济发展的引擎，国内陆续推进千兆光网、

5G 网络、数据中心建设与发展，同时致力于传统基础设施的更新升级。互联网、物联网、车联网等行业都得到了快速发展，从而使得数字化重构了消费场景，让网上购物新需求促进社会消费。截至 2022 年末，网上商品和服务零售额高达 137853 亿元，与 2021 年相比增长 5.32%，实物商品网上零售额占社会消费品零售总额的 27.20%。

从超市零售的角度来看，为了应对市场环境变化和消费习惯的改变，线下超市零售持续在门店及定位等方面进行灵活调整，超市零售日益朝极大化和极小化的趋势演进。在社区团购补贴退坡、线上流量成本逐步走高的背景下，超市行业的竞争将回归商品经营能力本身。同时，超市零售到家、到店自提等线上零售的份额持续上升，但相应的商品加工、流通、配送作业等供应链建设还不完善。综合来看，虽然 2022 年超市零售经营承压，但依旧保持着韧性。随着疫情防控政策不断调整优化，超市零售经营业绩也逐步回暖。商品管理能力、运营效率、资本管理及供应链建设将成为超市零售行业经营改善的关键。

从国家政策来看，中共中央、国务院印发《扩大内需战略规划纲要（2022—2035 年）》，其中明确提出要坚定实施扩大内需战略，同时培育完善的内需体系，从而促进形成以国内大循环为主体、国内国际双循环相互促进的新发展格局。消费升级加速也有助于其他行业的发展，同时，在国家政策支持下消费复苏进度有望超出预期。一方面，欧美国家过度加息导致欧美地区消费需求疲软，出口也面临一定的挑战，而消费作为拉动国民经济增长的"三驾马车"之一，对经济的推动作用毋庸置疑；另一方面，国务院联防联控机制放开疫情防控政策，为消费复苏提供了前提条件。各地也频出促消费政策，消费券的发放有助于撬动零售行业多方向的消费需求，进一步刺激消费复苏。

受到宏观经济增速减弱及网上零售冲击等因素的影响，我国商贸零售行业增长较为乏力，同时疫情因素的存在导致消费信心不足，从而加剧了行业景气度的下滑。随着扩大内需战略的实施，行业景气度有望逐步恢复，但恢复程度以及商贸零售行业后续盈利能力及信用水平的变化，有待进一步关注。

十四、轻工制造行业

（一）行业概况

轻工制造行业是指生产消费品和日用品的工业。我国轻工制造业规模庞大，涉及广泛，包括多个领域和子行业。参照申万行业分类标准，轻工制造业属于一级行业，可细分为四个二级行业，分别为造纸行业、包装印刷行业、家居用品行业以及文娱用品行业。

从行业特征来看，轻工制造业产业链完整，技术含量相对较低，是典型的劳动密集型行业。中国轻工制造业出口量较大，因而外贸出口是中国轻工制造业的主要发展方向。此外，轻工制造行业具有明显的区域性特征，大多分布在东部沿海地区和中西部的一些地区。轻工制造行业是我国国民经济的重要组成部分，对经济发展和创造就业发挥着重要作用。

2022年，在31个申万一级行业中，轻工制造行业以-20.04%的收益率排名第24位。具体到各细分板块，文娱用品行业的收益率为-9.69%，造纸行业的收益率为-11.35%，家居用品行业的收益率为-23.64%，包装印刷行业的收益率为-25.81%。2022年前期，受到消费场景限制、房地产周期下行和原材料价格上涨等因素的影响，轻工制造行业的收入和利润遭受了严重挤压。但在疫情防控措施不断调整优化、地产和经济利好信号的推动下，轻工制造板块得以快速反弹。

（二）行业综合竞争力分析

1. 治理竞争力

轻工制造行业的治理竞争力得分为15.59分，位列29个非金融类行业的末尾。具体来说，轻工制造行业在治理竞争力方面主要呈现出以下特点。

从公司股权结构和公司治理架构情况来看，股权集中度和上市公司董事会与监事会机构指标均排在第11名，说明轻工制造行业的股权相对集中，大股东对公司具有较大的控制权。而董事长与总经理权责分离程度较低，在29个非金融类行业中排名第28位，可能会导致公司决策过程中出现权力过于集中的问题，削弱公司治理效率和风险控制能力。

从人力资源来看，员工平均薪酬和企业人力投入回报率分别排名第29位和第18位，均处于所有非金融类行业的中下游水平，这与轻工制造行业自身特征相关，劳动密集型、竞争激烈、技术含量较低等因素影响了员工薪酬水平。此外，行业内企业对员工绩效管理重视程度不足，以及激励机制不健全等因素，可能会导致员工的工作投入产出比较低，从而影响企业人力投入回报率。

2. 财务竞争力

轻工制造行业在全球市场中占据重要地位，其财务竞争力得分为23.13分，在29个非金融类行业中排名第10位。

其一，轻工制造行业的成长性表现不一。净资产增长率在非金融类行业中排名第8位，位于前列，说明轻工制造企业在资产积累方面具有较强的竞争力；营业收入同比增长率排名第12位，位于中游，表明轻工制造企业的收入增长能力中等；经营性现金流增长率排名第22位，位于中下游，表明轻工制造企业在现金流管理方面存在较大问题。同时，应收账款周转率排名第15位，处于所有行业的中游水平，主要原因是轻工制造产品生产周期短、库存周转快，企业需频繁采购原材料、生产和销售产品，在这种情况下，企业库存周转和应收账款回收等面临压力，长此以往，就限制了轻工制造行业现金流管理能力的成长。

其二，轻工制造行业的偿债能力位于中上游。资产负债率和核心资本一级充足率分别排在第12名和第10名，轻工制造行业拥有较短的生产周期、较低的资本密集度和较快的资产周转速度，这使得企业在投资、扩产等方面相对较为灵活，可以更好地控制负债规模，降低负债水平，提高内生资本积累水平，从而提高核心资本充足率。但是，轻工制造企业通常面临激烈的市场竞争，因此在财务管理上风险防范压力较大。

其三，轻工制造行业的盈利能力位于中上游水平。销售净利率在29个非金融类行业中排名第15位，净资产收益率则排名第9位。轻工制造行业产品更新迭代速度快，使得企业更容易适应市场需求的变化，快速推出新产品以满足消费者的需求，结合生产成本控制、生产效率提升和供应链管理方面的优势，有助于企业在激烈的市场竞争中维持较高的盈利能力。

3. 创新竞争力

轻工制造行业的创新竞争力得分为7.72分，在29个非金融类行业中排名第16位，表明轻工制造企业的创新水平中等。具体来看，研发投入占比和研发人员占比分别在非金融类行业中排名第14位和第17位，说明企业在研发方面的投入相对有限。政府补贴和公司专利数量合计在非金融类行业中分别排名第17位和第12位，虽然其在专利数量方面表现较好，但整体创新能力仍然不足。

轻工制造企业在应对市场需求变化时，可能更注重快速反应能力和产品批量生产，而相对忽视长期的技术研发和创新投入；当面临激烈的市场竞争时，可能会将更多的资源投到市场营销和成本控制上，从而削弱对研发和创新的支持；在人才引进和培养方面，轻工制造企业可能由于创新动力不足的原因，面临人才流失、结构不合理等问题，影响创新能力的提升；在政府补贴上，虽然轻工制造行业的政府补贴和公司专利数量合计指标排名较高，但相对于其他高科技行业，轻工制造行业在政策支持方面表现相对较差。政府在制定政策时，可能更倾向于支持新兴产业和高技术产业，而忽视传统轻工制造行业的创新需求。

4. 社会责任竞争力

轻工制造行业的社会责任竞争力得分为 11.35 分，在 29 个非金融类行业中排名第 3 位，位于前列。从细分指标来看，对投资者的责任、对员工的责任、对供应商的责任、对社会的公益贡献率分别排名第 8 位、第 7 位、第 20 位、第 2 位，说明行业内企业在对待投资者、员工和社会公益方面表现较好，但在对供应商的责任方面有待提升。同时，轻工制造行业就业增长率排名第 13 位，在所有非金融类行业中对就业的贡献程度中等。

轻工制造企业在关注降低生产成本和提高市场份额的同时，可能忽略了对供应商责任的重视。同时，部分产品的环境影响较大，企业在生产过程中可能会面临环保和资源利用等方面的挑战。为了保持社会责任竞争力的行业领先地位，轻工制造企业需要关注供应链管理，加强与供应商的合作与沟通，推动供应链可持续发展。此外，企业应继续关注员工福利、投资者利益和社会公益，强化社会责任意识，从而提升整体竞争力。

（三）行业发展机遇

从各个领域来看，2023 年轻工制造行业面临的发展机遇主要包括以下内容。

在家居用品领域，供需两端均有望得到边际改善。展望 2023 年，房地产刺激政策力度加大将支持家居行业需求和估值修复，房地产市场将出现边际企稳。然而，从潜在需求的趋势看，房地产市场将逐步进入存量市场，未来五到十年我国新增住房需求将逐渐减少。同时，内销线下渠道将逐渐修复，原材料价格回落将带动行业盈利能力修复，近三年行业洗牌持续进行，集中度加速提升。家居行业将进入存量房市场时代，需要注重内功，加强自身核心竞争力的提升。

在造纸领域，经济景气度上行有望带来投资机遇。因 2022 年下游需求低迷，造纸行业利润下降，但 2023 年随着经济复苏，行业需求有望恢复，实现量价齐升。特种纸在市场需求稳定的情况下，由于其定制化特点和订单确定性更强的特点，供给端的格局较优，而且特种纸的售价比较稳定，因此，在浆价稳定或下降的情况下，特种纸有望在销量增长中实现利润率的提升。大宗用纸面临需求疲软和高成本的挑战，但如果需求改善，提价效果将更为明显，有望改善行业利润。总体来说，造纸行业前景仍有望向好发展，但需关注市场变化。

在文娱用品领域，受益于线下消费场景修复，文娱用品行业有望持续稳健发展。虽然受到了疫情影响，但文娱用品行业对经济周期波动不敏感，2022 年其零售额增长了 4.9%。文娱用品是一个稳定的消费品类，需要频繁购买且需求弹性较小。同时，该行业市场集中度较低，龙头企业占有的市场份额较小，但未来通过品牌、渠道、质量、性价比综合优势可以提高市场集中度。中国人均办公用品和娱乐用品消费额偏低，但未来有望通过提高质量和文化附加值注入实现单价提升。尽管国内办公用品和娱乐用品市场规模超过万亿元，但与发达国家相比，在产品供给和综合服务能力方面仍有巨大差距，随着我国服务业高速发展，有望保持并增加大量的办公室岗位，对应着庞大的文娱用品一体化供应和服务需求。总之，文娱用品行业在线下消费场景修复和学生文具行业市场集中度提升的背景下，具有较好的发展前景。

在包装印刷领域，随着包装与印刷技术不断革新、消费者对产品外观和品牌形象的重视程度不断提高以及中国包装印刷行业着力推进绿色发展，2023 年包装印刷行业有望迎来较快发展。在产业链中，包装印刷行业依赖于原材料和设备制造业作为其上游，而下游则与众多不同行业紧密相连。由于下游终端消费行业日益追求品牌化和高端化，环保要求不断提高，市场竞争也愈发激烈，将不可避免地提高行业进入门槛。具有充足资金和技术实力的瓦楞纸箱企业将逐步赢得市场主导地位，并借助淘汰落后产能以及行业内并购重组等措施，提升整个行业的市场集中度。同时，优秀的包装企业将通过整合内外部资源，逐步实现从生产商到包装解决方案提供商的角色转变。

当前轻工制造行业在经济企稳向好的情况下，正处于底部向上区间。首先，从产业升级与技术创新的角度来看，随着新技术的不断涌现，轻工制造企业可以通过引进先进的自动化、智能化技术，实现生产过程的优化升级。此外，轻工制造企业可以加大研发投入，提高产品的附加值，以满足消费者日益多样化的需求。其次，从供应链优化与合作的角度来看，轻工制造企业可通过深化与供应商的合作关系，实现供应链优化，降低生产成本，提高运营效率。此外，跨行业合作与资源整合也将为轻工制造行业带来新的发展机遇，如与新兴产业和高科技产业协同发展。再次，从消费升级与市场拓展的角度来看，随着全球消费者对品质、个性化和绿色环保产品的需求不断增长，轻工制造企业可以通过市场细分和差异化战略来满足消费者的多元化需求。此外，轻工制造企业可以利用电商平台、社交媒体等渠道拓展市场，提高品牌知名度和市场占有率。复次，从绿色环保与可持续发展的角度来看，随着全球对环境保护和可持续发展的关注不断加强，轻工制造企业有望在绿色生产、环保材料应用和循环经济方面找到新的增长点。通过提升产品的绿色环保性能和减少生产过程中的环境污染，轻工制造企业可以满足市场需求和政策要求，提升竞争力。最后，从政策支持与产业发展的角度来看，政府可能会在产业政策上给予轻工制造行业更多的支持，包括税收优惠、技术研发补贴和人才培养等。此外，随着全球经济一体化的深入发展，轻工制造行业在国际市场上面临的机遇和挑战也将不断增加，企业需加强国际合作与交流，提高全球竞争力。

总体来说，轻工制造领域在2023年将面临机遇与挑战并存的局面，需要注重内功、创新发展，以提高竞争力和适应市场需求，实现持续稳健发展。

十五、煤炭行业

（一）行业概况

煤炭行业是国民经济发展的重要组成部分。由于我国资源禀赋中煤炭储量最大，故煤炭长期以来一直都是我国能源供应的中坚力量。尽管近年来核能、风能、太阳能等新能源产业发展速度惊人，我国能源结构正在持续向多元化方向转变，但是作为我国最为丰富和成熟、价格低廉且供应稳定的能源资源，煤炭仍然会在相当长的一段时间内作为我国能源结构中的主导能源和基础能源，对我国国民经济持续发展起到关键作用。

回顾历史行情，从电力、冶金、建材、化工等行业近年来所拉动的需求增长来看，2010—2022年，中国煤炭能源消费规模总体呈上升趋势，自2016年煤炭行业开始进行转型调整后，煤炭能源消费量逐渐上升，2022年全国煤炭能源消费量增长至30.3亿吨标准煤，同比增长3.3%，其中占煤炭能源消费量比重最高的是电力行业用煤，约为55%。

从供给的角度来看，根据国家统计局的数据，2001—2022年，我国原煤产量整体呈上升趋势，特别是2022年，在国家增加产量、保障供应、稳定价格的政策指引下，优质煤炭产能得到快速释放，供应量明显增长，煤炭库存持续升高，供需形势向基本平衡转变，原煤生产实现较快增长，产量创历史新高，达到45.0亿吨，同比增长8.9%。但是，《煤炭工业"十四五"高质量发展指导意见》提出，到"十四五"时期末，国内煤炭产量控制在41亿吨左右，全国煤炭消费量控制在42亿吨左右，与2022年相比，这一目标更低。

总体来看，煤炭行业景气程度较高，在31个申万一级行业中2022年以10.9%的收益率排名第一，属于较高水平，具有较好的发展前景。

（二）行业综合竞争力分析

1. 治理竞争力

煤炭行业的治理竞争力得分为19.03分，在所有行业中位居第2名。在治理竞争力方面，煤炭行业主要呈现出以下特点。

第一，在公司股权结构和公司治理架构情况方面，煤炭行业处于上游水平，其中股权集中度在31个申万一级行业中排名第4位，说明其大股东持股比例相对更高。同时，上市公司董事会与监事会机构指标得分为0.87分，排在第1位，说明煤炭企业不断优化公司治理架构，股权结构更加合理。

第二，在社会影响力方面，煤炭行业收到的诉讼次数低于全行业平均水平，诉讼次数得分为0.78分，排在第3位，主要是因为我国各行业环保意识和安全意识逐渐增强，煤炭行业进入绿色发展新阶段。

第三，从人力资源来看，煤炭行业企业人力投入回报率得分为0.81分，排名第1位，且员工平均薪酬和市场占有率排名均处于全行业上游水平。数据显示，员工平均薪酬得分为0.81分，在所有行业中排在第2位，究其原因是煤炭企业采用合理的薪酬结构和分配方式，对企业发展起到了明显的推动作用，进一步提高了煤炭行业的薪资水平。煤炭企业薪酬市场化管理，并在企业内部的薪资分配中引入市场机制，通过对产值、安全、成本的考核，达到激励作用，不断提升企业的发展动力和市场竞争力。

2. 财务竞争力

煤炭行业的财务竞争力得分为25.84分，在全行业中排名为第3位，处于上游位置。

从盈利能力和增长能力来看，净资产收益率位居全行业第3名，处于上游位置。净资产收益率反映的是股东权益的收益水平，指标值越高，说明投资所带来的收益越高。受益于煤炭价格上涨，煤炭行业整体盈利能力明显提高，净资产收益率自 2020 年下半年开始逐渐增加，由 2020 年半年报的 9.85%增长到 2022 年半年报的 22.54%，行业景气度持续提高。

从偿债能力来看，煤炭行业近几年资金链状况并不乐观，资产负债率为 0.32，排名第 19 位，处于中下游水平。煤炭企业发债规模呈周期性特征，以短期融资和中期票据为主，偿债能力有所下降但依然稳健。2009 年以来，煤炭企业扩张速度加快，发债规模显著扩大，2016 年受供给侧结构性改革影响，新批产能大幅缩减，债务融资规模有所回落，但随后由于企业融资进行兼并重组，发债规模再次增长，2021 年新批产能减少，发债规模再次回落。就偿债能力来看，煤炭发债企业带息债务持续增长，2018 年突破 2000 亿元大关，同比增长近 80%。

从营运能力来看，煤炭行业总资产周转率得分在 31 个申万一级行业中排名第 15 位，处于中游水平。但煤炭企业的营运能力受行业景气度影响较大，煤炭发债企业流动资产周转率在煤炭周期上行时稳步增长，由 2009 年的 1.57 上升到 2013 年的 2.27，随后煤炭周期下行，2016 年达到 1.48 的波谷水平，随后供给侧结构性改革政策调整，行业景气度上升，2021 年达到 2.10，接近周期峰值。为了实现"双碳"目标，我国煤炭行业仍应尽力平滑周期对行业的影响，继续推进供给侧结构性改革，有序淘汰落后产能，持续优化产业结构。

3. 创新竞争力

煤炭行业的创新竞争力得分 7.38 分，在 31 个申万一级行业中排名第 18 位，处于中下游水平。其中，研发投入占比和研发人员占比分别排名第 24 位和第 27 位。

过去我国煤炭行业主要依靠生产要素的持续大量投入来实现发展，属于粗放型发展方式，造成了人力资源的极大浪费，同时也对生态环境造成了严重破坏，与倡导的高质量可持续发展理念不甚相符。进入新时期，煤炭行业在不断融合工业物联网、人工智能、智能装备等新技术实现智能化转型，将创新转化为实际生产力，不断提升本质安全、减员增效、节能降耗以适应经济社会发展新常态，进而积极应对新形势下的诸多挑战和不确定因素。

根据安永（中国）企业咨询有限公司发布的《智慧赋能煤炭产业新万亿市场》，已有生产型矿井单矿智能化改造升级费用在 1.49 亿元至 2.63 亿元之间，新建型矿井单矿智能化改造升级费用在 1.95 亿元至 3.85 亿元之间，结合全国数千座煤矿的存量，煤炭行业进行创新及升级仍需一笔不小的费用。

4. 社会责任竞争力

煤炭行业的社会责任竞争力得分为 10.14 分，位居全行业第 4 位。随着"双碳"目标的不断推进，我国煤炭行业对社会责任的重视程度也不断加深。2022 年 8 月 18 日，中国煤炭工业协会召开 2022 年煤炭行业企业社会责任报告发布会，发布了《煤炭行业社会责任蓝皮书（2022）》与《煤炭行业社会责任指南》。其中，《煤炭行业社会责任蓝皮书（2022）》明确了煤炭行业社会责任的内涵，即在社会主义市场经济条件下，煤炭企业对利益相关方自愿承担与自身情况相适应的经济责任、社会责任和环境责任，以创造企业价值，实现更高质量、更加和谐、更可持续、更加公平、更为安全的发展。

在法律责任方面，课题组用"对政府的责任"和"是否受到违规处罚"两个指标来衡量。从对政府的责任来看，煤炭行业在 31 个申万一级行业中排名第 2 位。同时，受到违规处罚的事件数量得分平均为 0.35 分，排名第 18 位，处于中下游水平。

（三）行业发展机遇

我国正积极推动绿色低碳发展，承诺力争在 2030 年前实现碳排放达峰，于 2060 年前实现碳中和，这对煤炭行业来说是一个不小的挑战，但困难与机遇同在，"碳达峰""碳中和"目标倒逼煤炭行业进行高质量发展，寻找自身优势。在"双碳"目标下，煤炭行业有以下几点发展机遇，使得煤炭行业仍具有不小的投资前景。

2015 年开始，我国煤炭工业基于对经济和社会发展趋势的深刻认识，提出了"煤炭革命"和"自我革命"的要求。在此基础上，我国各大高校和科研机构对此进行了大量研究，并取得了一定的成果。因此，"碳达峰""碳中和"对煤炭工业来说不仅是一种挑战，也是一种推动，但需要改变数十年来"引入—消化—吸收—再创新"的路径连贯性的创新模式，推动煤炭工业进行颠覆式创新，集中优势的创新资源，轻装上阵，专注于技术装备，争取早日跻身高精尖产业行列。

另外，我国煤炭资源相当丰富，煤炭作为我国能源的"压舱石"，其多用途开发在未来的"碳达峰""碳中和"目标实现中一定会得到实现。其中，煤炭与可再生能源具有良好的互补性，煤炭的主要利用方式是发电，可再生能源的主要利用方式也是发电，通过煤电和新能源的最优组合，可以使煤电的稳定性得到最大限度的发挥，从而为新能源的稳定提供了基础，避免了新能源的不稳定；同时，使用可再生能源可以降低二氧化碳排放量，通过引入可再生能源，可以极大地缓解单一煤炭资源的减排压力。除电力外，煤炭与可再生能源已逐步形成协同配合的模式，并实现了一系列技术突破，这为煤炭与可再生能源实现更进一步融合奠定了良好的基础，且能够按照需求灵活地生产煤炭、电力、碳材料等，减少风能、太阳能等可再生能源生产过程中的波动，可再生能源与煤炭能源互相补充，从而实现清洁能源的平稳供给。

综合来看，尽管面临着"碳达峰"和"碳中和"的挑战，但煤炭行业仍有不小的机遇可供把握，未来煤炭行业仍将是支撑国民经济发展的重要一环。

附表 2023年中国上市公司综合竞争力排名

证券代码	证券简称	所属行业	治理竞争力	财务竞争力	创新竞争力	社会责任竞争力	总分	排名
600519.SH	贵州茅台	食品饮料	18.87	29.32	5.27	10.70	74.92	1
601398.SH	工商银行	银行	18.71	24.48	10.40	6.33	63.34	2
300760.SZ	迈瑞医疗	医药生物	23.16	31.48	13.40	14.07	62.77	3
300750.SZ	宁德时代	电力设备	20.28	27.37	11.23	10.19	61.64	4
601939.SH	建设银行	银行	16.41	24.86	8.93	8.83	60.78	5
600036.SH	招商银行	银行	17.05	31.76	5.79	12.98	60.30	6
600941.SH	中国移动	通信	15.28	21.97	9.15	8.77	58.61	7
600438.SH	通威股份	电力设备	22.36	34.15	9.13	13.59	57.86	8
000858.SZ	五粮液	食品饮料	21.38	29.52	8.15	8.80	57.19	9
600938.SH	中国海油	石油石化	21.04	27.31	9.15	9.36	56.80	10
688114.SH	华大智造	医药生物	21.55	32.84	10.39	14.42	56.07	11
601288.SH	农业银行	银行	17.45	24.74	8.24	9.02	55.70	12
688271.SH	联影医疗	医药生物	17.65	33.61	14.27	10.94	55.54	13
300390.SZ	天华新能	有色金属	22.34	35.15	8.15	12.92	55.47	14
002415.SZ	海康威视	计算机	20.65	27.00	14.24	10.88	55.46	15
688303.SH	大全能源	电力设备	19.86	36.20	8.63	12.52	55.45	16
002594.SZ	比亚迪	汽车	14.91	24.59	10.96	13.80	55.32	17
601857.SH	中国石油	石油石化	18.02	21.89	9.93	11.11	55.24	18
002030.SZ	达安基因	医药生物	18.41	34.96	12.05	12.77	55.03	19
300059.SZ	东方财富	非银金融	17.85	32.95	11.30	9.54	54.85	20
601012.SH	隆基绿能	电力设备	19.92	31.11	10.20	10.51	54.65	21
002821.SZ	凯莱英	医药生物	21.13	30.62	12.43	12.60	54.49	22
688289.SH	圣湘生物	医药生物	18.85	35.05	9.94	13.74	54.48	23

附表 2023年中国上市公司综合竞争力排名

续表

证券代码	证券简称	所属行业	治理竞争力	财务竞争力	创新竞争力	社会责任竞争力	总分	排名
688575.SH	亚辉龙	医药生物	18.43	33.28	10.84	14.65	54.19	24
601100.SH	恒立液压	机械设备	21.55	30.47	12.31	11.43	54.16	25
688399.SH	硕世生物	医药生物	21.10	36.07	8.14	11.90	54.11	26
000792.SZ	盐湖股份	基础化工	20.77	35.17	9.22	9.65	54.07	27
300033.SZ	同花顺	计算机	19.71	31.16	11.50	13.80	54.05	28
300896.SZ	爱美客	美容护理	22.44	31.57	9.13	11.39	53.86	29
300482.SZ	万孚生物	医药生物	19.23	32.73	12.00	12.52	53.73	30
688298.SH	东方生物	医药生物	16.52	36.74	9.52	13.44	53.53	31
300676.SZ	华大基因	医药生物	20.44	31.42	11.73	12.44	53.52	32
300639.SZ	凯普生物	医药生物	23.31	31.58	8.07	13.17	53.39	33
300866.SZ	安克创新	电子	22.37	29.91	12.83	10.66	53.37	34
000661.SZ	长春高新	医药生物	20.92	30.59	10.09	13.19	53.28	35
688139.SH	海尔生物	医药生物	19.79	30.27	12.41	13.24	53.27	36
603486.SH	科沃斯	家用电器	19.15	32.18	11.33	12.60	53.25	37
688105.SH	诺唯赞	医药生物	16.64	34.40	9.74	14.84	53.23	38
601899.SH	紫金矿业	有色金属	22.64	28.57	8.08	11.42	53.13	39
601919.SH	中远海控	交通运输	23.12	34.90	5.15	9.37	53.07	40
601088.SH	中国神华	煤炭	18.60	26.02	8.29	11.99	53.02	41
002932.SZ	明德生物	医药生物	17.73	36.15	8.77	12.87	52.98	42
688111.SH	金山办公	计算机	18.56	28.66	14.05	11.99	52.97	43
300573.SZ	兴齐眼药	医药生物	18.27	31.76	7.84	17.50	52.91	44
603288.SH	海天味业	食品饮料	19.56	29.33	8.18	11.23	52.90	45
300529.SZ	健帆生物	医药生物	18.68	31.13	11.70	13.50	52.85	46
603185.SH	弘元绿能	电力设备	21.16	32.60	8.89	11.98	52.84	47
603392.SH	万泰生物	医药生物	15.18	34.17	10.98	12.87	52.83	48
300124.SZ	汇川技术	机械设备	18.40	29.08	13.20	11.11	52.80	49
688621.SH	阳光诺和	医药生物	20.23	30.73	10.16	14.15	52.79	50
002756.SZ	永兴材料	有色金属	17.69	35.44	8.52	12.96	52.75	51
688317.SH	之江生物	医药生物	19.26	34.78	9.60	11.59	52.75	52
600309.SH	万华化学	基础化工	22.73	26.61	9.72	10.54	52.74	53

续表

证券代码	证券简称	所属行业	治理竞争力	财务竞争力	创新竞争力	社会责任竞争力	总分	排名
605117.SH	德业股份	家用电器	20.02	34.32	8.56	10.76	52.66	54
600276.SH	恒瑞医药	医药生物	21.62	23.49	13.69	11.15	52.36	55
300037.SZ	新宙邦	电力设备	20.69	29.86	11.12	12.43	52.31	56
002709.SZ	天赐材料	电力设备	19.77	33.61	8.76	10.89	52.29	57
688767.SH	博拓生物	医药生物	17.07	36.19	9.57	11.74	52.27	58
300015.SZ	爱尔眼科	医药生物	19.92	29.56	5.80	14.90	52.21	59
002304.SZ	洋河股份	食品饮料	23.19	27.48	6.88	12.25	52.21	60
002064.SZ	华峰化学	基础化工	23.09	31.08	9.00	10.67	52.15	61
002432.SZ	九安医疗	医药生物	18.18	37.71	6.73	11.36	52.12	62
600809.SH	山西汾酒	食品饮料	19.87	34.21	4.37	9.12	52.09	63
002192.SZ	融捷股份	有色金属	18.07	34.15	7.20	14.40	52.02	64
002179.SZ	中航光电	国防军工	22.91	26.39	13.46	9.70	52.02	65
300496.SZ	中科创达	计算机	16.14	28.39	13.81	15.05	52.00	66
603658.SH	安图生物	医药生物	19.58	28.06	13.21	12.64	51.95	67
300957.SZ	贝泰妮	美容护理	18.50	33.05	9.37	12.03	51.94	68
300705.SZ	九典制药	医药生物	19.64	29.50	10.58	14.23	51.88	69
600845.SH	宝信软件	计算机	21.31	27.80	13.15	10.07	51.85	70
300726.SZ	宏达电子	国防军工	21.11	30.35	10.39	11.86	51.84	71
000596.SZ	古井贡酒	食品饮料	19.19	31.30	8.32	12.41	51.80	72
688385.SH	复旦微电	电子	18.98	29.90	13.41	10.57	51.79	73
300316.SZ	晶盛机电	电力设备	22.86	27.65	12.07	9.73	51.76	74
688075.SH	安旭生物	医药生物	16.21	36.75	9.66	11.16	51.75	75
600176.SH	中国巨石	建筑材料	23.61	28.22	8.94	12.03	51.71	76
688068.SH	热景生物	医药生物	14.95	35.70	8.22	14.77	51.62	77
000568.SZ	泸州老窖	食品饮料	20.83	30.41	8.49	7.47	51.60	78
688016.SH	心脉医疗	医药生物	18.03	29.46	11.17	14.75	51.58	79
002603.SZ	以岭药业	医药生物	20.21	29.29	11.21	11.95	51.55	80
600436.SH	片仔癀	医药生物	21.10	31.28	6.58	11.20	51.51	81
600389.SH	江山股份	基础化工	22.08	30.91	8.40	11.77	51.40	82
002920.SZ	德赛西威	计算机	20.37	25.70	13.69	12.48	51.37	83

续表

证券代码	证券简称	所属行业	治理竞争力	财务竞争力	创新竞争力	社会责任竞争力	总分	排名
600873.SH	梅花生物	基础化工	22.08	30.21	7.18	13.31	51.37	84
600570.SH	恒生电子	计算机	20.08	26.76	12.89	12.14	51.37	85
600111.SH	北方稀土	有色金属	21.24	31.39	8.00	10.94	51.36	86
002258.SZ	利尔化学	基础化工	22.92	30.71	7.70	11.72	51.33	87
688617.SH	惠泰医疗	医药生物	14.44	32.46	10.42	15.54	51.29	88
605399.SH	晨光新材	基础化工	18.45	33.57	6.31	14.73	51.24	89
300122.SZ	智飞生物	医药生物	18.76	32.96	7.35	11.32	51.21	90
600702.SH	舍得酒业	食品饮料	21.17	31.06	6.17	13.70	51.20	91
002410.SZ	广联达	计算机	17.03	26.50	13.44	14.68	51.14	92
601318.SH	中国平安	非银金融	17.32	24.48	4.40	6.70	51.01	93
002223.SZ	鱼跃医疗	医药生物	17.24	30.52	12.32	12.16	51.00	94
000733.SZ	振华科技	国防军工	20.46	28.48	11.69	11.02	50.98	95
688200.SH	华峰测控	电子	20.14	30.59	10.51	11.07	50.96	96
688981.SH	中芯国际	电子	20.34	26.64	11.73	7.64	50.94	97
603195.SH	公牛集团	轻工制造	16.52	30.85	10.12	13.57	50.93	98
002022.SZ	科华生物	医药生物	17.24	32.41	10.06	12.81	50.85	99
601628.SH	中国人寿	非银金融	16.87	21.30	7.33	3.70	50.85	100
600596.SH	新安股份	基础化工	21.11	29.42	9.76	12.00	50.84	101
603301.SH	振德医疗	医药生物	15.94	34.59	8.66	13.21	50.82	102
301367.SZ	怡和嘉业	医药生物	17.73	35.54	8.45	10.59	50.81	103
603129.SH	春风动力	汽车	20.14	31.05	12.12	8.86	50.75	104
002497.SZ	雅化集团	有色金属	18.68	32.30	9.05	11.95	50.75	105
300751.SZ	迈为股份	电力设备	20.39	29.30	11.35	10.03	50.74	106
688137.SH	近岸蛋白	医药生物	14.44	35.70	8.69	13.53	50.72	107
603501.SH	韦尔股份	电子	22.29	27.36	12.17	8.78	50.68	108
002466.SZ	天齐锂业	有色金属	21.15	33.71	5.85	9.11	50.66	109
300628.SZ	亿联网络	通信	18.97	30.04	12.49	9.70	50.59	110
605499.SH	东鹏饮料	食品饮料	20.04	31.98	4.25	14.58	50.57	111
002841.SZ	视源股份	电子	18.42	28.64	13.16	11.19	50.56	112
688253.SH	英诺特	医药生物	16.17	35.04	8.75	12.13	50.51	113

续表

证券代码	证券简称	所属行业	治理竞争力	财务竞争力	创新竞争力	社会责任竞争力	总分	排名
603986.SH	兆易创新	电子	19.51	30.03	12.51	8.75	50.51	114
002222.SZ	福晶科技	电子	20.09	27.04	9.99	14.90	50.50	115
603259.SH	药明康德	医药生物	14.06	28.86	12.30	12.16	50.48	116
603801.SH	志邦家居	轻工制造	19.37	28.10	10.65	13.81	50.47	117
002129.SZ	TCL中环	电力设备	23.22	26.75	10.16	9.50	50.42	118
600660.SH	福耀玻璃	汽车	22.17	24.86	10.98	12.19	50.40	119
688598.SH	金博股份	电力设备	17.27	31.79	11.05	11.45	50.37	120
300699.SZ	光威复材	国防军工	20.51	27.35	11.22	12.12	50.35	121
603444.SH	吉比特	传媒	18.57	30.30	10.14	12.49	50.35	122
688536.SH	思瑞浦	电子	16.83	30.95	11.19	12.30	50.34	123
603010.SH	万盛股份	基础化工	21.80	31.08	7.42	11.47	50.33	124
603659.SH	璞泰来	电力设备	21.82	27.75	10.02	10.68	50.18	125
603882.SH	金域医学	医药生物	14.98	31.25	9.78	14.89	50.14	126
688426.SH	康为世纪	医药生物	15.77	33.92	8.24	13.60	50.10	127
001203.SZ	大中矿业	钢铁	19.95	31.99	6.04	13.17	50.07	128
301312.SZ	智立方	机械设备	17.08	32.31	9.59	12.30	49.94	129
300887.SZ	谱尼测试	社会服务	17.37	29.06	10.82	13.89	49.92	130
300888.SZ	稳健医疗	美容护理	14.57	33.34	9.59	13.21	49.92	131
300661.SZ	圣邦股份	电子	13.08	34.71	12.48	9.79	49.89	132
603605.SH	珀莱雅	美容护理	20.07	31.11	7.20	11.96	49.89	133
300942.SZ	易瑞生物	医药生物	18.28	29.45	10.58	12.80	49.87	134
688363.SH	华熙生物	美容护理	17.35	28.36	11.68	12.56	49.86	135
002001.SZ	新和成	医药生物	21.56	27.31	11.66	9.52	49.83	136
600141.SH	兴发集团	基础化工	19.80	30.13	9.70	10.81	49.76	137
002714.SZ	牧原股份	农林牧渔	15.35	31.88	7.78	10.78	49.74	138
688120.SH	华海清科	电子	18.83	31.51	11.65	8.53	49.70	139
002318.SZ	久立特材	钢铁	21.39	28.01	9.25	12.01	49.68	140
600746.SH	江苏索普	基础化工	19.79	33.46	6.23	11.26	49.65	141
838670.BJ	恒进感应	机械设备	16.33	32.29	6.84	15.42	49.63	142
300894.SZ	火星人	家用电器	15.93	30.92	9.67	14.18	49.63	143

附表　2023 年中国上市公司综合竞争力排名

续表

证券代码	证券简称	所属行业	治理竞争力	财务竞争力	创新竞争力	社会责任竞争力	总分	排名
002460.SZ	赣锋锂业	有色金属	20.01	31.12	8.61	8.35	49.59	144
688390.SH	固德威	电力设备	16.66	31.94	10.43	11.02	49.58	145
603170.SH	宝立食品	食品饮料	20.06	31.00	5.05	14.50	49.58	146
601225.SH	陕西煤业	煤炭	18.66	30.92	7.65	10.04	49.57	147
002312.SZ	川发龙蟒	基础化工	21.14	29.32	7.48	12.46	49.55	148
600460.SH	士兰微	电子	20.26	26.01	13.46	10.14	49.55	149
002176.SZ	江特电机	有色金属	18.78	31.28	7.86	12.22	49.51	150
603060.SH	国检集团	社会服务	18.73	25.44	10.90	15.46	49.50	151
002266.SZ	浙富控股	环保	21.28	27.49	9.53	11.99	49.48	152
688556.SH	高测股份	电力设备	20.23	27.52	10.13	12.46	49.48	153
688665.SH	四方光电	机械设备	16.66	31.92	8.98	12.98	49.48	154
688152.SH	麒麟信安	计算机	18.56	30.89	9.18	11.85	49.46	155
002597.SZ	金禾实业	基础化工	20.92	30.03	9.44	9.90	49.46	156
300394.SZ	天孚通信	通信	18.07	29.13	9.62	13.65	49.46	157
002407.SZ	多氟多	基础化工	17.82	29.65	10.27	12.37	49.43	158
603267.SH	鸿远电子	国防军工	21.18	28.79	7.98	12.19	49.41	159
300677.SZ	英科医疗	医药生物	15.77	36.40	7.65	10.49	49.41	160
300012.SZ	华测检测	社会服务	18.00	27.45	10.93	13.46	49.40	161
001308.SZ	康冠科技	电子	19.13	28.60	11.17	11.33	49.38	162
600028.SH	中国石化	石油石化	18.33	19.71	10.54	11.58	49.34	163
002262.SZ	恩华药业	医药生物	17.50	27.50	10.36	14.61	49.31	164
301165.SZ	锐捷网络	通信	17.97	25.64	13.73	12.70	49.30	165
688295.SH	中复神鹰	基础化工	18.96	32.74	7.91	10.03	49.28	166
688281.SH	华秦科技	国防军工	18.05	32.08	9.17	10.56	49.27	167
002414.SZ	高德红外	国防军工	18.08	27.35	13.02	11.21	49.25	168
000830.SZ	鲁西化工	基础化工	20.65	28.49	9.75	11.01	49.25	169
300014.SZ	亿纬锂能	电力设备	21.21	26.66	12.02	6.93	49.25	170
301069.SZ	凯盛新材	基础化工	21.07	26.09	9.24	13.73	49.25	171
688396.SH	华润微	电子	16.33	29.93	12.19	10.52	49.24	172
603387.SH	基蛋生物	医药生物	18.24	27.38	10.89	13.70	49.23	173

续表

证券代码	证券简称	所属行业	治理竞争力	财务竞争力	创新竞争力	社会责任竞争力	总分	排名
603235.SH	天新药业	基础化工	19.59	30.02	7.54	12.92	49.22	174
002517.SZ	恺英网络	传媒	19.47	27.68	10.56	12.30	49.20	175
002371.SZ	北方华创	电子	19.81	23.78	14.15	10.18	49.19	176
301153.SZ	中科江南	计算机	17.71	31.00	8.44	12.87	49.17	177
300911.SZ	亿田智能	家用电器	15.66	30.66	9.18	14.62	49.15	178
835892.BJ	中科美菱	医药生物	15.99	30.24	8.05	15.91	49.14	179
002469.SZ	三维化学	建筑装饰	21.00	31.97	8.02	9.14	49.13	180
603026.SH	胜华新材	电力设备	18.65	31.04	7.81	12.21	49.05	181
000807.SZ	云铝股份	有色金属	21.76	28.82	10.31	8.41	49.05	182
600779.SH	水井坊	食品饮料	22.23	29.85	6.33	10.83	49.03	183
601633.SH	长城汽车	汽车	18.32	22.12	13.56	10.91	49.02	184
600750.SH	江中药业	医药生物	21.36	25.95	8.16	14.37	49.01	185
002444.SZ	巨星科技	机械设备	21.73	27.75	8.78	11.30	49.00	186
688278.SH	特宝生物	医药生物	15.88	29.77	9.06	14.98	49.00	187
300627.SZ	华测导航	通信	17.97	27.35	13.28	11.08	48.98	188
300373.SZ	扬杰科技	电子	19.14	28.42	10.54	11.33	48.97	189
300613.SZ	富瀚微	电子	14.49	31.81	11.51	11.87	48.93	190
000799.SZ	酒鬼酒	食品饮料	21.46	31.60	5.49	10.44	48.92	191
600989.SH	宝丰能源	基础化工	21.11	27.90	5.25	13.87	48.91	192
002049.SZ	紫光国微	电子	14.65	29.21	14.14	9.64	48.90	193
838810.BJ	春光药装	机械设备	19.33	32.67	4.28	13.54	48.88	194
000786.SZ	北新建材	建筑材料	20.67	27.78	9.72	10.77	48.86	195
300813.SZ	泰林生物	机械设备	12.44	30.41	10.69	16.18	48.85	196
688012.SH	中微公司	电子	15.90	29.30	13.96	9.43	48.85	197
600900.SH	长江电力	公用事业	18.40	22.85	6.30	12.79	48.84	198
002050.SZ	三花智控	家用电器	20.20	26.83	11.11	10.12	48.83	199
300358.SZ	楚天科技	医药生物	19.62	23.32	13.08	13.57	48.83	200
001217.SZ	华尔泰	基础化工	19.04	30.24	7.71	12.67	48.82	201
601882.SH	海天精工	机械设备	18.59	28.62	10.14	12.05	48.76	202
301269.SZ	华大九天	计算机	15.99	29.57	13.72	9.43	48.76	203

续表

证券代码	证券简称	所属行业	治理竞争力	财务竞争力	创新竞争力	社会责任竞争力	总分	排名
600380.SH	健康元	医药生物	22.51	23.49	11.04	12.17	48.75	204
605111.SH	新洁能	电子	16.28	32.22	10.27	10.52	48.73	205
688690.SH	纳微科技	医药生物	17.26	30.17	9.76	12.00	48.72	206
301047.SZ	义翘神州	医药生物	16.79	33.58	8.72	10.24	48.71	207
002706.SZ	良信股份	电力设备	16.82	29.40	12.32	10.69	48.69	208
601066.SH	中信建投	非银金融	20.81	30.94	5.45	6.94	48.67	209
603300.SH	华铁应急	非银金融	16.34	32.55	8.95	8.85	48.67	210
600426.SH	华鲁恒升	基础化工	17.37	31.83	8.21	10.72	48.66	211
301327.SZ	华宝新能	电力设备	14.09	35.27	8.80	10.95	48.63	212
600161.SH	天坛生物	医药生物	19.50	26.78	8.03	14.38	48.62	213
300363.SZ	博腾股份	医药生物	17.52	30.18	9.39	11.90	48.60	214
688508.SH	芯朋微	电子	17.07	27.81	11.37	13.00	48.58	215
600171.SH	上海贝岭	电子	20.69	24.48	12.73	11.25	48.57	216
688314.SH	康拓医疗	医药生物	18.55	29.64	7.49	13.66	48.57	217
002236.SZ	大华股份	计算机	20.48	23.02	14.26	10.93	48.55	218
300525.SZ	博思软件	计算机	17.80	26.92	10.22	14.17	48.54	219
688259.SH	创耀科技	电子	15.50	34.67	8.48	10.58	48.54	220
002605.SZ	姚记科技	传媒	15.71	29.48	10.36	13.65	48.52	221
300725.SZ	药石科技	医药生物	17.47	29.45	11.60	10.46	48.51	222
605337.SH	李子园	食品饮料	18.23	30.25	6.06	14.61	48.50	223
601888.SH	中国中免	商贸零售	17.44	27.53	4.01	11.48	48.49	224
688325.SH	赛微微电	电子	13.43	33.83	10.65	11.30	48.48	225
603127.SH	昭衍新药	医药生物	20.30	31.97	7.90	8.47	48.48	226
601089.SH	福元医药	医药生物	16.01	29.87	9.48	13.75	48.47	227
603203.SH	快克智能	机械设备	16.38	27.71	11.50	13.50	48.46	228
688392.SH	骄成超声	电力设备	11.55	33.79	12.09	11.55	48.45	229
002979.SZ	雷赛智能	机械设备	16.47	27.90	11.81	12.89	48.45	230
688046.SH	药康生物	医药生物	17.94	29.15	9.47	12.43	48.42	231
688389.SH	普门科技	医药生物	17.45	28.39	10.67	12.52	48.42	232
002372.SZ	伟星新材	建筑材料	18.62	30.31	8.21	11.36	48.42	233

续表

证券代码	证券简称	所属行业	治理竞争力	财务竞争力	创新竞争力	社会责任竞争力	总分	排名
300832.SZ	新产业	医药生物	18.22	28.65	11.11	10.37	48.39	234
301026.SZ	浩通科技	有色金属	22.67	29.99	5.42	10.94	48.38	235
300073.SZ	当升科技	电力设备	22.78	28.30	9.73	7.71	48.35	236
603948.SH	建业股份	基础化工	19.01	29.54	7.40	13.05	48.35	237
872808.BJ	曙光数创	计算机	13.38	33.39	10.21	12.05	48.34	238
603606.SH	东方电缆	电力设备	20.46	28.31	7.96	11.40	48.34	239
600030.SH	中信证券	非银金融	18.42	29.07	5.50	8.84	48.33	240
688568.SH	中科星图	计算机	18.40	27.48	12.95	9.88	48.30	241
300463.SZ	迈克生物	医药生物	17.41	26.96	12.12	12.27	48.28	242
600976.SH	健民集团	医药生物	18.98	26.62	9.20	14.03	48.28	243
600089.SH	特变电工	电力设备	19.64	27.32	10.48	9.98	48.27	244
600731.SH	湖南海利	基础化工	21.71	28.39	7.56	11.21	48.26	245
300003.SZ	乐普医疗	医药生物	18.12	26.21	12.40	11.34	48.24	246
600298.SH	安琪酵母	食品饮料	20.37	27.16	9.21	11.40	48.24	247
300206.SZ	理邦仪器	医药生物	12.16	30.23	13.02	13.36	48.23	248
688686.SH	奥普特	机械设备	17.19	25.11	11.04	15.22	48.21	249
002595.SZ	豪迈科技	机械设备	21.09	25.08	8.59	13.75	48.21	250
688297.SH	中无人机	国防军工	20.19	30.75	8.13	9.18	48.19	251
600061.SH	国投资本	非银金融	21.33	26.10	8.93	9.19	48.19	252
603067.SH	振华股份	基础化工	19.62	29.35	4.98	14.74	48.18	253
300685.SZ	艾德生物	医药生物	17.22	26.06	10.47	14.87	48.18	254
002959.SZ	小熊电器	家用电器	16.56	29.63	8.36	14.08	48.17	255
601636.SH	旗滨集团	建筑材料	19.81	27.49	9.32	11.58	48.16	256
000932.SZ	华菱钢铁	钢铁	23.26	25.60	10.33	8.96	48.16	257
600600.SH	青岛啤酒	食品饮料	22.03	24.91	7.17	11.78	48.15	258
301206.SZ	三元生物	基础化工	19.34	32.55	6.19	10.51	48.12	259
430685.BJ	新芝生物	机械设备	16.36	30.99	7.46	13.88	48.10	260
301004.SZ	嘉益股份	轻工制造	18.33	31.46	5.95	12.90	48.09	261
002396.SZ	星网锐捷	通信	19.45	23.18	14.16	11.69	48.09	262
300347.SZ	泰格医药	医药生物	18.95	27.95	5.29	14.70	48.08	263

续表

证券代码	证券简称	所属行业	治理竞争力	财务竞争力	创新竞争力	社会责任竞争力	总分	排名
688279.SH	峰岹科技	电子	14.81	33.67	10.66	9.36	48.05	264
300146.SZ	汤臣倍健	食品饮料	19.26	28.59	7.60	12.39	48.03	265
002459.SZ	晶澳科技	电力设备	19.68	25.57	9.18	11.33	47.99	266
600563.SH	法拉电子	电子	19.38	29.51	6.31	12.66	47.99	267
300395.SZ	菲利华	国防军工	19.61	26.58	10.02	11.79	47.99	268
600866.SH	星湖科技	基础化工	23.08	27.89	5.40	11.99	47.98	269
001216.SZ	华瓷股份	轻工制造	17.50	29.30	9.46	12.23	47.98	270
600273.SH	嘉化能源	基础化工	23.26	28.19	7.70	9.15	47.97	271
603938.SH	三孚股份	基础化工	17.20	32.25	5.73	13.16	47.97	272
300408.SZ	三环集团	电子	17.17	26.55	11.55	12.09	47.96	273
600618.SH	氯碱化工	基础化工	23.63	28.64	6.77	9.23	47.94	274
002352.SZ	顺丰控股	交通运输	16.92	26.09	7.72	12.17	47.94	275
430476.BJ	海能技术	机械设备	16.71	27.51	9.70	14.54	47.93	276
002003.SZ	伟星股份	纺织服饰	19.30	25.18	8.69	15.09	47.93	277
000987.SZ	越秀资本	非银金融	21.84	29.12	8.66	6.46	47.92	278
688209.SH	英集芯	电子	15.71	30.38	10.61	11.58	47.90	279
605369.SH	拱东医疗	医药生物	15.32	31.44	6.54	14.89	47.89	280
688232.SH	新点软件	计算机	15.05	27.58	11.56	13.86	47.89	281
600985.SH	淮北矿业	煤炭	19.24	26.48	10.49	11.58	47.89	282
300869.SZ	康泰医学	医药生物	16.75	31.03	10.78	9.58	47.88	283
002158.SZ	汉钟精机	机械设备	20.08	27.87	9.23	10.93	47.85	284
603025.SH	大豪科技	机械设备	19.84	24.33	12.01	11.80	47.82	285
600063.SH	皖维高新	基础化工	19.02	27.38	10.23	11.43	47.82	286
688072.SH	拓荆科技	电子	17.38	28.02	13.47	8.90	47.81	287
688606.SH	奥泰生物	医药生物	14.94	35.21	6.78	11.27	47.81	288
301369.SZ	联动科技	电子	16.77	30.96	8.30	12.19	47.81	289
688269.SH	凯立新材	基础化工	18.95	29.19	8.15	11.77	47.79	290
688356.SH	键凯科技	医药生物	16.20	29.53	9.14	13.20	47.78	291
688193.SH	仁度生物	医药生物	13.02	32.67	7.84	14.67	47.76	292
301080.SZ	百普赛斯	医药生物	14.87	33.40	10.10	9.71	47.76	293

续表

证券代码	证券简称	所属行业	治理竞争力	财务竞争力	创新竞争力	社会责任竞争力	总分	排名
603019.SH	中科曙光	计算机	17.53	25.07	14.50	10.50	47.76	294
688380.SH	中微半导	电子	17.53	30.96	10.48	9.06	47.76	295
002601.SZ	龙佰集团	基础化工	19.92	26.30	9.79	11.30	47.75	296
000737.SZ	北方铜业	有色金属	20.98	29.87	3.93	13.24	47.73	297
603219.SH	富佳股份	家用电器	18.91	30.52	6.96	11.68	47.73	298
300244.SZ	迪安诊断	医药生物	17.39	27.96	7.68	14.85	47.73	299
002142.SZ	宁波银行	银行	15.89	28.57	8.00	11.50	47.73	300
603057.SH	紫燕食品	食品饮料	19.30	30.05	3.46	15.11	47.72	301
600123.SH	兰花科创	煤炭	22.52	27.39	5.93	12.04	47.72	302
688202.SH	美迪西	医药生物	14.23	29.62	10.21	13.75	47.71	303
688063.SH	派能科技	电力设备	19.72	28.80	9.86	8.79	47.69	304
002819.SZ	东方中科	机械设备	20.32	28.25	7.05	12.35	47.68	305
300951.SZ	博硕科技	电子	14.89	32.07	8.43	12.60	47.68	306
600188.SH	兖矿能源	煤炭	21.73	23.41	8.06	11.59	47.64	307
688553.SH	汇宇制药-W	医药生物	15.59	32.06	10.06	10.22	47.64	308
688122.SH	西部超导	国防军工	21.48	25.17	11.70	8.85	47.64	309
002555.SZ	三七互娱	传媒	18.32	28.99	10.65	9.27	47.61	310
002508.SZ	老板电器	家用电器	20.78	25.99	11.11	9.61	47.61	311
603228.SH	景旺电子	电子	20.55	25.42	10.38	11.30	47.59	312
300308.SZ	中际旭创	通信	20.06	26.75	12.38	8.37	47.59	313
002136.SZ	安纳达	基础化工	19.35	29.08	6.17	13.32	47.58	314
300196.SZ	长海股份	建筑材料	22.38	27.26	7.18	11.04	47.58	315
601156.SH	东航物流	交通运输	19.93	32.83	3.81	10.93	47.57	316
688381.SH	帝奥微	电子	14.50	33.47	9.93	9.86	47.57	317
605033.SH	美邦股份	基础化工	18.34	25.51	10.48	13.57	47.56	318
600885.SH	宏发股份	电力设备	18.42	25.77	10.66	12.40	47.56	319
603345.SH	安井食品	食品饮料	17.74	29.28	6.15	13.83	47.55	320
600929.SH	雪天盐业	基础化工	19.65	25.87	7.46	14.72	47.55	321
300759.SZ	康龙化成	医药生物	17.35	27.20	8.20	13.56	47.54	322
688290.SH	景业智能	机械设备	14.93	31.01	10.96	10.91	47.54	323

续表

证券代码	证券简称	所属行业	治理竞争力	财务竞争力	创新竞争力	社会责任竞争力	总分	排名
300864.SZ	南大环境	环保	19.05	25.95	7.99	14.82	47.50	324
000532.SZ	华金资本	非银金融	17.52	30.67	8.79	7.94	47.49	325
688301.SH	奕瑞科技	医药生物	13.53	30.24	12.79	10.62	47.48	326
002837.SZ	英维克	机械设备	17.77	25.22	11.81	12.73	47.47	327
688019.SH	安集科技	电子	15.80	29.09	12.19	10.46	47.46	328
832735.BJ	德源药业	医药生物	17.33	29.64	7.40	13.41	47.46	329
688032.SH	禾迈股份	电力设备	20.21	31.26	7.65	7.62	47.44	330
300415.SZ	伊之密	机械设备	16.80	27.57	11.04	12.20	47.44	331
870199.BJ	倍益康	家用电器	10.75	35.78	7.47	13.75	47.44	332
300487.SZ	蓝晓科技	基础化工	21.08	28.55	8.70	8.97	47.43	333
301318.SZ	维海德	计算机	14.46	32.19	9.20	11.86	47.43	334
688099.SH	晶晨股份	电子	14.58	29.41	13.14	10.01	47.40	335
002270.SZ	华明装备	电力设备	21.18	24.98	8.51	12.91	47.40	336
300101.SZ	振芯科技	国防军工	20.67	24.36	12.79	9.61	47.39	337
835640.BJ	富士达	通信	18.65	26.10	10.42	12.46	47.38	338
000902.SZ	新洋丰	基础化工	20.13	28.24	6.95	12.06	47.37	339
300782.SZ	卓胜微	电子	13.03	34.17	10.39	8.87	47.36	340
688013.SH	天臣医疗	医药生物	16.61	26.73	10.58	13.71	47.35	341
600395.SH	盘江股份	煤炭	19.98	26.60	7.24	13.56	47.35	342
002080.SZ	中材科技	建筑材料	20.18	25.58	11.00	10.19	47.35	343
688061.SH	灿瑞科技	电子	16.52	30.36	9.58	11.04	47.35	344
300729.SZ	乐歌股份	轻工制造	17.68	28.49	11.96	9.38	47.31	345
603583.SH	捷昌驱动	机械设备	18.62	26.22	11.48	11.06	47.30	346
603260.SH	合盛硅业	基础化工	18.40	28.86	7.61	10.94	47.30	347
002332.SZ	仙琚制药	医药生物	19.73	25.56	9.77	12.29	47.30	348
000513.SZ	丽珠集团	医药生物	19.11	24.22	11.16	12.47	47.28	349
301238.SZ	瑞泰新材	电力设备	18.85	30.49	8.19	9.68	47.27	350
000625.SZ	长安汽车	汽车	17.41	24.94	11.95	10.82	47.27	351
600132.SH	重庆啤酒	食品饮料	21.09	26.13	6.82	12.25	47.25	352
605189.SH	富春染织	纺织服饰	19.12	28.90	8.41	11.01	47.23	353

续表

证券代码	证券简称	所属行业	治理竞争力	财务竞争力	创新竞争力	社会责任竞争力	总分	排名
301110.SZ	青木股份	商贸零售	15.60	32.17	4.82	14.82	47.22	354
600019.SH	宝钢股份	钢铁	20.96	22.63	11.93	9.47	47.22	355
300019.SZ	硅宝科技	基础化工	17.30	28.47	8.53	13.04	47.22	356
002430.SZ	杭氧股份	机械设备	19.17	24.78	10.53	12.20	47.21	357
688595.SH	芯海科技	电子	13.52	27.03	13.50	13.25	47.18	358
603297.SH	永新光学	电子	17.80	26.15	11.29	11.95	47.15	359
001323.SZ	慕思股份	轻工制造	14.34	29.72	7.95	15.07	47.14	360
688196.SH	卓越新能	基础化工	15.57	30.46	8.95	12.22	47.14	361
301361.SZ	众智科技	电力设备	16.42	29.63	9.74	11.50	47.13	362
600271.SH	航天信息	计算机	21.60	20.84	12.74	11.76	47.13	363
300481.SZ	濮阳惠成	电子	17.95	30.11	7.05	12.07	47.13	364
688128.SH	中国电研	机械设备	20.26	24.43	11.72	10.78	47.12	365
002025.SZ	航天电器	国防军工	18.36	24.37	13.23	10.77	47.12	366
605507.SH	国邦医药	医药生物	20.05	29.11	7.74	10.10	47.10	367
300834.SZ	星辉环材	基础化工	17.97	32.64	6.48	10.11	47.10	368
600585.SH	海螺水泥	建筑材料	20.68	24.09	9.00	10.64	47.08	369
300910.SZ	瑞丰新材	基础化工	17.98	30.96	5.47	12.50	47.08	370
300470.SZ	中密控股	机械设备	19.88	25.81	8.67	12.74	47.08	371
002274.SZ	华昌化工	基础化工	22.23	28.93	5.34	10.62	47.08	372
600233.SH	圆通速递	交通运输	22.15	26.39	5.87	11.46	47.06	373
000630.SZ	铜陵有色	有色金属	23.02	23.27	9.76	10.53	47.06	374
688391.SH	钜泉科技	电子	13.99	34.05	10.37	8.67	47.03	375
603806.SH	福斯特	电力设备	19.86	25.15	9.46	10.98	47.03	376
603816.SH	顾家家居	轻工制造	16.84	26.91	8.61	14.11	47.01	377
601699.SH	潞安环能	煤炭	18.17	29.70	8.55	9.73	47.00	378
603290.SH	斯达半导	电子	15.77	29.35	10.76	10.13	46.98	379
002738.SZ	中矿资源	有色金属	17.30	32.12	4.98	12.10	46.97	380
301087.SZ	可孚医疗	医药生物	15.12	31.75	7.05	13.02	46.96	381
300432.SZ	富临精工	汽车	21.32	26.09	8.09	11.24	46.95	382
300285.SZ	国瓷材料	电子	20.27	22.77	11.77	11.73	46.95	383

续表

证券代码	证券简称	所属行业	治理竞争力	财务竞争力	创新竞争力	社会责任竞争力	总分	排名
603456.SH	九洲药业	医药生物	17.01	27.94	10.74	10.66	46.94	384
603688.SH	石英股份	基础化工	17.69	29.73	5.12	13.58	46.93	385
300171.SZ	东富龙	医药生物	16.82	28.33	11.56	10.05	46.93	386
002916.SZ	深南电路	电子	17.01	27.72	11.57	10.02	46.93	387
300634.SZ	彩讯股份	计算机	18.53	23.25	10.66	14.45	46.91	388
603678.SH	火炬电子	国防军工	18.74	27.81	8.03	12.06	46.91	389
688475.SH	萤石网络	计算机	13.55	29.95	11.13	12.10	46.90	390
601988.SH	中国银行	银行	14.39	20.05	8.00	6.19	46.90	391
603100.SH	川仪股份	机械设备	16.65	25.35	12.24	12.52	46.89	392
600763.SH	通策医疗	医药生物	19.00	29.20	3.36	14.45	46.89	393
002006.SZ	精工科技	机械设备	20.03	27.26	9.83	9.64	46.88	394
300327.SZ	中颖电子	电子	16.73	26.82	12.30	10.89	46.88	395
603337.SH	杰克股份	机械设备	18.26	26.43	12.17	9.92	46.87	396
300856.SZ	科思股份	美容护理	19.09	28.27	8.40	11.03	46.87	397
002737.SZ	葵花药业	医药生物	19.61	27.92	7.90	11.27	46.87	398
002901.SZ	大博医疗	医药生物	15.18	26.49	12.71	12.27	46.85	399
600183.SH	生益科技	电子	20.33	25.57	11.36	9.01	46.85	400
300938.SZ	信测标准	社会服务	18.58	27.06	9.05	12.16	46.85	401
688036.SH	传音控股	电子	15.81	27.98	12.18	9.67	46.83	402
002032.SZ	苏泊尔	家用电器	18.55	25.46	9.82	12.25	46.80	403
600887.SH	伊利股份	食品饮料	15.66	27.05	7.82	12.41	46.80	404
002315.SZ	焦点科技	商贸零售	16.84	25.57	11.04	13.31	46.80	405
830799.BJ	艾融软件	计算机	13.62	26.23	9.25	17.72	46.79	406
301333.SZ	诺思格	医药生物	13.62	30.73	6.34	16.05	46.78	407
002557.SZ	洽洽食品	食品饮料	17.70	29.00	6.46	13.16	46.77	408
301125.SZ	腾亚精工	机械设备	16.65	30.43	7.30	12.39	46.76	409
301236.SZ	软通动力	计算机	14.33	27.46	7.67	16.90	46.76	410
301002.SZ	崧盛股份	电力设备	17.25	29.48	10.12	9.89	46.75	411
300861.SZ	美畅股份	机械设备	18.06	29.20	4.95	14.11	46.74	412
002643.SZ	万润股份	电子	19.73	25.40	11.15	10.23	46.74	413

续表

证券代码	证券简称	所属行业	治理竞争力	财务竞争力	创新竞争力	社会责任竞争力	总分	排名
688248.SH	南网科技	电力设备	19.85	27.43	10.42	8.44	46.74	414
000859.SZ	国风新材	基础化工	21.01	25.64	8.96	11.05	46.72	415
688050.SH	爱博医疗	医药生物	15.42	28.26	9.64	12.96	46.72	416
002484.SZ	江海股份	电子	20.83	25.14	9.64	10.77	46.72	417
688005.SH	容百科技	电力设备	21.45	26.71	7.58	10.39	46.71	418
600993.SH	马应龙	医药生物	18.63	26.71	6.71	14.49	46.71	419
002838.SZ	道恩股份	基础化工	18.77	28.68	8.64	10.48	46.71	420
688728.SH	格科微	电子	17.42	26.94	12.55	8.95	46.71	421
000408.SZ	藏格矿业	基础化工	21.68	31.13	2.27	10.83	46.70	422
600282.SH	南钢股份	钢铁	20.05	23.05	10.89	12.30	46.67	423
600955.SH	维远股份	基础化工	17.51	33.15	4.48	11.31	46.67	424
301061.SZ	匠心家居	轻工制造	18.78	30.05	7.72	10.05	46.66	425
600120.SH	浙江东方	非银金融	22.41	26.89	7.65	6.91	46.66	426
002801.SZ	微光股份	电力设备	20.25	27.61	6.89	11.79	46.65	427
603565.SH	中谷物流	交通运输	21.30	31.31	3.95	9.68	46.65	428
603833.SH	欧派家居	轻工制造	12.92	27.81	10.43	14.03	46.65	429
600522.SH	中天科技	通信	22.97	21.90	11.52	9.16	46.64	430
430139.BJ	华岭股份	电子	16.65	28.89	9.54	11.49	46.64	431
600079.SH	人福医药	医药生物	22.30	20.22	10.48	12.86	46.63	432
688628.SH	优利德	机械设备	12.30	31.76	9.67	12.82	46.63	433
600690.SH	海尔智家	家用电器	17.27	21.88	12.02	10.86	46.62	434
688353.SH	华盛锂电	电力设备	16.45	31.39	6.54	12.08	46.61	435
601995.SH	中金公司	非银金融	18.25	28.20	4.72	10.65	46.61	436
301277.SZ	新天地	医药生物	15.49	29.82	8.43	12.73	46.58	437
688273.SH	麦澜德	医药生物	11.51	31.36	10.37	13.24	46.58	438
300354.SZ	东华测试	机械设备	16.71	25.13	8.77	15.83	46.58	439
603886.SH	元祖股份	食品饮料	20.08	26.51	4.02	15.83	46.57	440
688236.SH	春立医疗	医药生物	17.85	25.96	11.99	10.54	46.57	441
300803.SZ	指南针	计算机	18.66	29.71	5.02	12.77	46.56	442
603993.SH	洛阳钼业	有色金属	22.48	24.18	6.77	11.14	46.55	443

附表　2023年中国上市公司综合竞争力排名

续表

证券代码	证券简称	所属行业	治理竞争力	财务竞争力	创新竞争力	社会责任竞争力	总分	排名
301035.SZ	润丰股份	基础化工	21.30	27.72	6.95	10.05	46.55	444
000933.SZ	神火股份	有色金属	23.33	28.28	5.27	8.95	46.54	445
603613.SH	国联股份	商贸零售	16.87	29.53	7.04	12.15	46.52	446
600517.SH	国网英大	非银金融	18.61	26.26	9.90	8.18	46.52	447
300638.SZ	广和通	通信	20.35	24.74	12.40	8.71	46.49	448
000963.SZ	华东医药	医药生物	18.37	23.18	10.41	12.80	46.47	449
002832.SZ	比音勒芬	纺织服饰	17.46	30.50	5.57	12.56	46.46	450
601377.SH	兴业证券	非银金融	17.25	24.60	9.28	12.10	46.45	451
603599.SH	广信股份	基础化工	15.65	30.69	9.58	10.06	46.45	452
301042.SZ	安联锐视	计算机	19.88	27.23	9.33	9.87	46.45	453
603209.SH	兴通股份	交通运输	17.63	31.81	2.40	14.35	46.43	454
836247.BJ	华密新材	汽车	15.35	29.82	6.99	14.16	46.43	455
600031.SH	三一重工	机械设备	20.20	22.06	13.72	7.70	46.43	456
002538.SZ	司尔特	基础化工	21.44	27.38	6.90	10.47	46.42	457
688526.SH	科前生物	农林牧渔	17.64	28.55	10.60	9.33	46.42	458
300087.SZ	荃银高科	农林牧渔	19.49	28.02	7.89	10.70	46.42	459
002683.SZ	广东宏大	基础化工	20.60	24.01	9.07	12.23	46.41	460
003028.SZ	振邦智能	电子	17.11	30.31	7.25	11.50	46.38	461
300398.SZ	飞凯材料	电子	21.36	23.78	11.28	9.63	46.35	462
301338.SZ	凯格精机	机械设备	16.81	28.35	9.12	11.85	46.34	463
603566.SH	普莱柯	农林牧渔	18.36	25.13	10.79	11.73	46.34	464
600285.SH	羚锐制药	医药生物	18.23	25.82	9.60	12.41	46.34	465
688293.SH	奥浦迈	医药生物	16.05	28.83	8.87	12.27	46.33	466
300286.SZ	安科瑞	电力设备	15.33	26.71	12.04	11.98	46.33	467
000913.SZ	钱江摩托	汽车	18.98	25.40	9.64	12.00	46.32	468
301089.SZ	拓新药业	医药生物	17.01	30.45	5.06	13.47	46.31	469
688169.SH	石头科技	家用电器	17.31	30.59	10.45	7.36	46.31	470
688247.SH	宣泰医药	医药生物	14.84	29.43	9.96	11.77	46.30	471
300763.SZ	锦浪科技	电力设备	15.93	30.86	8.41	9.61	46.30	472
002975.SZ	博杰股份	机械设备	16.59	27.15	11.44	10.86	46.29	473

续表

证券代码	证券简称	所属行业	治理竞争力	财务竞争力	创新竞争力	社会责任竞争力	总分	排名
600420.SH	国药现代	医药生物	20.70	23.17	9.52	12.56	46.29	474
835185.BJ	贝特瑞	电力设备	21.29	23.81	9.86	10.57	46.28	475
605090.SH	九丰能源	公用事业	22.14	30.92	1.21	11.59	46.28	476
002850.SZ	科达利	电力设备	18.17	24.57	10.80	12.02	46.27	477
300360.SZ	炬华科技	电力设备	19.81	25.90	10.41	9.84	46.27	478
300748.SZ	金力永磁	有色金属	16.97	28.31	7.77	12.54	46.25	479
300595.SZ	欧普康视	医药生物	13.98	30.81	5.73	14.92	46.25	480
600761.SH	安徽合力	机械设备	19.81	24.92	10.78	10.34	46.23	481
002690.SZ	美亚光电	机械设备	16.78	26.66	11.96	10.22	46.23	482
301028.SZ	东亚机械	机械设备	17.21	29.27	7.15	12.35	46.23	483
300343.SZ	联创股份	传媒	16.44	29.11	7.89	12.38	46.22	484
600521.SH	华海药业	医药生物	19.45	23.24	12.58	10.13	46.22	485
300662.SZ	科锐国际	社会服务	16.47	27.30	5.34	16.73	46.22	486
688029.SH	南微医学	医药生物	20.48	23.12	9.74	12.37	46.20	487
688130.SH	晶华微	电子	14.70	32.47	9.89	8.88	46.19	488
603181.SH	皇马科技	基础化工	16.93	28.21	11.20	9.48	46.19	489
688700.SH	东威科技	机械设备	15.80	28.23	8.98	12.55	46.17	490
300841.SZ	康华生物	医药生物	16.48	28.45	9.50	11.31	46.17	491
002043.SZ	兔宝宝	建筑材料	21.56	26.27	7.10	10.87	46.17	492
301299.SZ	卓创资讯	传媒	17.27	29.58	5.17	13.88	46.17	493
002978.SZ	安宁股份	有色金属	18.60	29.76	5.53	11.79	46.16	494
603280.SH	南方路机	机械设备	19.87	22.83	10.23	12.97	46.16	495
001269.SZ	欧晶科技	电力设备	17.63	29.46	3.63	14.95	46.15	496
688087.SH	英科再生	基础化工	16.42	28.16	9.28	11.97	46.14	497
300450.SZ	先导智能	电力设备	17.53	24.43	12.73	9.98	46.14	498
300820.SZ	英杰电气	电力设备	20.11	26.43	9.56	9.60	46.14	499
300785.SZ	值得买	传媒	19.11	23.17	8.18	15.37	46.14	500
002475.SZ	立讯精密	电子	14.46	27.18	9.69	10.12	46.13	501
603899.SH	晨光股份	轻工制造	17.14	27.78	8.26	11.70	46.12	502
688008.SH	澜起科技	电子	17.07	26.34	11.49	9.59	46.12	503

续表

证券代码	证券简称	所属行业	治理竞争力	财务竞争力	创新竞争力	社会责任竞争力	总分	排名
002014.SZ	永新股份	轻工制造	18.76	24.91	9.30	12.82	46.12	504
002812.SZ	恩捷股份	电力设备	19.13	25.52	9.63	9.30	46.12	505
300768.SZ	迪普科技	计算机	20.32	23.51	13.02	8.86	46.12	506
689009.SH	九号公司-WD	汽车	15.72	27.17	12.08	10.48	46.11	507
688329.SH	艾隆科技	机械设备	17.96	24.89	11.49	11.49	46.11	508
688819.SH	天能股份	电力设备	17.03	25.29	9.48	13.38	46.11	509
603995.SH	甬金股份	钢铁	20.31	25.30	7.66	12.42	46.11	510
600888.SH	新疆众和	有色金属	17.77	26.77	11.58	9.52	46.10	511
600295.SH	鄂尔多斯	钢铁	17.76	28.54	7.78	11.16	46.09	512
300453.SZ	三鑫医疗	医药生物	15.27	28.55	8.17	13.77	46.07	513
300223.SZ	北京君正	电子	17.04	27.49	12.58	8.02	46.06	514
300002.SZ	神州泰岳	传媒	15.55	26.17	12.14	11.78	46.05	515
600075.SH	新疆天业	基础化工	21.13	26.17	7.98	10.33	46.05	516
000657.SZ	中钨高新	有色金属	18.16	24.57	10.38	12.33	46.04	517
603180.SH	金牌厨柜	轻工制造	16.71	26.55	9.74	12.69	46.04	518
002967.SZ	广电计量	社会服务	18.47	23.84	10.44	12.84	46.04	519
000629.SZ	钒钛股份	钢铁	19.59	23.42	9.18	12.78	46.03	520
600566.SH	济川药业	医药生物	19.21	27.11	9.74	9.20	46.03	521
300630.SZ	普利制药	医药生物	14.19	28.01	12.28	11.06	46.03	522
300416.SZ	苏试试验	社会服务	16.72	27.40	11.67	9.72	46.02	523
688625.SH	呈和科技	基础化工	18.53	30.36	5.72	11.00	46.01	524
000895.SZ	双汇发展	食品饮料	16.32	25.71	7.84	14.10	46.01	525
600507.SH	方大特钢	钢铁	20.08	28.51	6.66	10.20	46.01	526
688188.SH	柏楚电子	计算机	12.37	29.57	10.59	12.57	46.00	527
688261.SH	东微半导	电子	15.14	31.01	8.93	10.29	45.98	528
605336.SH	帅丰电器	家用电器	16.74	27.02	8.47	13.41	45.98	529
600535.SH	天士力	医药生物	18.55	21.52	12.12	13.17	45.97	530
300852.SZ	四会富仕	电子	16.79	30.94	5.64	12.24	45.96	531
002705.SZ	新宝股份	家用电器	18.25	26.70	9.39	11.05	45.96	532
600486.SH	扬农化工	基础化工	20.77	28.21	8.03	8.00	45.95	533

续表

证券代码	证券简称	所属行业	治理竞争力	财务竞争力	创新竞争力	社会责任竞争力	总分	排名
688100.SH	威胜信息	通信	20.32	23.79	12.58	8.72	45.95	534
603102.SH	百合股份	食品饮料	15.29	29.42	7.05	13.83	45.95	535
300633.SZ	开立医疗	医药生物	18.40	25.18	12.78	8.80	45.94	536
300990.SZ	同飞股份	机械设备	18.05	28.26	7.24	11.90	45.93	537
600378.SH	昊华科技	基础化工	18.18	24.37	11.39	10.90	45.93	538
300224.SZ	正海磁材	有色金属	20.42	24.83	9.21	10.95	45.93	539
002216.SZ	三全食品	食品饮料	16.94	28.99	7.20	12.14	45.91	540
301267.SZ	华厦眼科	医药生物	13.98	31.14	3.43	16.23	45.91	541
688432.SH	有研硅	电子	19.75	28.28	9.61	7.59	45.88	542
688326.SH	经纬恒润-W	计算机	16.08	24.58	13.72	10.81	45.88	543
003032.SZ	传智教育	社会服务	19.56	26.51	6.23	13.11	45.88	544
300341.SZ	麦克奥迪	机械设备	19.40	26.34	7.45	12.27	45.87	545
000739.SZ	普洛药业	医药生物	20.44	26.01	9.42	9.17	45.87	546
688112.SH	鼎阳科技	机械设备	14.86	29.01	11.70	9.75	45.86	547
603198.SH	迎驾贡酒	食品饮料	17.41	29.08	7.01	11.02	45.86	548
002164.SZ	宁波东力	机械设备	17.41	27.14	8.06	12.84	45.85	549
002911.SZ	佛燃能源	公用事业	18.78	26.47	8.72	11.30	45.84	550
000552.SZ	甘肃能化	煤炭	17.63	27.83	4.43	15.41	45.82	551
300666.SZ	江丰电子	电子	18.89	25.52	10.05	10.61	45.80	552
600153.SH	建发股份	交通运输	21.50	23.94	8.73	10.44	45.80	553
002098.SZ	浔兴股份	纺织服饰	18.46	24.34	8.05	14.53	45.79	554
002833.SZ	弘亚数控	机械设备	15.21	30.31	7.87	11.90	45.78	555
300821.SZ	东岳硅材	基础化工	20.53	26.40	7.35	10.84	45.77	556
688041.SH	海光信息	电子	18.63	20.98	14.02	9.91	45.77	557
002242.SZ	九阳股份	家用电器	17.07	24.83	11.74	11.50	45.76	558
000682.SZ	东方电子	电力设备	20.82	20.47	11.95	11.89	45.74	559
000708.SZ	中信特钢	钢铁	20.22	24.12	8.94	10.36	45.73	560
002677.SZ	浙江美大	家用电器	20.21	27.57	5.87	11.54	45.73	561
688601.SH	力芯微	电子	15.01	30.85	9.76	9.61	45.73	562
605305.SH	中际联合	机械设备	17.80	26.68	11.28	9.46	45.72	563

续表

证券代码	证券简称	所属行业	治理竞争力	财务竞争力	创新竞争力	社会责任竞争力	总分	排名
688371.SH	菲沃泰	电子	12.85	30.67	9.89	11.78	45.72	564
600499.SH	科达制造	机械设备	17.74	28.47	8.62	9.93	45.71	565
301029.SZ	怡合达	机械设备	14.77	29.93	6.95	13.01	45.69	566
300406.SZ	九强生物	医药生物	17.15	25.30	9.92	12.72	45.69	567
002539.SZ	云图控股	基础化工	19.27	24.32	8.30	13.17	45.69	568
300850.SZ	新强联	电力设备	19.18	27.57	7.80	10.37	45.68	569
688372.SH	伟测科技	电子	15.40	30.36	8.87	10.46	45.67	570
688166.SH	博瑞医药	医药生物	17.72	26.61	11.51	9.23	45.67	571
688332.SH	中科蓝讯	电子	18.50	28.29	8.60	9.72	45.66	572
688190.SH	云路股份	有色金属	17.27	28.07	8.82	10.86	45.66	573
688586.SH	江航装备	国防军工	19.73	25.43	11.83	8.06	45.66	574
300623.SZ	捷捷微电	电子	18.58	26.36	10.99	8.99	45.65	575
600584.SH	长电科技	电子	17.68	26.95	10.62	9.14	45.63	576
688083.SH	中望软件	计算机	15.19	27.00	10.35	12.31	45.63	577
300776.SZ	帝尔激光	电力设备	15.18	28.23	10.60	10.76	45.63	578
605080.SH	浙江自然	轻工制造	15.00	30.25	6.24	13.59	45.62	579
000915.SZ	华特达因	医药生物	20.56	28.67	4.11	11.63	45.62	580
301118.SZ	恒光股份	基础化工	15.23	31.31	6.10	12.45	45.61	581
688093.SH	世华科技	电子	15.68	28.12	8.54	12.73	45.60	582
600546.SH	山煤国际	煤炭	20.38	26.99	5.80	11.41	45.60	583
688349.SH	三一重能	电力设备	18.11	24.88	11.39	10.07	45.59	584
603663.SH	三祥新材	基础化工	18.57	25.56	7.51	13.43	45.59	585
600877.SH	电科芯片	电子	19.04	24.05	11.16	10.55	45.58	586
838227.BJ	美登科技	计算机	17.34	29.91	7.75	10.10	45.57	587
688026.SH	洁特生物	医药生物	13.74	31.84	7.40	12.06	45.56	588
003006.SZ	百亚股份	美容护理	16.30	28.43	5.61	14.64	45.56	589
603596.SH	伯特利	汽车	15.64	26.88	11.67	10.25	45.56	590
300801.SZ	泰和科技	基础化工	19.29	27.84	6.38	11.49	45.56	591
600784.SH	鲁银投资	综合	20.82	25.22	8.24	10.67	45.52	592
605077.SH	华康股份	基础化工	16.01	28.92	8.93	11.03	45.52	593

续表

证券代码	证券简称	所属行业	治理竞争力	财务竞争力	创新竞争力	社会责任竞争力	总分	排名
002645.SZ	华宏科技	环保	20.78	23.69	7.82	12.56	45.51	594
002865.SZ	钧达股份	电力设备	22.03	23.47	7.29	11.72	45.51	595
600256.SH	广汇能源	石油石化	19.20	26.73	7.38	10.52	45.50	596
000725.SZ	京东方A	电子	18.32	23.64	13.15	7.33	45.49	597
600927.SH	永安期货	非银金融	20.74	29.74	5.88	7.80	45.49	598
002960.SZ	青鸟消防	机械设备	18.02	26.69	7.16	12.82	45.49	599
603088.SH	宁波精达	机械设备	19.34	27.11	7.33	11.13	45.47	600
300723.SZ	一品红	医药生物	14.94	26.77	10.50	12.56	45.47	601
301060.SZ	兰卫医学	医药生物	18.29	27.66	4.41	14.43	45.46	602
603237.SH	五芳斋	食品饮料	16.15	27.39	5.42	15.89	45.46	603
600987.SH	航民股份	纺织服饰	19.34	25.38	7.22	12.82	45.44	604
688696.SH	极米科技	家用电器	14.86	29.59	12.03	8.21	45.44	605
601799.SH	星宇股份	汽车	14.69	26.57	12.25	10.66	45.42	606
600406.SH	国电南瑞	电力设备	15.55	24.26	13.22	8.63	45.41	607
600489.SH	中金黄金	有色金属	20.33	24.54	7.59	11.64	45.41	608
002311.SZ	海大集团	农林牧渔	13.19	28.03	7.61	13.99	45.39	609
688205.SH	德科立	通信	18.75	27.59	7.96	10.44	45.38	610
600062.SH	华润双鹤	医药生物	17.64	22.05	10.13	14.64	45.37	611
688119.SH	中钢洛耐	建筑材料	19.85	25.38	9.82	9.62	45.36	612
300848.SZ	美瑞新材	基础化工	19.96	26.84	8.76	9.13	45.35	613
600109.SH	国金证券	非银金融	16.49	26.73	8.90	10.73	45.34	614
300604.SZ	长川科技	电子	16.16	25.56	12.98	9.52	45.33	615
601138.SH	工业富联	电子	18.49	23.03	10.29	9.34	45.32	616
688800.SH	瑞可达	电子	15.87	27.78	9.86	11.01	45.32	617
601965.SH	中国汽研	汽车	15.28	23.87	12.64	12.58	45.32	618
605377.SH	华旺科技	轻工制造	20.51	28.88	5.27	9.93	45.32	619
001223.SZ	欧克科技	机械设备	16.63	31.90	5.61	10.52	45.32	620
603568.SH	伟明环保	环保	18.67	29.43	6.86	9.14	45.30	621
603712.SH	七一二	国防军工	19.56	24.82	13.20	6.59	45.29	622
600803.SH	新奥股份	公用事业	19.85	24.22	8.81	10.83	45.28	623

续表

证券代码	证券简称	所属行业	治理竞争力	财务竞争力	创新竞争力	社会责任竞争力	总分	排名
000810.SZ	创维数字	家用电器	19.54	26.01	12.34	6.49	45.28	624
603529.SH	爱玛科技	汽车	14.91	27.70	9.02	12.54	45.28	625
000012.SZ	南玻A	建筑材料	17.62	25.50	9.29	11.85	45.27	626
600362.SH	江西铜业	有色金属	19.15	23.92	10.36	10.05	45.26	627
002443.SZ	金洲管道	钢铁	21.21	23.52	7.93	11.93	45.26	628
301181.SZ	标榜股份	汽车	16.87	30.08	5.96	11.67	45.25	629
600196.SH	复星医药	医药生物	18.63	21.11	11.07	11.97	45.25	630
002057.SZ	中钢天源	有色金属	17.37	23.84	11.83	11.44	45.24	631
002648.SZ	卫星化学	基础化工	16.31	27.63	9.59	10.08	45.24	632
301177.SZ	迪阿股份	纺织服饰	14.17	34.32	3.71	11.94	45.24	633
002182.SZ	云海金属	有色金属	18.97	25.56	9.07	10.74	45.23	634
002919.SZ	名臣健康	美容护理	13.99	25.96	10.36	14.17	45.22	635
605009.SH	豪悦护理	美容护理	16.11	30.19	7.01	11.13	45.22	636
600764.SH	中国海防	国防军工	21.53	23.68	11.15	7.90	45.21	637
000576.SZ	甘化科工	国防军工	19.78	23.09	10.18	11.42	45.19	638
000762.SZ	西藏矿业	有色金属	22.54	29.25	1.41	10.97	45.19	639
301096.SZ	百诚医药	医药生物	13.07	29.71	11.01	10.63	45.19	640
301095.SZ	广立微	计算机	12.13	30.58	11.03	10.47	45.19	641
688639.SH	华恒生物	基础化工	13.72	31.87	8.47	10.15	45.18	642
002925.SZ	盈趣科技	电子	17.93	25.30	12.67	8.38	45.18	643
603416.SH	信捷电气	机械设备	13.87	28.17	10.37	11.97	45.16	644
601898.SH	中煤能源	煤炭	18.98	25.37	8.31	9.59	45.15	645
002230.SZ	科大讯飞	计算机	16.80	20.21	14.52	11.46	45.15	646
300515.SZ	三德科技	机械设备	18.70	23.97	10.63	11.15	45.15	647
003038.SZ	鑫铂股份	有色金属	18.21	22.76	8.06	15.33	45.14	648
301115.SZ	建科股份	社会服务	17.29	25.09	8.90	13.13	45.14	649
603896.SH	寿仙谷	医药生物	18.82	27.46	8.23	9.83	45.14	650
301122.SZ	采纳股份	医药生物	14.33	33.26	5.51	11.29	45.13	651
000920.SZ	沃顿科技	基础化工	18.97	25.11	10.70	9.61	45.13	652
002334.SZ	英威腾	机械设备	17.30	23.05	12.24	11.73	45.11	653

续表

证券代码	证券简称	所属行业	治理竞争力	财务竞争力	创新竞争力	社会责任竞争力	总分	排名
301257.SZ	普蕊斯	医药生物	13.07	28.90	7.24	15.17	45.10	654
300687.SZ	赛意信息	计算机	11.96	27.77	9.92	14.55	45.10	655
301230.SZ	泓博医药	医药生物	12.68	31.40	8.18	12.07	45.08	656
003022.SZ	联泓新科	电力设备	15.92	26.32	9.36	12.00	45.08	657
002803.SZ	吉宏股份	商贸零售	17.61	26.77	6.60	13.31	45.08	658
600073.SH	上海梅林	食品饮料	21.03	22.52	7.17	13.54	45.08	659
300981.SZ	中红医疗	医药生物	15.98	33.17	5.85	9.29	45.08	660
600935.SH	华塑股份	基础化工	19.63	25.41	9.20	9.83	45.07	661
600971.SH	恒源煤电	煤炭	18.47	26.49	6.56	12.68	45.05	662
688270.SH	臻镭科技	电子	19.09	27.12	9.44	8.47	45.05	663
301127.SZ	天源环保	环保	19.98	28.38	6.28	9.64	45.05	664
688786.SH	悦安新材	有色金属	15.01	30.27	6.28	12.73	45.04	665
603043.SH	广州酒家	食品饮料	15.36	27.04	6.27	15.38	45.04	666
002088.SZ	鲁阳节能	建筑材料	16.14	27.51	7.43	13.00	45.02	667
301219.SZ	腾远钴业	有色金属	18.03	30.37	5.55	10.05	45.01	668
605580.SH	恒盛能源	公用事业	17.31	29.06	6.12	11.75	45.00	669
300916.SZ	朗特智能	电子	17.62	30.58	5.70	10.29	44.99	670
300357.SZ	我武生物	医药生物	13.86	27.06	9.01	13.77	44.98	671
603039.SH	泛微网络	计算机	16.11	27.72	10.08	10.09	44.98	672
300771.SZ	智莱科技	计算机	16.22	24.81	9.73	13.45	44.98	673
605398.SH	新炬网络	计算机	15.08	25.31	10.70	13.10	44.96	674
688163.SH	赛伦生物	医药生物	17.95	27.13	6.57	12.53	44.95	675
600760.SH	中航沈飞	国防军工	19.54	24.47	10.50	7.43	44.94	676
002938.SZ	鹏鼎控股	电子	16.22	26.48	10.50	9.75	44.93	677
688489.SH	三未信安	计算机	15.67	27.05	9.53	11.79	44.93	678
301160.SZ	翔楼新材	钢铁	19.89	26.23	5.04	12.97	44.92	679
600259.SH	广晟有色	有色金属	22.14	25.86	5.30	10.61	44.92	680
603077.SH	和邦生物	基础化工	20.43	28.88	3.55	10.79	44.92	681
603515.SH	欧普照明	家用电器	18.20	22.05	10.15	13.54	44.92	682
002046.SZ	国机精工	机械设备	19.45	20.61	13.33	10.65	44.91	683

附表 2023年中国上市公司综合竞争力排名

续表

证券代码	证券简称	所属行业	治理竞争力	财务竞争力	创新竞争力	社会责任竞争力	总分	排名
301316.SZ	慧博云通	计算机	13.69	28.95	5.08	16.27	44.90	684
002240.SZ	盛新锂能	有色金属	20.77	27.01	3.40	12.29	44.90	685
603639.SH	海利尔	基础化工	18.04	26.05	9.70	10.18	44.90	686
001270.SZ	铖昌科技	国防军工	18.90	24.46	9.75	10.76	44.89	687
002075.SZ	沙钢股份	钢铁	20.84	25.59	6.99	10.55	44.89	688
688125.SH	安达智能	机械设备	10.98	29.99	9.64	13.45	44.89	689
003041.SZ	真爱美家	纺织服饰	20.51	25.50	9.71	8.37	44.89	690
002020.SZ	京新药业	医药生物	19.40	24.09	8.40	12.02	44.87	691
301128.SZ	强瑞技术	机械设备	16.24	24.79	10.11	12.87	44.83	692
603408.SH	建霖家居	轻工制造	17.39	25.80	11.23	9.51	44.81	693
001266.SZ	宏英智能	机械设备	11.81	31.98	7.27	12.90	44.81	694
688699.SH	明微电子	电子	14.20	27.99	12.50	9.22	44.81	695
688175.SH	高凌信息	国防军工	13.90	26.33	11.70	12.01	44.80	696
603989.SH	艾华集团	电子	18.97	22.86	9.71	12.26	44.80	697
836395.BJ	朗鸿科技	机械设备	14.45	29.41	7.80	12.33	44.79	698
300674.SZ	宇信科技	计算机	17.24	24.36	8.07	14.13	44.79	699
603901.SH	永创智能	机械设备	18.53	21.75	11.09	12.46	44.78	700
601878.SH	浙商证券	非银金融	18.99	26.79	6.52	10.87	44.78	701
300598.SZ	诚迈科技	计算机	18.15	18.82	10.33	16.51	44.77	702
300142.SZ	沃森生物	医药生物	18.08	25.22	9.73	9.66	44.77	703
002422.SZ	科伦药业	医药生物	20.09	19.16	12.18	11.77	44.76	704
603601.SH	再升科技	建筑材料	20.80	23.38	9.93	9.71	44.74	705
688239.SH	航宇科技	国防军工	20.62	24.68	8.64	9.76	44.74	706
002790.SZ	瑞尔特	轻工制造	17.04	24.61	9.65	12.56	44.74	707
000403.SZ	派林生物	医药生物	16.52	28.91	5.36	12.79	44.73	708
002271.SZ	东方雨虹	建筑材料	17.27	26.52	8.08	10.36	44.72	709
301091.SZ	深城交	建筑装饰	15.78	25.40	10.48	12.13	44.72	710
301309.SZ	万得凯	机械设备	15.53	32.16	6.14	10.01	44.71	711
300893.SZ	松原股份	汽车	18.63	24.76	7.77	12.59	44.71	712
688516.SH	奥特维	电力设备	15.58	26.93	10.69	10.06	44.71	713

续表

证券代码	证券简称	所属行业	治理竞争力	财务竞争力	创新竞争力	社会责任竞争力	总分	排名
300488.SZ	恒锋工具	机械设备	16.40	23.31	9.59	14.50	44.71	714
002281.SZ	光迅科技	通信	19.17	23.98	13.15	7.35	44.70	715
300741.SZ	华宝股份	基础化工	19.78	20.20	11.55	12.05	44.70	716
688420.SH	美腾科技	机械设备	13.46	30.31	9.76	10.27	44.70	717
300833.SZ	浩洋股份	机械设备	17.59	26.78	8.13	11.21	44.70	718
002507.SZ	涪陵榨菜	食品饮料	18.70	29.06	4.35	11.30	44.70	719
605599.SH	菜百股份	纺织服饰	21.55	27.78	2.58	11.77	44.68	720
601168.SH	西部矿业	有色金属	20.72	24.27	8.06	10.31	44.68	721
601126.SH	四方股份	电力设备	18.86	21.56	11.88	11.30	44.68	722
300996.SZ	普联软件	计算机	12.43	28.68	8.78	13.78	44.65	723
002353.SZ	杰瑞股份	机械设备	19.59	23.37	10.71	9.53	44.64	724
300962.SZ	中金辐照	社会服务	15.47	25.56	8.95	13.72	44.64	725
688513.SH	苑东生物	医药生物	17.45	23.38	11.88	10.91	44.64	726
002439.SZ	启明星辰	计算机	16.74	20.76	13.11	12.67	44.63	727
002287.SZ	奇正藏药	医药生物	13.76	29.22	7.38	13.15	44.62	728
301319.SZ	唯特偶	电子	16.03	29.26	5.43	12.96	44.62	729
600179.SH	安通控股	交通运输	18.83	32.36	3.63	8.65	44.62	730
688375.SH	国博电子	国防军工	19.62	24.30	9.33	9.74	44.62	731
301187.SZ	欧圣电气	家用电器	12.14	32.19	8.73	10.62	44.61	732
688237.SH	超卓航科	国防军工	15.87	28.17	9.36	10.24	44.61	733
870357.BJ	雅葆轩	电子	15.03	29.90	5.53	13.25	44.61	734
300653.SZ	正海生物	医药生物	17.76	27.74	8.05	10.01	44.60	735
600612.SH	老凤祥	纺织服饰	20.69	26.08	7.33	9.18	44.60	736
600588.SH	用友网络	计算机	14.67	19.13	13.50	14.77	44.59	737
688337.SH	普源精电	机械设备	18.05	22.71	12.28	10.41	44.58	738
300454.SZ	深信服	计算机	12.45	22.53	13.93	13.85	44.57	739
002878.SZ	元隆雅图	传媒	15.67	25.42	9.99	12.52	44.56	740
601689.SH	拓普集团	汽车	16.96	25.15	11.09	9.17	44.55	741
000877.SZ	天山股份	建筑材料	17.76	24.63	7.78	12.02	44.55	742
002768.SZ	国恩股份	基础化工	17.37	27.59	7.24	11.28	44.55	743

续表

证券代码	证券简称	所属行业	治理竞争力	财务竞争力	创新竞争力	社会责任竞争力	总分	排名
300009.SZ	安科生物	医药生物	14.91	24.89	10.12	13.40	44.54	744
600459.SH	贵研铂业	有色金属	20.72	21.81	9.95	10.92	44.54	745
002757.SZ	南兴股份	机械设备	16.06	25.71	9.50	12.30	44.54	746
605123.SH	派克新材	国防军工	17.04	26.70	8.76	10.82	44.54	747
601001.SH	晋控煤业	煤炭	18.83	28.59	6.14	9.68	44.54	748
300034.SZ	钢研高纳	国防军工	16.09	25.97	11.37	9.74	44.53	749
835174.BJ	五新隧装	机械设备	17.76	26.72	8.80	10.31	44.52	750
430564.BJ	天润科技	计算机	13.87	28.08	7.19	14.46	44.52	751
000723.SZ	美锦能源	煤炭	20.61	26.59	5.02	10.61	44.52	752
000938.SZ	紫光股份	计算机	17.50	21.30	13.66	10.03	44.52	753
002541.SZ	鸿路钢构	建筑装饰	18.58	21.97	8.30	14.34	44.51	754
301193.SZ	家联科技	轻工制造	14.44	30.13	5.76	13.19	44.51	755
603369.SH	今世缘	食品饮料	17.33	28.85	5.68	10.45	44.50	756
600096.SH	云天化	基础化工	20.64	25.53	7.56	9.07	44.48	757
688201.SH	信安世纪	计算机	14.45	27.01	10.85	11.07	44.47	758
301366.SZ	一博科技	电子	10.43	29.73	8.76	14.54	44.47	759
002138.SZ	顺络电子	电子	15.51	22.80	11.99	12.82	44.47	760
300747.SZ	锐科激光	机械设备	19.59	22.20	11.69	9.78	44.47	761
000063.SZ	中兴通讯	通信	20.53	20.80	11.55	8.22	44.46	762
301018.SZ	申菱环境	机械设备	18.78	22.63	11.08	10.86	44.46	763
002185.SZ	华天科技	电子	17.62	22.75	11.42	11.18	44.45	764
603298.SH	杭叉集团	机械设备	17.17	26.87	10.93	8.24	44.44	765
600332.SH	白云山	医药生物	21.18	23.21	7.97	10.17	44.44	766
001228.SZ	永泰运	交通运输	15.57	30.71	2.78	14.32	44.44	767
301263.SZ	泰恩康	医药生物	13.38	29.60	7.54	12.81	44.43	768
000538.SZ	云南白药	医药生物	21.03	22.07	9.07	9.37	44.43	769
600206.SH	有研新材	电子	20.49	23.11	9.05	10.60	44.42	770
003031.SZ	中瓷电子	通信	19.05	26.05	10.43	7.51	44.40	771
600970.SH	中材国际	建筑装饰	21.88	19.86	10.35	10.96	44.40	772
300160.SZ	秀强股份	家用电器	19.60	24.32	6.49	12.93	44.39	773

续表

证券代码	证券简称	所属行业	治理竞争力	财务竞争力	创新竞争力	社会责任竞争力	总分	排名
002351.SZ	漫步者	电子	14.93	27.71	9.28	11.33	44.38	774
000650.SZ	仁和药业	医药生物	20.88	25.22	4.01	13.92	44.38	775
601865.SH	福莱特	电力设备	15.68	28.50	7.86	9.94	44.37	776
300952.SZ	恒辉安防	纺织服饰	16.30	27.01	8.44	11.58	44.36	777
600060.SH	海信视像	家用电器	18.60	23.60	11.90	8.90	44.35	778
000422.SZ	湖北宜化	基础化工	17.95	26.09	7.95	11.10	44.34	779
300246.SZ	宝莱特	医药生物	11.56	28.57	11.29	11.87	44.34	780
300127.SZ	银河磁体	有色金属	19.79	25.21	6.20	12.05	44.34	781
836270.BJ	天铭科技	汽车	14.29	30.15	8.96	9.92	44.33	782
000756.SZ	新华制药	医药生物	20.41	23.24	9.29	10.01	44.33	783
301107.SZ	瑜欣电子	机械设备	13.97	29.45	7.50	12.38	44.33	784
300858.SZ	科拓生物	基础化工	17.75	24.97	8.22	12.30	44.33	785
603213.SH	镇洋发展	基础化工	18.39	30.60	5.05	9.16	44.32	786
605365.SH	立达信	家用电器	15.76	26.19	11.33	9.87	44.31	787
600367.SH	红星发展	基础化工	18.81	24.70	5.12	14.59	44.31	788
600479.SH	千金药业	医药生物	19.18	24.65	7.53	11.84	44.30	789
301363.SZ	美好医疗	医药生物	14.48	30.24	7.11	11.12	44.30	790
301195.SZ	北路智控	计算机	14.41	28.36	9.13	11.26	44.29	791
301058.SZ	中粮科工	建筑装饰	17.51	22.86	9.96	12.80	44.29	792
002847.SZ	盐津铺子	食品饮料	14.52	28.88	5.55	14.04	44.28	793
603383.SH	顶点软件	计算机	13.24	26.09	8.37	15.39	44.27	794
002749.SZ	国光股份	基础化工	16.83	27.17	7.20	11.97	44.27	795
605366.SH	宏柏新材	基础化工	16.52	27.12	5.98	13.50	44.26	796
688799.SH	华纳药厂	医药生物	13.62	28.55	8.99	12.01	44.26	797
300508.SZ	维宏股份	计算机	17.55	22.19	11.64	11.80	44.25	798
603360.SH	百傲化学	基础化工	18.31	29.79	5.19	9.84	44.24	799
300979.SZ	华利集团	纺织服饰	13.13	30.01	3.05	15.70	44.24	800
688468.SH	科美诊断	医药生物	15.08	24.79	11.58	11.69	44.24	801
300396.SZ	迪瑞医疗	医药生物	20.62	22.13	10.01	10.30	44.23	802
301328.SZ	维峰电子	电子	12.77	30.63	8.46	11.22	44.23	803

附表 2023年中国上市公司综合竞争力排名

续表

证券代码	证券简称	所属行业	治理竞争力	财务竞争力	创新竞争力	社会责任竞争力	总分	排名
688557.SH	兰剑智能	机械设备	19.43	19.91	10.92	12.88	44.23	804
300170.SZ	汉得信息	计算机	16.08	20.05	10.57	16.35	44.23	805
603992.SH	松霖科技	轻工制造	15.42	26.22	10.86	10.57	44.23	806
688798.SH	艾为电子	电子	15.49	25.36	12.94	9.07	44.22	807
600587.SH	新华医疗	医药生物	19.58	19.66	10.43	13.32	44.21	808
688002.SH	睿创微纳	国防军工	13.73	27.22	13.19	8.68	44.21	809
301191.SZ	菲菱科思	通信	12.80	31.33	9.08	9.88	44.20	810
300119.SZ	瑞普生物	农林牧渔	17.91	24.04	10.76	10.26	44.20	811
002027.SZ	分众传媒	传媒	18.05	25.03	6.19	11.96	44.20	812
832110.BJ	雷特科技	电力设备	13.42	29.35	8.03	12.33	44.20	813
600958.SH	东方证券	非银金融	20.07	21.18	9.48	9.01	44.20	814
301162.SZ	国能日新	计算机	14.03	29.19	9.18	10.59	44.18	815
301003.SZ	江苏博云	基础化工	14.82	30.41	7.46	10.38	44.18	816
002843.SZ	泰嘉股份	机械设备	18.79	26.33	6.25	11.64	44.16	817
300274.SZ	阳光电源	电力设备	18.22	21.82	12.41	7.36	44.16	818
002913.SZ	奥士康	电子	16.28	25.33	11.16	10.13	44.14	819
601728.SH	中国电信	通信	16.38	21.39	9.13	8.58	44.14	820
300973.SZ	立高食品	食品饮料	12.49	29.35	6.23	14.67	44.14	821
688252.SH	天德钰	电子	12.08	33.33	8.76	8.75	44.13	822
600216.SH	浙江医药	医药生物	19.23	22.18	10.43	10.98	44.12	823
300682.SZ	朗新科技	计算机	17.26	21.87	11.51	11.93	44.12	824
688267.SH	中触媒	基础化工	17.92	25.80	10.24	8.95	44.12	825
301330.SZ	熵基科技	计算机	15.19	24.13	11.73	11.88	44.11	826
688191.SH	智洋创新	电力设备	16.09	22.22	11.80	12.87	44.11	827
300586.SZ	美联新材	基础化工	18.12	29.32	4.48	10.91	44.10	828
831726.BJ	朱老六	食品饮料	12.21	31.22	3.75	15.80	44.10	829
300259.SZ	新天科技	机械设备	20.74	21.41	12.31	8.46	44.10	830
300755.SZ	华致酒行	商贸零售	22.06	24.38	3.72	12.58	44.09	831
300815.SZ	玉禾田	环保	16.89	26.97	3.27	15.76	44.09	832
000738.SZ	航发控制	国防军工	20.03	22.54	9.81	9.95	44.09	833

续表

证券代码	证券简称	所属行业	治理竞争力	财务竞争力	创新竞争力	社会责任竞争力	总分	排名
002572.SZ	索菲亚	轻工制造	17.87	23.33	8.39	13.07	44.09	834
003013.SZ	地铁设计	建筑装饰	15.13	26.49	9.25	11.99	44.08	835
002367.SZ	康力电梯	机械设备	19.23	22.00	8.42	13.20	44.08	836
600346.SH	恒力石化	石油石化	18.25	24.39	8.21	9.94	44.06	837
002615.SZ	哈尔斯	轻工制造	18.69	25.73	9.48	8.98	44.06	838
601677.SH	明泰铝业	有色金属	17.29	27.44	8.39	9.46	44.05	839
002568.SZ	百润股份	食品饮料	16.51	28.87	6.53	10.26	44.05	840
603005.SH	晶方科技	电子	13.96	28.33	12.39	8.02	44.05	841
688296.SH	和达科技	计算机	14.36	26.22	9.24	13.06	44.05	842
002130.SZ	沃尔核材	电子	17.37	23.79	10.66	10.94	44.04	843
002026.SZ	山东威达	机械设备	19.79	23.30	10.56	9.20	44.04	844
600211.SH	西藏药业	医药生物	21.11	26.79	3.89	10.94	44.03	845
688053.SH	思科瑞	国防军工	14.99	29.41	7.19	11.18	44.02	846
002867.SZ	周大生	纺织服饰	14.74	29.67	6.85	11.30	44.00	847
300458.SZ	全志科技	电子	15.79	22.47	13.88	10.47	44.00	848
688161.SH	威高骨科	医药生物	16.95	26.15	8.93	10.41	43.99	849
600916.SH	中国黄金	纺织服饰	22.86	24.24	6.16	9.17	43.99	850
688006.SH	杭可科技	电力设备	17.17	25.83	10.63	8.85	43.98	851
603165.SH	荣晟环保	轻工制造	17.19	25.75	7.74	12.09	43.98	852
000060.SZ	中金岭南	有色金属	21.95	22.71	7.23	10.64	43.98	853
300452.SZ	山河药辅	医药生物	16.66	26.37	7.21	12.51	43.98	854
002736.SZ	国信证券	非银金融	18.92	25.50	7.91	7.12	43.97	855
688658.SH	悦康药业	医药生物	18.59	22.93	11.21	9.92	43.97	856
688268.SH	华特气体	电子	15.93	26.76	6.86	13.08	43.97	857
688789.SH	宏华数科	机械设备	13.09	28.51	10.29	10.66	43.96	858
600409.SH	三友化工	基础化工	19.77	22.83	7.84	12.09	43.96	859
600572.SH	康恩贝	医药生物	18.87	23.39	8.56	11.73	43.95	860
603309.SH	维力医疗	医药生物	16.06	26.16	8.41	12.04	43.95	861
603279.SH	景津装备	环保	16.03	28.09	5.38	12.95	43.95	862
300855.SZ	图南股份	有色金属	13.89	29.61	6.98	12.02	43.94	863

续表

证券代码	证券简称	所属行业	治理竞争力	财务竞争力	创新竞争力	社会责任竞争力	总分	排名
600882.SH	妙可蓝多	食品饮料	20.26	22.28	6.83	13.09	43.94	864
002091.SZ	江苏国泰	商贸零售	20.15	25.31	6.88	10.15	43.94	865
300679.SZ	电连技术	电子	17.52	23.84	9.74	11.36	43.93	866
001229.SZ	魅视科技	计算机	12.89	30.01	7.76	12.05	43.93	867
000999.SZ	华润三九	医药生物	16.96	22.64	9.06	13.19	43.93	868
688035.SH	德邦科技	电子	16.16	25.88	9.90	10.66	43.93	869
000822.SZ	山东海化	基础化工	22.64	23.44	4.73	11.81	43.92	870
000100.SZ	TCL科技	电子	18.59	22.20	12.46	8.23	43.91	871
003040.SZ	楚天龙	通信	18.30	23.36	8.64	12.27	43.90	872
300457.SZ	赢合科技	电力设备	20.45	20.65	11.50	9.90	43.90	873
301289.SZ	国缆检测	社会服务	16.82	28.58	8.43	8.84	43.90	874
601216.SH	君正集团	基础化工	16.78	28.07	6.07	11.12	43.89	875
688225.SH	亚信安全	计算机	17.04	22.40	10.95	12.17	43.88	876
300298.SZ	三诺生物	医药生物	15.43	23.00	10.98	12.89	43.87	877
603055.SH	台华新材	纺织服饰	18.38	23.12	10.48	10.50	43.86	878
688157.SH	松井股份	基础化工	17.84	22.83	9.91	11.95	43.86	879
002241.SZ	歌尔股份	电子	14.69	26.06	11.45	9.33	43.86	880
002653.SZ	海思科	医药生物	16.94	19.96	12.31	12.97	43.85	881
002641.SZ	公元股份	建筑材料	19.97	21.39	9.03	12.14	43.84	882
603380.SH	易德龙	电子	18.50	24.35	7.91	11.80	43.84	883
688291.SH	金橙子	计算机	13.90	29.18	7.81	11.69	43.84	884
836892.BJ	广咨国际	建筑装饰	12.91	29.26	4.83	15.61	43.84	885
688668.SH	鼎通科技	通信	12.87	27.41	8.46	13.75	43.83	886
688698.SH	伟创电气	机械设备	11.54	27.88	11.19	11.91	43.81	887
603489.SH	八方股份	电力设备	15.18	28.29	8.20	10.66	43.80	888
301088.SZ	戎美股份	纺织服饰	15.59	31.15	4.63	11.13	43.80	889
300650.SZ	太龙股份	电子	18.10	27.49	7.39	9.54	43.79	890
002268.SZ	电科网安	计算机	18.74	20.96	12.36	9.98	43.79	891
688126.SH	沪硅产业	电子	18.94	21.16	12.22	9.29	43.78	892
603357.SH	设计总院	建筑装饰	17.01	24.73	8.85	11.87	43.78	893

续表

证券代码	证券简称	所属行业	治理竞争力	财务竞争力	创新竞争力	社会责任竞争力	总分	排名
603836.SH	海程邦达	交通运输	16.96	28.96	3.01	13.56	43.78	894
601298.SH	青岛港	交通运输	20.83	23.90	7.46	9.65	43.78	895
000983.SZ	山西焦煤	煤炭	21.19	24.41	5.99	10.01	43.77	896
301123.SZ	奕东电子	电子	15.36	26.65	8.72	11.70	43.77	897
002139.SZ	拓邦股份	电子	13.12	25.89	12.21	11.05	43.77	898
300684.SZ	中石科技	电子	18.65	25.96	9.29	8.56	43.77	899
002732.SZ	燕塘乳业	食品饮料	19.84	22.40	7.07	13.14	43.77	900
831961.BJ	创远信科	机械设备	14.18	25.84	12.37	10.11	43.77	901
870204.BJ	沪江材料	轻工制造	15.56	28.00	6.12	12.83	43.76	902
002385.SZ	大北农	农林牧渔	20.18	20.20	9.74	11.67	43.75	903
688123.SH	聚辰股份	电子	17.51	27.82	9.24	7.70	43.75	904
001231.SZ	农心科技	基础化工	12.54	27.81	9.48	12.62	43.74	905
300567.SZ	精测电子	机械设备	17.58	21.10	14.30	9.22	43.73	906
600592.SH	龙溪股份	机械设备	19.06	22.11	10.88	10.37	43.73	907
688230.SH	芯导科技	电子	15.06	29.91	9.18	8.23	43.73	908
300582.SZ	英飞特	电子	19.40	25.78	9.45	7.77	43.73	909
871753.BJ	天纺标	社会服务	15.75	28.00	5.71	13.00	43.72	910
002896.SZ	中大力德	机械设备	17.05	23.91	8.66	12.75	43.71	911
000837.SZ	秦川机床	机械设备	19.47	21.47	10.39	10.93	43.70	912
300575.SZ	中旗股份	基础化工	17.40	28.13	5.62	11.12	43.69	913
002252.SZ	上海莱士	医药生物	22.03	26.02	4.99	8.51	43.68	914
688283.SH	坤恒顺维	通信	14.74	30.27	8.77	8.52	43.67	915
601568.SH	北元集团	基础化工	19.51	26.46	6.37	9.59	43.66	916
603227.SH	雪峰科技	基础化工	16.24	26.45	5.13	14.45	43.66	917
002008.SZ	大族激光	机械设备	14.76	21.75	13.85	11.48	43.66	918
688059.SH	华锐精密	机械设备	13.97	29.87	7.47	10.92	43.66	919
002487.SZ	大金重工	电力设备	16.28	27.34	9.43	8.86	43.65	920
000878.SZ	云南铜业	有色金属	19.74	24.31	8.47	9.37	43.64	921
002154.SZ	报喜鸟	纺织服饰	16.24	24.23	6.89	14.87	43.64	922
603738.SH	泰晶科技	电子	15.35	27.60	7.62	11.66	43.64	923

续表

证券代码	证券简称	所属行业	治理竞争力	财务竞争力	创新竞争力	社会责任竞争力	总分	排名
001336.SZ	楚环科技	环保	16.38	25.70	8.37	11.86	43.63	924
300007.SZ	汉威科技	机械设备	17.94	21.78	12.91	9.60	43.63	925
002996.SZ	顺博合金	有色金属	17.79	21.84	9.37	13.19	43.61	926
002923.SZ	润都股份	医药生物	16.40	24.23	8.66	12.93	43.60	927
600039.SH	四川路桥	建筑装饰	18.34	24.01	11.09	7.48	43.59	928
300601.SZ	康泰生物	医药生物	17.86	24.41	11.26	8.04	43.59	929
002829.SZ	星网宇达	国防军工	18.70	24.37	9.63	9.45	43.57	930
688558.SH	国盛智科	机械设备	17.35	25.15	9.73	9.92	43.57	931
603987.SH	康德莱	医药生物	17.93	23.55	8.32	12.32	43.57	932
605555.SH	德昌股份	家用电器	14.30	29.28	6.39	12.16	43.56	933
002194.SZ	武汉凡谷	通信	20.25	23.21	9.21	9.43	43.56	934
688579.SH	山大地纬	计算机	17.22	21.22	11.14	12.57	43.55	935
688777.SH	中控技术	机械设备	12.87	25.53	13.05	9.89	43.55	936
002338.SZ	奥普光电	国防军工	18.47	19.26	10.74	13.61	43.53	937
300494.SZ	盛天网络	传媒	16.17	26.86	6.73	12.34	43.53	938
002254.SZ	泰和新材	基础化工	17.74	26.24	8.54	9.38	43.53	939
605116.SH	奥锐特	医药生物	18.44	25.31	7.90	10.34	43.52	940
601108.SH	财通证券	非银金融	18.28	22.68	8.05	11.93	43.52	941
002945.SZ	华林证券	非银金融	14.62	26.83	9.23	10.46	43.52	942
300722.SZ	新余国科	国防军工	17.92	23.24	7.43	13.47	43.51	943
603215.SH	比依股份	家用电器	15.82	30.76	5.60	9.92	43.51	944
600732.SH	爱旭股份	电力设备	16.60	27.39	8.07	9.24	43.51	945
605005.SH	合兴股份	汽车	13.66	25.90	10.12	12.33	43.49	946
300114.SZ	中航电测	国防军工	18.30	21.31	11.31	11.10	43.48	947
603156.SH	养元饮品	食品饮料	21.05	22.89	7.90	9.73	43.48	948
688045.SH	必易微	电子	10.59	30.69	11.01	9.75	43.47	949
603811.SH	诚意药业	医药生物	18.15	24.77	7.29	11.83	43.47	950
301079.SZ	邵阳液压	机械设备	17.28	26.53	8.46	9.80	43.47	951
605338.SH	巴比食品	食品饮料	15.92	28.06	3.46	14.51	43.47	952
002624.SZ	完美世界	传媒	18.90	20.52	12.22	9.99	43.47	953

续表

证券代码	证券简称	所属行业	治理竞争力	财务竞争力	创新竞争力	社会责任竞争力	总分	排名
601555.SH	东吴证券	非银金融	18.19	28.43	3.41	9.80	43.45	954
002986.SZ	宇新股份	石油石化	19.09	26.84	5.71	10.34	43.45	955
601666.SH	平煤股份	煤炭	18.39	23.81	6.56	12.81	43.44	956
301235.SZ	华康医疗	医药生物	16.50	24.53	7.56	13.39	43.44	957
603855.SH	华荣股份	机械设备	17.99	23.20	9.73	10.97	43.43	958
600328.SH	中盐化工	基础化工	14.97	28.00	6.25	12.49	43.43	959
601975.SH	招商南油	交通运输	20.56	29.19	0.83	11.08	43.42	960
300304.SZ	云意电气	汽车	17.83	21.36	12.28	10.50	43.42	961
300502.SZ	新易盛	通信	17.09	30.14	9.01	5.56	43.42	962
002048.SZ	宁波华翔	汽车	19.56	21.62	8.13	12.50	43.42	963
605389.SH	长龄液压	机械设备	16.94	26.66	8.40	9.94	43.41	964
301268.SZ	铭利达	机械设备	14.91	27.43	8.28	11.00	43.41	965
688357.SH	建龙微纳	基础化工	15.81	29.36	6.34	10.37	43.41	966
605358.SH	立昂微	电子	15.84	28.24	10.50	6.85	43.40	967
603713.SH	密尔克卫	交通运输	17.15	27.68	4.48	12.30	43.39	968
600433.SH	冠豪高新	轻工制造	20.48	21.86	7.41	12.08	43.38	969
600862.SH	中航高科	国防军工	23.11	23.00	7.88	7.38	43.38	970
838971.BJ	天马新材	基础化工	14.73	29.52	5.24	12.48	43.38	971
300607.SZ	拓斯达	机械设备	17.71	25.84	9.86	8.45	43.38	972
301297.SZ	富乐德	电子	11.59	29.96	6.91	13.41	43.38	973
688017.SH	绿的谐波	机械设备	16.54	26.56	8.82	9.73	43.38	974
600559.SH	老白干酒	食品饮料	17.92	24.15	6.09	13.31	43.38	975
688626.SH	翔宇医疗	医药生物	9.60	26.74	13.13	12.40	43.37	976
688300.SH	联瑞新材	基础化工	16.93	26.75	8.41	9.75	43.37	977
000789.SZ	万年青	建筑材料	21.48	22.99	6.33	11.02	43.36	978
605006.SH	山东玻纤	建筑材料	15.75	30.14	7.37	8.59	43.36	979
001255.SZ	博菲电气	基础化工	13.28	30.33	7.70	10.56	43.35	980
601515.SH	东风股份	轻工制造	17.77	23.56	8.68	11.76	43.34	981
688580.SH	伟思医疗	医药生物	15.43	25.27	9.16	11.98	43.33	982
300499.SZ	高澜股份	机械设备	16.38	21.12	10.41	13.93	43.32	983

续表

证券代码	证券简称	所属行业	治理竞争力	财务竞争力	创新竞争力	社会责任竞争力	总分	排名
603216.SH	梦天家居	轻工制造	14.43	27.29	7.24	12.86	43.31	984
300294.SZ	博雅生物	医药生物	19.71	23.96	6.46	11.38	43.31	985
688181.SH	八亿时空	电子	16.23	24.17	10.59	10.80	43.30	986
301016.SZ	雷尔伟	机械设备	15.93	28.86	7.23	9.79	43.30	987
002549.SZ	凯美特气	基础化工	18.55	24.11	8.42	10.59	43.30	988
688388.SH	嘉元科技	电力设备	19.39	23.86	7.38	10.95	43.29	989
831445.BJ	龙竹科技	轻工制造	15.55	26.08	7.71	12.49	43.29	990
002493.SZ	荣盛石化	石油石化	18.91	26.11	8.16	6.20	43.29	991
300787.SZ	海能实业	电子	14.80	28.42	8.33	10.22	43.29	992
688511.SH	天微电子	国防军工	16.55	26.83	9.77	8.65	43.28	993
300620.SZ	光库科技	通信	16.68	21.82	11.16	12.05	43.28	994
300522.SZ	世名科技	基础化工	17.85	24.25	8.78	10.90	43.28	995
603086.SH	先达股份	基础化工	18.22	25.38	7.32	10.82	43.28	996
603365.SH	水星家纺	纺织服饰	16.07	24.29	7.40	14.00	43.27	997
603906.SH	龙蟠科技	基础化工	17.57	23.69	8.13	12.17	43.26	998
688052.SH	纳芯微	电子	13.64	26.72	10.31	10.51	43.26	999
003000.SZ	劲仔食品	食品饮料	13.55	27.43	4.24	16.50	43.26	1000
301356.SZ	天振股份	轻工制造	15.07	33.19	2.86	10.57	43.25	1001
603867.SH	新化股份	基础化工	17.57	26.21	6.95	10.94	43.25	1002
603868.SH	飞科电器	家用电器	11.47	28.52	7.14	14.06	43.24	1003
873122.BJ	中纺标	社会服务	11.97	28.23	6.60	14.95	43.24	1004
688355.SH	明志科技	机械设备	15.02	24.66	9.91	12.09	43.23	1005
002155.SZ	湖南黄金	有色金属	19.14	21.96	7.39	12.97	43.23	1006
603883.SH	老百姓	医药生物	18.22	23.84	4.37	14.87	43.23	1007
301205.SZ	联特科技	通信	13.57	29.08	8.88	10.15	43.21	1008
000848.SZ	承德露露	食品饮料	21.05	28.26	3.26	8.99	43.21	1009
688400.SH	凌云光	机械设备	15.87	21.28	12.75	11.59	43.20	1010
300980.SZ	祥源新材	基础化工	14.97	27.65	6.76	12.30	43.20	1011
300693.SZ	盛弘股份	电力设备	13.64	26.26	9.57	12.02	43.20	1012
300622.SZ	博士眼镜	商贸零售	18.84	27.20	2.26	13.32	43.18	1013

续表

证券代码	证券简称	所属行业	治理竞争力	财务竞争力	创新竞争力	社会责任竞争力	总分	排名
002056.SZ	横店东磁	有色金属	12.56	28.47	11.39	8.67	43.18	1014
000988.SZ	华工科技	机械设备	16.18	23.30	12.12	9.76	43.18	1015
600018.SH	上港集团	交通运输	20.64	24.07	6.40	8.10	43.17	1016
605589.SH	圣泉集团	基础化工	18.20	22.66	10.18	10.29	43.16	1017
688697.SH	纽威数控	机械设备	17.80	25.86	7.78	10.08	43.16	1018
300624.SZ	万兴科技	计算机	13.42	24.72	11.82	11.63	43.16	1019
688401.SH	路维光电	电子	17.75	29.87	7.43	6.50	43.16	1020
603338.SH	浙江鼎力	机械设备	17.92	27.82	8.52	6.92	43.16	1021
600980.SH	北矿科技	有色金属	19.68	21.88	10.10	9.93	43.15	1022
301223.SZ	中荣股份	轻工制造	15.65	26.44	6.64	12.85	43.15	1023
600210.SH	紫江企业	轻工制造	21.72	20.31	8.34	11.12	43.14	1024
601101.SH	昊华能源	煤炭	15.98	26.97	7.56	10.95	43.14	1025
872925.BJ	锦好医疗	医药生物	12.97	28.89	7.60	12.15	43.13	1026
300179.SZ	四方达	机械设备	19.31	21.00	11.30	9.88	43.12	1027
600571.SH	信雅达	计算机	16.09	17.13	11.47	16.84	43.12	1028
601166.SH	兴业银行	银行	17.79	21.12	8.02	7.45	43.12	1029
002392.SZ	北京利尔	建筑材料	20.54	20.64	11.24	9.08	43.11	1030
300971.SZ	博亚精工	机械设备	16.20	23.97	10.62	10.77	43.11	1031
605368.SH	蓝天燃气	公用事业	20.40	27.25	1.81	11.99	43.11	1032
300439.SZ	美康生物	医药生物	16.92	22.27	10.25	12.06	43.10	1033
831834.BJ	三维股份	基础化工	13.22	29.88	4.62	13.84	43.09	1034
000551.SZ	创元科技	环保	20.17	19.88	11.38	10.07	43.09	1035
301298.SZ	东利机械	汽车	16.70	26.81	5.17	12.81	43.08	1036
603299.SH	苏盐井神	基础化工	19.59	24.60	6.94	10.26	43.07	1037
002107.SZ	沃华医药	医药生物	14.71	27.27	5.61	13.88	43.07	1038
600876.SH	凯盛新能	建筑材料	19.93	24.67	8.40	8.27	43.06	1039
300401.SZ	花园生物	医药生物	19.74	25.35	8.12	8.14	43.06	1040
834033.BJ	康普化学	基础化工	15.89	32.32	4.82	8.46	43.06	1041
688103.SH	国力股份	电子	18.13	24.38	8.54	10.35	43.06	1042
688613.SH	奥精医疗	医药生物	16.34	26.33	8.25	10.53	43.05	1043

附表　2023年中国上市公司综合竞争力排名

续表

证券代码	证券简称	所属行业	治理竞争力	财务竞争力	创新竞争力	社会责任竞争力	总分	排名
000591.SZ	太阳能	公用事业	19.96	24.06	8.72	8.16	43.02	1044
688001.SH	华兴源创	机械设备	10.98	25.43	12.81	12.02	43.02	1045
603889.SH	新澳股份	纺织服饰	18.26	23.84	6.69	12.59	43.02	1046
688409.SH	富创精密	电子	13.47	28.73	9.58	9.23	43.01	1047
002109.SZ	兴化股份	基础化工	20.83	25.07	5.05	10.40	43.01	1048
002028.SZ	思源电气	电力设备	13.97	24.47	11.14	11.29	43.01	1049
300939.SZ	秋田微	电子	17.06	27.87	7.10	9.35	43.01	1050
300026.SZ	红日药业	医药生物	17.39	20.38	11.04	12.29	43.00	1051
688480.SH	赛恩斯	环保	19.60	24.03	6.98	10.78	43.00	1052
001234.SZ	泰慕士	纺织服饰	14.68	27.04	6.32	13.33	42.98	1053
000962.SZ	东方钽业	有色金属	18.50	22.77	10.14	9.92	42.98	1054
002085.SZ	万丰奥威	汽车	20.12	19.39	10.28	11.35	42.97	1055
603217.SH	元利科技	基础化工	17.21	28.11	5.97	9.97	42.97	1056
603277.SH	银都股份	机械设备	14.34	28.76	6.10	12.06	42.97	1057
000937.SZ	冀中能源	煤炭	20.77	23.66	5.06	11.45	42.96	1058
601311.SH	骆驼股份	电力设备	17.43	21.02	10.07	12.67	42.96	1059
831087.BJ	秋乐种业	农林牧渔	19.85	28.59	3.45	9.45	42.95	1060
300346.SZ	南大光电	电子	13.39	25.08	11.51	11.06	42.95	1061
002327.SZ	富安娜	纺织服饰	18.57	24.85	6.34	11.49	42.95	1062
301300.SZ	远翔新材	基础化工	17.53	30.67	4.71	8.40	42.94	1063
300655.SZ	晶瑞电材	电子	16.70	26.57	7.81	10.10	42.94	1064
002870.SZ	香山股份	汽车	17.01	20.68	10.13	13.46	42.94	1065
688448.SH	磁谷科技	机械设备	15.30	26.13	11.35	8.54	42.94	1066
300400.SZ	劲拓股份	机械设备	14.33	27.12	9.42	10.38	42.93	1067
601702.SH	华峰铝业	有色金属	16.84	28.28	7.10	8.80	42.92	1068
000555.SZ	神州信息	计算机	20.84	17.51	10.48	12.28	42.92	1069
300314.SZ	戴维医疗	医药生物	14.67	25.14	9.83	11.59	42.91	1070
603787.SH	新日股份	汽车	19.98	21.22	8.16	11.88	42.91	1071
301077.SZ	星华新材	基础化工	14.31	28.18	8.14	10.61	42.90	1072
832566.BJ	梓橦宫	医药生物	16.84	26.32	6.72	11.39	42.90	1073

续表

证券代码	证券简称	所属行业	治理竞争力	财务竞争力	创新竞争力	社会责任竞争力	总分	排名
002824.SZ	和胜股份	有色金属	13.00	26.20	7.80	14.18	42.90	1074
003033.SZ	征和工业	汽车	11.52	28.63	8.02	13.05	42.90	1075
300533.SZ	冰川网络	传媒	15.94	22.60	9.61	13.07	42.90	1076
688680.SH	海优新材	电力设备	18.79	22.90	8.52	10.75	42.89	1077
002079.SZ	苏州固锝	电子	19.59	21.77	8.83	10.87	42.88	1078
603355.SH	莱克电气	家用电器	15.21	24.01	10.71	11.02	42.88	1079
301380.SZ	挖金客	通信	14.01	29.84	6.32	11.05	42.88	1080
300174.SZ	元力股份	基础化工	16.92	28.27	4.99	10.93	42.87	1081
301391.SZ	卡莱特	计算机	14.30	28.07	8.19	10.56	42.86	1082
600218.SH	全柴动力	汽车	19.69	23.47	9.70	8.30	42.86	1083
301185.SZ	鸥玛软件	计算机	16.86	23.29	10.02	11.02	42.86	1084
688395.SH	正弦电气	机械设备	14.70	28.27	9.00	9.22	42.86	1085
603939.SH	益丰药房	医药生物	14.02	28.08	3.27	14.94	42.85	1086
002950.SZ	奥美医疗	医药生物	12.55	30.79	7.02	10.70	42.85	1087
600267.SH	海正药业	医药生物	21.03	19.85	8.33	11.74	42.84	1088
600329.SH	达仁堂	医药生物	22.13	22.20	4.09	12.35	42.84	1089
301149.SZ	隆华新材	基础化工	18.75	26.86	4.59	10.91	42.83	1090
301306.SZ	西测测试	国防军工	17.97	24.42	6.71	12.02	42.83	1091
002078.SZ	太阳纸业	轻工制造	17.90	25.51	7.35	9.79	42.83	1092
688287.SH	观典防务	国防军工	15.23	26.48	7.86	11.54	42.83	1093
300847.SZ	中船汉光	基础化工	19.89	24.05	5.58	11.58	42.83	1094
600392.SH	盛和资源	有色金属	16.29	24.66	8.11	11.64	42.83	1095
301200.SZ	大族数控	机械设备	12.25	24.94	11.70	11.97	42.83	1096
002145.SZ	中核钛白	基础化工	16.17	25.89	6.13	12.61	42.81	1097
688037.SH	芯源微	电子	15.97	21.00	11.85	12.05	42.81	1098
601688.SH	华泰证券	非银金融	16.53	22.07	7.95	9.98	42.81	1099
600582.SH	天地科技	机械设备	16.24	21.48	12.37	10.65	42.81	1100
603707.SH	健友股份	医药生物	15.49	26.69	10.27	8.13	42.81	1101
000731.SZ	四川美丰	基础化工	15.66	28.85	3.90	12.65	42.80	1102
002394.SZ	联发股份	纺织服饰	19.50	22.15	6.73	12.70	42.79	1103

续表

证券代码	证券简称	所属行业	治理竞争力	财务竞争力	创新竞争力	社会责任竞争力	总分	排名
003021.SZ	兆威机电	电力设备	17.98	20.37	10.77	11.85	42.79	1104
002034.SZ	旺能环境	环保	19.81	25.73	7.62	7.82	42.79	1105
300188.SZ	美亚柏科	计算机	18.84	16.48	13.91	11.68	42.79	1106
002984.SZ	森麒麟	汽车	20.30	26.83	4.93	8.67	42.78	1107
000906.SZ	浙商中拓	交通运输	22.63	24.15	4.09	10.13	42.78	1108
603115.SH	海星股份	有色金属	16.85	25.64	9.96	8.59	42.77	1109
000922.SZ	佳电股份	电力设备	20.59	25.10	8.44	6.88	42.77	1110
833075.BJ	柏星龙	轻工制造	16.87	25.26	5.68	13.29	42.77	1111
301377.SZ	鼎泰高科	机械设备	10.89	29.97	6.86	13.22	42.77	1112
002007.SZ	华兰生物	医药生物	16.46	23.30	9.12	11.41	42.77	1113
601058.SH	赛轮轮胎	汽车	16.07	25.48	9.23	9.72	42.76	1114
600633.SH	浙数文化	传媒	20.69	21.39	10.56	8.23	42.75	1115
688403.SH	汇成股份	电子	13.63	28.73	9.69	8.87	42.75	1116
600874.SH	创业环保	环保	22.18	21.44	8.14	9.14	42.75	1117
300917.SZ	特发服务	房地产	15.94	27.77	1.78	15.47	42.74	1118
688722.SH	同益中	基础化工	14.97	27.59	6.40	12.00	42.73	1119
000935.SZ	四川双马	建筑材料	21.81	22.60	5.25	11.07	42.73	1120
003020.SZ	立方制药	医药生物	17.60	26.44	5.07	11.87	42.73	1121
605168.SH	三人行	传媒	19.45	25.94	4.14	11.33	42.72	1122
300765.SZ	新诺威	医药生物	15.59	27.60	4.75	12.90	42.72	1123
688206.SH	概伦电子	计算机	16.58	24.85	9.88	9.48	42.72	1124
688439.SH	振华风光	国防军工	17.91	24.17	9.69	8.80	42.72	1125
603109.SH	神驰机电	汽车	16.61	25.72	7.39	11.26	42.71	1126
600361.SH	创新新材	商贸零售	21.53	22.88	3.88	12.24	42.71	1127
002128.SZ	电投能源	煤炭	18.78	26.90	4.78	10.09	42.70	1128
688179.SH	阿拉丁	基础化工	16.69	24.18	9.53	10.50	42.70	1129
002543.SZ	万和电气	家用电器	17.60	23.30	10.34	9.63	42.70	1130
830879.BJ	基康仪器	机械设备	18.40	22.48	7.44	12.67	42.70	1131
600997.SH	开滦股份	煤炭	19.76	23.91	5.05	12.06	42.69	1132
002831.SZ	裕同科技	轻工制造	14.89	24.54	9.48	11.48	42.69	1133

续表

证券代码	证券简称	所属行业	治理竞争力	财务竞争力	创新竞争力	社会责任竞争力	总分	排名
688160.SH	步科股份	机械设备	13.77	26.90	8.56	11.72	42.69	1134
603002.SH	宏昌电子	电子	19.30	26.26	7.33	8.01	42.68	1135
833509.BJ	同惠电子	机械设备	11.35	27.87	9.28	12.46	42.68	1136
002588.SZ	史丹利	基础化工	15.30	24.91	9.55	11.06	42.67	1137
300438.SZ	鹏辉能源	电力设备	20.47	20.54	9.66	9.58	42.67	1138
002461.SZ	珠江啤酒	食品饮料	19.19	19.86	9.23	12.34	42.67	1139
603283.SH	赛腾股份	机械设备	16.37	18.94	12.09	13.44	42.67	1140
835237.BJ	力佳科技	电力设备	17.91	27.18	5.24	10.58	42.65	1141
002273.SZ	水晶光电	电子	18.16	21.97	11.82	8.66	42.65	1142
301234.SZ	五洲医疗	医药生物	15.49	29.11	5.74	10.54	42.65	1143
300691.SZ	联合光电	计算机	15.62	21.59	12.10	11.55	42.65	1144
000030.SZ	富奥股份	汽车	20.23	21.95	9.01	9.57	42.64	1145
002774.SZ	快意电梯	机械设备	16.64	25.87	6.89	11.47	42.64	1146
603008.SH	喜临门	轻工制造	16.55	23.34	8.31	12.50	42.64	1147
300701.SZ	森霸传感	电子	16.58	26.11	5.23	12.95	42.64	1148
300596.SZ	利安隆	基础化工	15.14	27.25	7.80	10.47	42.64	1149
301000.SZ	肇民科技	汽车	13.90	29.57	6.05	11.34	42.63	1150
301255.SZ	通力科技	机械设备	12.41	30.86	6.10	11.45	42.60	1151
301138.SZ	华研精机	机械设备	16.44	26.45	7.00	10.92	42.60	1152
688677.SH	海泰新光	医药生物	13.12	29.21	7.74	10.59	42.60	1153
688630.SH	芯碁微装	机械设备	19.11	21.63	11.15	8.77	42.60	1154
300121.SZ	阳谷华泰	基础化工	14.62	26.04	7.61	12.50	42.59	1155
001222.SZ	源飞宠物	轻工制造	13.97	31.28	4.11	11.41	42.59	1156
603027.SH	千禾味业	食品饮料	14.94	27.98	3.71	13.82	42.58	1157
600714.SH	金瑞矿业	基础化工	18.17	25.09	3.76	13.76	42.58	1158
835207.BJ	众诚科技	计算机	18.08	22.60	7.00	13.14	42.57	1159
688410.SH	山外山	医药生物	15.01	26.73	8.16	10.86	42.57	1160
002463.SZ	沪电股份	电子	17.29	25.16	8.51	9.41	42.57	1161
002156.SZ	通富微电	电子	16.53	24.21	10.64	8.94	42.57	1162
000959.SZ	首钢股份	钢铁	19.36	21.82	10.47	8.57	42.57	1163

续表

证券代码	证券简称	所属行业	治理竞争力	财务竞争力	创新竞争力	社会责任竞争力	总分	排名
600422.SH	昆药集团	医药生物	20.76	18.84	9.10	11.88	42.55	1164
001309.SZ	德明利	计算机	16.30	22.83	10.23	11.35	42.55	1165
002442.SZ	龙星化工	基础化工	17.89	23.07	6.97	12.82	42.55	1166
300409.SZ	道氏技术	电力设备	16.70	21.79	9.77	12.36	42.55	1167
300735.SZ	光弘科技	电子	11.32	26.39	8.18	14.77	42.55	1168
688376.SH	美埃科技	环保	18.34	25.53	6.22	10.60	42.54	1169
830839.BJ	万通液压	机械设备	17.39	26.28	4.84	12.25	42.54	1170
601969.SH	海南矿业	钢铁	20.13	23.72	4.36	12.27	42.54	1171
603236.SH	移远通信	通信	15.40	21.33	12.42	11.22	42.52	1172
601601.SH	中国太保	非银金融	18.53	24.59	4.79	5.91	42.52	1173
603556.SH	海兴电力	电力设备	20.02	21.30	11.80	7.45	42.52	1174
600195.SH	中牧股份	农林牧渔	20.03	24.53	5.42	10.53	42.51	1175
300445.SZ	康斯特	机械设备	15.09	23.75	10.82	11.02	42.51	1176
603191.SH	望变电气	电力设备	14.06	28.34	6.30	11.86	42.49	1177
688383.SH	新益昌	机械设备	15.76	21.97	10.45	12.33	42.49	1178
688210.SH	统联精密	电子	14.21	28.94	8.40	9.11	42.49	1179
831641.BJ	格利尔	家用电器	14.94	28.17	5.67	11.89	42.48	1180
605016.SH	百龙创园	基础化工	16.84	27.33	5.70	10.74	42.48	1181
001230.SZ	劲旅环境	环保	11.02	30.25	4.71	14.65	42.48	1182
003009.SZ	中天火箭	国防军工	21.04	21.88	9.53	8.11	42.47	1183
601128.SH	常熟银行	银行	13.15	26.17	7.50	13.45	42.47	1184
688183.SH	生益电子	电子	15.51	24.82	9.84	10.35	42.47	1185
600399.SH	抚顺特钢	钢铁	19.21	22.01	8.38	10.51	42.46	1186
002991.SZ	甘源食品	食品饮料	12.63	28.39	5.27	14.24	42.46	1187
301365.SZ	矩阵股份	建筑装饰	15.27	29.39	4.12	11.83	42.46	1188
600513.SH	联环药业	医药生物	18.36	22.99	7.63	11.61	42.45	1189
002533.SZ	金杯电工	电力设备	15.58	24.59	9.79	10.58	42.44	1190
831167.BJ	鑫汇科	电子	15.96	26.93	7.93	9.80	42.43	1191
002968.SZ	新大正	房地产	14.23	27.41	2.16	16.72	42.43	1192
603233.SH	大参林	医药生物	16.64	25.31	4.02	13.90	42.43	1193

续表

证券代码	证券简称	所属行业	治理竞争力	财务竞争力	创新竞争力	社会责任竞争力	总分	排名
603151.SH	邦基科技	农林牧渔	14.44	30.37	3.54	12.19	42.42	1194
000707.SZ	双环科技	基础化工	19.96	24.81	6.67	9.07	42.42	1195
603327.SH	福蓉科技	电子	16.15	28.32	5.29	10.67	42.41	1196
300480.SZ	光力科技	机械设备	16.33	21.03	12.26	10.87	42.41	1197
603052.SH	可川科技	电子	17.19	27.67	3.23	12.43	42.40	1198
301129.SZ	瑞纳智能	机械设备	13.76	26.09	11.01	9.61	42.40	1199
300884.SZ	狄耐克	计算机	13.72	24.36	9.42	13.02	42.40	1200
002747.SZ	埃斯顿	机械设备	17.06	17.91	12.67	12.55	42.39	1201
301239.SZ	普瑞眼科	医药生物	15.04	27.90	2.12	15.29	42.38	1202
603179.SH	新泉股份	汽车	15.72	24.72	7.68	12.07	42.38	1203
688505.SH	复旦张江	医药生物	15.13	21.45	10.34	13.46	42.38	1204
301071.SZ	力量钻石	基础化工	13.69	32.51	6.87	7.12	42.37	1205
300558.SZ	贝达药业	医药生物	15.52	23.38	11.04	10.17	42.37	1206
831039.BJ	国义招标	社会服务	18.87	26.27	4.82	10.55	42.36	1207
301156.SZ	美农生物	基础化工	13.43	29.54	5.87	11.65	42.36	1208
688110.SH	东芯股份	电子	20.08	24.00	8.53	7.65	42.34	1209
688265.SH	南模生物	医药生物	14.85	25.46	8.04	12.04	42.33	1210
002606.SZ	大连电瓷	电力设备	14.16	25.89	7.08	13.26	42.32	1211
603533.SH	掌阅科技	传媒	16.96	23.21	11.69	8.47	42.32	1212
000672.SZ	上峰水泥	建筑材料	18.88	25.83	4.23	11.30	42.31	1213
688687.SH	凯因科技	医药生物	17.27	22.93	10.12	10.06	42.31	1214
839725.BJ	惠丰钻石	机械设备	11.48	30.11	6.69	12.13	42.31	1215
601231.SH	环旭电子	电子	19.84	22.46	8.71	8.71	42.30	1216
300672.SZ	国科微	电子	12.38	26.73	12.74	8.21	42.30	1217
000683.SZ	远兴能源	基础化工	20.22	26.94	5.03	7.68	42.29	1218
603931.SH	格林达	电子	18.43	25.88	7.72	8.30	42.29	1219
688661.SH	和林微纳	电子	11.58	29.87	9.94	8.92	42.29	1220
688187.SH	时代电气	机械设备	19.33	19.48	13.87	6.22	42.29	1221
002759.SZ	天际股份	电力设备	15.62	26.99	6.79	10.88	42.28	1222
301222.SZ	浙江恒威	电力设备	14.36	31.12	5.28	9.58	42.27	1223

附表　2023年中国上市公司综合竞争力排名

续表

证券代码	证券简称	所属行业	治理竞争力	财务竞争力	创新竞争力	社会责任竞争力	总分	排名
688223.SH	晶科能源	电力设备	15.57	21.30	10.16	10.46	42.27	1224
301150.SZ	中一科技	电力设备	15.87	25.73	6.53	12.12	42.26	1225
002226.SZ	江南化工	基础化工	14.93	23.78	8.52	12.90	42.26	1226
300503.SZ	昊志机电	机械设备	14.72	23.33	11.81	10.45	42.26	1227
836720.BJ	吉冈精密	机械设备	11.98	28.58	5.94	13.85	42.26	1228
300770.SZ	新媒股份	传媒	20.36	27.84	6.31	5.69	42.25	1229
301067.SZ	显盈科技	电子	14.47	28.10	7.67	10.08	42.25	1230
002777.SZ	久远银海	计算机	14.56	21.37	9.09	15.22	42.25	1231
603676.SH	卫信康	医药生物	15.09	25.16	8.91	11.04	42.23	1232
300796.SZ	贝斯美	基础化工	19.17	24.18	7.23	9.67	42.23	1233
300824.SZ	北鼎股份	家用电器	12.26	28.23	7.19	12.60	42.23	1234
605158.SH	华达新材	钢铁	16.43	26.92	5.49	11.43	42.23	1235
002957.SZ	科瑞技术	机械设备	20.07	18.39	12.03	9.72	42.23	1236
301068.SZ	大地海洋	环保	17.66	24.93	5.27	12.43	42.23	1237
002903.SZ	宇环数控	机械设备	15.89	23.49	9.83	11.05	42.22	1238
603893.SH	瑞芯微	电子	14.84	23.21	13.62	8.08	42.22	1239
603305.SH	旭升集团	汽车	15.04	26.38	7.70	10.76	42.21	1240
603611.SH	诺力股份	计算机	19.40	21.34	10.46	9.02	42.21	1241
003002.SZ	壶化股份	基础化工	14.49	26.40	5.55	13.78	42.21	1242
833429.BJ	康比特	食品饮料	19.84	23.15	5.95	11.35	42.20	1243
833819.BJ	颖泰生物	基础化工	19.04	23.56	7.54	10.03	42.20	1244
300181.SZ	佐力药业	医药生物	16.81	25.86	5.65	11.82	42.20	1245
872374.BJ	云里物里	通信	9.04	32.05	7.84	11.34	42.19	1246
301059.SZ	金三江	基础化工	16.58	26.33	7.60	9.73	42.19	1247
300498.SZ	温氏股份	农林牧渔	18.47	20.72	7.68	10.87	42.19	1248
688131.SH	皓元医药	医药生物	15.06	24.76	8.82	11.41	42.19	1249
600867.SH	通化东宝	医药生物	15.52	24.90	7.48	12.02	42.19	1250
603171.SH	税友股份	计算机	12.59	22.43	10.67	14.29	42.19	1251
301155.SZ	海力风电	电力设备	15.60	27.57	9.19	7.54	42.19	1252
002293.SZ	罗莱生活	纺织服饰	17.66	22.58	7.62	12.23	42.18	1253

续表

证券代码	证券简称	所属行业	治理竞争力	财务竞争力	创新竞争力	社会责任竞争力	总分	排名
000818.SZ	航锦科技	基础化工	17.05	23.97	8.54	10.33	42.18	1254
002378.SZ	章源钨业	有色金属	15.31	23.81	8.65	12.36	42.17	1255
002651.SZ	利君股份	国防军工	21.18	21.88	6.98	10.07	42.17	1256
002152.SZ	广电运通	计算机	16.17	20.56	11.06	11.98	42.17	1257
300908.SZ	仲景食品	食品饮料	18.29	24.70	5.70	11.48	42.17	1258
301256.SZ	华融化学	基础化工	15.24	28.09	4.79	12.04	42.17	1259
301237.SZ	和顺科技	基础化工	14.07	31.35	5.27	9.49	42.16	1260
001696.SZ	宗申动力	机械设备	20.27	23.14	9.16	7.52	42.16	1261
605296.SH	神农集团	农林牧渔	15.97	30.21	2.79	11.00	42.16	1262
600988.SH	赤峰黄金	有色金属	16.97	26.56	3.21	12.90	42.16	1263
002402.SZ	和而泰	电子	16.19	22.94	11.74	9.09	42.15	1264
601009.SH	南京银行	银行	14.62	26.79	7.86	8.82	42.15	1265
688689.SH	银河微电	电子	15.40	25.42	9.04	10.30	42.14	1266
301220.SZ	亚香股份	基础化工	17.89	26.27	7.64	8.32	42.12	1267
603866.SH	桃李面包	食品饮料	17.46	24.33	3.34	14.65	42.12	1268
300459.SZ	汤姆猫	传媒	18.80	21.77	10.14	9.25	42.12	1269
603579.SH	荣泰健康	家用电器	20.99	22.60	9.72	6.81	42.11	1270
001215.SZ	千味央厨	食品饮料	16.73	27.24	3.33	12.75	42.11	1271
002897.SZ	意华股份	通信	17.41	23.32	8.78	10.44	42.10	1272
300913.SZ	兆龙互连	通信	15.27	26.66	6.22	11.93	42.09	1273
300737.SZ	科顺股份	建筑材料	17.18	23.88	9.10	9.67	42.09	1274
002884.SZ	凌霄泵业	机械设备	14.24	29.39	6.27	10.12	42.09	1275
002436.SZ	兴森科技	电子	12.61	24.31	11.03	11.86	42.08	1276
300231.SZ	银信科技	计算机	19.18	22.90	6.08	11.90	42.08	1277
688599.SH	天合光能	电力设备	15.09	23.74	10.13	8.43	42.08	1278
600160.SH	巨化股份	基础化工	16.46	23.33	9.05	10.45	42.08	1279
300811.SZ	铂科新材	有色金属	17.06	21.95	6.90	14.01	42.08	1280
600446.SH	金证股份	计算机	12.74	23.98	11.28	11.92	42.08	1281
002773.SZ	康弘药业	医药生物	16.81	21.93	10.28	10.80	42.07	1282
300927.SZ	江天化学	基础化工	15.90	27.10	5.39	11.67	42.07	1283

续表

证券代码	证券简称	所属行业	治理竞争力	财务竞争力	创新竞争力	社会责任竞争力	总分	排名
300418.SZ	昆仑万维	传媒	18.51	23.35	10.12	7.79	42.07	1284
688350.SH	富淼科技	基础化工	18.68	23.34	8.01	10.02	42.06	1285
600765.SH	中航重机	国防军工	19.22	22.22	8.88	8.85	42.05	1286
600055.SH	万东医疗	医药生物	18.63	24.30	8.35	8.52	42.05	1287
300468.SZ	四方精创	计算机	15.62	20.90	8.99	14.45	42.05	1288
601069.SH	西部黄金	有色金属	18.41	22.40	5.48	13.56	42.05	1289
000921.SZ	海信家电	家用电器	18.10	22.12	9.11	10.39	42.04	1290
300762.SZ	上海瀚讯	国防军工	18.20	21.90	11.11	8.70	42.04	1291
300200.SZ	高盟新材	基础化工	18.63	20.93	9.05	11.39	42.04	1292
605166.SH	聚合顺	基础化工	16.13	28.80	5.81	9.24	42.03	1293
300818.SZ	耐普矿机	机械设备	15.16	29.11	6.02	9.72	42.03	1294
002918.SZ	蒙娜丽莎	轻工制造	18.91	20.92	9.16	10.90	42.03	1295
688117.SH	圣诺生物	医药生物	13.85	25.15	7.78	13.23	42.02	1296
300660.SZ	江苏雷利	电力设备	19.94	21.01	9.76	9.20	42.01	1297
600549.SH	厦门钨业	有色金属	19.72	19.47	9.67	10.61	42.00	1298
601717.SH	郑煤机	机械设备	18.19	22.18	10.30	8.94	42.00	1299
688766.SH	普冉股份	电子	12.42	27.49	10.63	9.30	42.00	1300
688095.SH	福昕软件	计算机	14.00	21.69	10.25	13.98	41.99	1301
603607.SH	京华激光	轻工制造	16.46	22.68	8.56	12.25	41.99	1302
002553.SZ	南方精工	汽车	15.75	25.04	6.80	12.31	41.99	1303
688366.SH	昊海生科	医药生物	17.10	18.49	10.88	13.17	41.99	1304
300777.SZ	中简科技	国防军工	17.74	28.24	6.72	6.84	41.97	1305
301208.SZ	中亦科技	计算机	15.06	28.04	3.43	13.36	41.97	1306
605098.SH	行动教育	社会服务	16.91	27.04	5.04	10.90	41.97	1307
603977.SH	国泰集团	基础化工	16.58	20.97	11.17	11.13	41.96	1308
603916.SH	苏博特	基础化工	17.49	20.51	9.74	12.07	41.96	1309
601177.SH	杭齿前进	机械设备	20.06	19.26	10.83	9.74	41.96	1310
002249.SZ	大洋电机	电力设备	18.44	19.42	11.60	10.25	41.96	1311
600557.SH	康缘药业	医药生物	17.27	20.41	10.60	11.43	41.95	1312
001209.SZ	洪兴股份	纺织服饰	15.52	27.36	2.72	14.28	41.94	1313

续表

证券代码	证券简称	所属行业	治理竞争力	财务竞争力	创新竞争力	社会责任竞争力	总分	排名
601319.SH	中国人保	非银金融	15.51	24.44	6.59	6.05	41.94	1314
688085.SH	三友医疗	医药生物	16.87	25.52	9.12	8.29	41.94	1315
603318.SH	水发燃气	公用事业	20.81	23.61	4.55	10.86	41.93	1316
301221.SZ	光庭信息	汽车	15.53	20.08	11.16	13.07	41.93	1317
300989.SZ	蕾奥规划	建筑装饰	13.00	25.52	6.29	15.05	41.93	1318
600523.SH	贵航股份	汽车	19.93	17.18	10.15	12.48	41.93	1319
300532.SZ	今天国际	计算机	18.88	19.19	11.16	10.58	41.92	1320
300441.SZ	鲍斯股份	机械设备	14.99	23.12	9.70	12.01	41.92	1321
600629.SH	华建集团	建筑装饰	20.06	17.22	11.84	10.68	41.92	1322
600718.SH	东软集团	计算机	16.50	16.76	13.42	12.96	41.92	1323
300873.SZ	海晨股份	交通运输	14.80	27.99	4.57	12.40	41.91	1324
600668.SH	尖峰集团	建筑材料	19.33	21.43	8.26	10.75	41.90	1325
300138.SZ	晨光生物	农林牧渔	13.74	28.81	7.53	9.59	41.89	1326
688233.SH	神工股份	电子	14.61	28.53	7.19	9.39	41.89	1327
605088.SH	冠盛股份	汽车	17.11	26.29	6.12	10.27	41.89	1328
301109.SZ	军信股份	环保	17.99	28.98	6.21	6.53	41.88	1329
838262.BJ	太湖雪	纺织服饰	12.09	28.45	4.75	14.54	41.88	1330
002472.SZ	双环传动	汽车	16.46	23.27	8.99	10.69	41.88	1331
603087.SH	甘李药业	医药生物	16.92	20.17	10.10	12.27	41.88	1332
301389.SZ	隆扬电子	电子	14.21	28.99	6.86	9.66	41.88	1333
603968.SH	醋化股份	基础化工	17.76	25.91	7.11	8.96	41.87	1334
605055.SH	迎丰股份	纺织服饰	14.41	21.84	7.53	15.98	41.87	1335
601038.SH	一拖股份	机械设备	14.76	26.80	10.61	7.40	41.87	1336
601678.SH	滨化股份	基础化工	17.55	26.31	5.77	9.97	41.87	1337
000519.SZ	中兵红箭	国防军工	18.29	20.58	11.03	9.37	41.86	1338
603871.SH	嘉友国际	交通运输	21.37	24.61	2.90	10.70	41.86	1339
300151.SZ	昌红科技	机械设备	12.83	27.27	7.37	12.14	41.86	1340
688150.SH	莱特光电	电子	13.92	26.21	10.66	8.85	41.86	1341
002949.SZ	华阳国际	建筑装饰	16.64	24.13	7.22	11.76	41.85	1342
002255.SZ	海陆重工	电力设备	19.15	24.66	8.81	7.08	41.84	1343

续表

证券代码	证券简称	所属行业	治理竞争力	财务竞争力	创新竞争力	社会责任竞争力	总分	排名
688663.SH	新风光	电力设备	17.40	24.39	9.15	8.72	41.84	1344
603182.SH	嘉华股份	农林牧渔	15.18	29.56	3.27	11.71	41.84	1345
833230.BJ	欧康医药	医药生物	12.68	31.68	5.56	9.83	41.84	1346
600850.SH	电科数字	计算机	21.14	19.01	7.97	11.37	41.83	1347
002895.SZ	川恒股份	基础化工	15.91	26.01	6.00	11.59	41.83	1348
600703.SH	三安光电	电子	18.51	18.65	13.05	7.86	41.83	1349
600529.SH	山东药玻	医药生物	16.24	24.37	7.21	11.57	41.82	1350
301039.SZ	中集车辆	汽车	19.53	22.98	7.99	8.93	41.82	1351
003043.SZ	华亚智能	电子	12.47	30.31	4.45	12.40	41.80	1352
300461.SZ	田中精机	机械设备	15.76	21.79	10.47	11.66	41.80	1353
300568.SZ	星源材质	电力设备	13.33	27.01	10.10	8.74	41.80	1354
600419.SH	天润乳业	食品饮料	20.74	24.00	4.05	10.83	41.80	1355
301019.SZ	宁波色母	基础化工	15.75	28.30	5.28	10.35	41.79	1356
001206.SZ	依依股份	美容护理	15.17	29.05	3.07	12.36	41.79	1357
002985.SZ	北摩高科	国防军工	18.82	21.98	7.70	10.91	41.79	1358
688685.SH	迈信林	国防军工	15.65	23.45	8.72	11.82	41.79	1359
603585.SH	苏利股份	基础化工	15.67	25.03	7.92	11.01	41.78	1360
688153.SH	唯捷创芯	电子	18.92	21.58	10.74	8.15	41.77	1361
603927.SH	中科软	计算机	15.83	21.43	9.77	12.30	41.77	1362
601838.SH	成都银行	银行	15.62	25.55	6.83	10.55	41.76	1363
002649.SZ	博彦科技	计算机	13.02	24.43	7.35	14.74	41.76	1364
002180.SZ	纳思达	计算机	17.82	17.56	12.58	10.24	41.76	1365
000910.SZ	大亚圣象	轻工制造	19.45	20.87	7.68	11.57	41.76	1366
001256.SZ	炜冈科技	机械设备	15.59	28.60	6.84	8.55	41.76	1367
688238.SH	和元生物	医药生物	13.34	28.68	8.33	9.13	41.75	1368
300284.SZ	苏交科	建筑装饰	19.87	17.64	11.68	10.32	41.75	1369
605056.SH	咸亨国际	机械设备	15.06	25.16	5.45	13.89	41.75	1370
002881.SZ	美格智能	电子	16.00	21.89	11.42	10.21	41.75	1371
837212.BJ	智新电子	电子	13.28	28.59	4.24	13.53	41.75	1372
301308.SZ	江波龙	电子	14.94	23.37	11.08	9.77	41.74	1373

续表

证券代码	证券简称	所属行业	治理竞争力	财务竞争力	创新竞争力	社会责任竞争力	总分	排名
002955.SZ	鸿合科技	电子	16.48	22.02	11.49	9.50	41.72	1374
605162.SH	新中港	公用事业	16.90	27.78	2.68	12.17	41.72	1375
688143.SH	长盈通	通信	11.08	28.03	7.95	12.46	41.72	1376
301196.SZ	唯科科技	基础化工	13.20	27.26	9.79	9.27	41.72	1377
601577.SH	长沙银行	银行	15.31	25.38	7.00	11.36	41.71	1378
601686.SH	友发集团	钢铁	15.14	24.05	6.00	14.23	41.70	1379
301180.SZ	万祥科技	电子	13.51	29.29	8.99	7.66	41.70	1380
000776.SZ	广发证券	非银金融	17.63	23.12	4.78	9.29	41.70	1381
688588.SH	凌志软件	计算机	12.70	25.64	7.25	13.90	41.70	1382
000969.SZ	安泰科技	有色金属	20.47	18.84	11.14	8.96	41.69	1383
600833.SH	第一医药	医药生物	21.47	24.67	1.14	12.23	41.69	1384
301207.SZ	华兰疫苗	医药生物	15.88	27.77	7.84	7.71	41.69	1385
600435.SH	北方导航	国防军工	21.27	20.78	10.29	6.87	41.68	1386
688116.SH	天奈科技	电力设备	14.00	26.36	7.14	11.70	41.68	1387
002871.SZ	伟隆股份	机械设备	16.60	26.19	6.02	10.69	41.68	1388
002859.SZ	洁美科技	电子	14.57	24.93	9.09	10.73	41.67	1389
600580.SH	卧龙电驱	电力设备	19.11	19.69	10.66	9.75	41.67	1390
688569.SH	铁科轨道	机械设备	22.13	22.96	8.58	5.78	41.67	1391
600470.SH	六国化工	基础化工	19.56	22.27	7.63	10.01	41.66	1392
301055.SZ	张小泉	轻工制造	16.17	26.07	5.70	11.53	41.66	1393
000333.SZ	美的集团	家用电器	14.95	21.84	7.43	8.13	41.66	1394
603113.SH	金能科技	煤炭	17.98	22.22	9.55	9.61	41.65	1395
873339.BJ	恒太照明	家用电器	13.30	29.64	5.97	10.58	41.65	1396
688368.SH	晶丰明源	电子	14.51	21.27	13.13	10.44	41.65	1397
603758.SH	秦安股份	汽车	12.37	24.19	9.19	13.68	41.64	1398
002835.SZ	同为股份	计算机	13.96	24.68	10.07	10.73	41.63	1399
688733.SH	壹石通	电力设备	16.63	23.59	8.21	10.90	41.63	1400
600623.SH	华谊集团	基础化工	20.65	21.87	8.59	8.09	41.63	1401
603612.SH	索通发展	基础化工	19.60	22.52	6.51	10.61	41.62	1402
688208.SH	道通科技	计算机	14.83	23.71	12.94	7.70	41.62	1403

附表 2023年中国上市公司综合竞争力排名

续表

证券代码	证券简称	所属行业	治理竞争力	财务竞争力	创新竞争力	社会责任竞争力	总分	排名
603239.SH	浙江仙通	汽车	16.59	22.69	5.57	14.54	41.62	1404
301349.SZ	信德新材	电力设备	13.97	29.20	5.20	10.95	41.62	1405
832876.BJ	慧为智能	电子	11.25	29.05	7.91	11.24	41.62	1406
688320.SH	禾川科技	机械设备	13.20	22.55	10.10	13.48	41.62	1407
600143.SH	金发科技	基础化工	17.72	23.47	9.98	7.78	41.62	1408
301108.SZ	洁雅股份	美容护理	14.36	32.23	6.20	6.61	41.61	1409
603799.SH	华友钴业	有色金属	15.99	25.89	7.33	8.50	41.61	1410
301248.SZ	杰创智能	计算机	14.79	25.15	8.81	10.63	41.61	1411
002237.SZ	恒邦股份	有色金属	19.55	24.23	6.03	9.40	41.61	1412
600305.SH	恒顺醋业	食品饮料	18.69	20.43	7.04	13.04	41.61	1413
300305.SZ	裕兴股份	基础化工	19.80	22.64	5.93	10.99	41.60	1414
688132.SH	邦彦技术	国防军工	13.76	24.58	11.92	9.10	41.60	1415
300817.SZ	双飞股份	机械设备	14.13	24.25	7.36	13.63	41.60	1416
600884.SH	杉杉股份	电力设备	21.28	21.08	9.25	7.00	41.59	1417
002010.SZ	传化智联	交通运输	17.40	22.19	9.18	10.35	41.59	1418
603266.SH	天龙股份	汽车	18.10	22.42	8.97	9.88	41.59	1419
688313.SH	仕佳光子	通信	15.24	22.03	9.58	12.48	41.58	1420
873305.BJ	九菱科技	机械设备	16.38	27.37	4.36	11.28	41.58	1421
603666.SH	亿嘉和	机械设备	15.72	22.02	12.52	9.00	41.57	1422
688370.SH	丛麟科技	环保	17.19	26.44	6.47	9.21	41.57	1423
000026.SZ	飞亚达	纺织服饰	17.58	23.24	6.52	11.97	41.57	1424
688097.SH	博众精工	机械设备	14.23	20.15	12.87	11.87	41.56	1425
002275.SZ	桂林三金	医药生物	12.91	23.55	9.80	12.95	41.55	1426
603877.SH	太平鸟	纺织服饰	18.01	22.55	6.63	12.00	41.55	1427
603898.SH	好莱客	轻工制造	14.34	24.07	8.95	11.93	41.55	1428
300610.SZ	晨化股份	基础化工	16.82	25.61	6.17	10.71	41.55	1429
300825.SZ	阿尔特	汽车	13.31	21.96	12.54	11.44	41.54	1430
002184.SZ	海得控制	机械设备	19.80	21.03	8.50	9.94	41.54	1431
600643.SH	爱建集团	非银金融	19.49	22.20	7.87	8.63	41.53	1432
603739.SH	蔚蓝生物	基础化工	14.10	22.32	11.82	11.03	41.53	1433

165

续表

证券代码	证券简称	所属行业	治理竞争力	财务竞争力	创新竞争力	社会责任竞争力	总分	排名
600801.SH	华新水泥	建筑材料	18.21	24.36	6.11	10.05	41.53	1434
605199.SH	葫芦娃	医药生物	14.33	23.11	7.51	14.27	41.53	1435
002635.SZ	安洁科技	电子	18.34	20.28	11.33	9.22	41.53	1436
688135.SH	利扬芯片	电子	14.51	24.47	9.25	11.03	41.53	1437
000039.SZ	中集集团	机械设备	18.19	22.03	9.01	9.35	41.52	1438
002626.SZ	金达威	食品饮料	17.56	24.73	5.27	11.52	41.52	1439
002687.SZ	乔治白	纺织服饰	14.38	22.06	7.49	15.34	41.52	1440
300433.SZ	蓝思科技	电子	12.79	23.40	11.12	10.95	41.50	1441
601238.SH	广汽集团	汽车	15.95	17.45	12.42	11.19	41.50	1442
300915.SZ	海融科技	食品饮料	17.00	23.59	4.87	13.76	41.50	1443
300435.SZ	中泰股份	公用事业	18.56	24.54	6.57	9.51	41.49	1444
688308.SH	欧科亿	机械设备	14.47	26.76	8.47	9.41	41.49	1445
300066.SZ	三川智慧	机械设备	19.35	19.96	9.25	10.62	41.49	1446
301132.SZ	满坤科技	电子	13.28	28.02	7.78	10.12	41.48	1447
301023.SZ	江南奕帆	电力设备	18.05	24.93	5.49	10.75	41.48	1448
600449.SH	宁夏建材	建筑材料	17.71	25.21	5.39	10.84	41.48	1449
600536.SH	中国软件	计算机	18.41	15.46	13.33	11.29	41.48	1450
002532.SZ	天山铝业	有色金属	16.40	22.93	8.45	10.77	41.48	1451
301259.SZ	艾布鲁	环保	19.90	23.00	6.93	9.39	41.47	1452
830946.BJ	森萱医药	医药生物	13.56	27.52	6.72	11.37	41.47	1453
688251.SH	井松智能	计算机	15.01	22.92	10.06	11.21	41.46	1454
605099.SH	共创草坪	轻工制造	14.20	29.52	4.82	10.50	41.45	1455
002701.SZ	奥瑞金	轻工制造	22.13	20.62	6.95	9.26	41.45	1456
301093.SZ	华兰股份	医药生物	14.05	26.36	7.37	11.37	41.45	1457
688092.SH	爱科科技	机械设备	14.48	25.82	9.39	9.49	41.44	1458
600610.SH	中毅达	基础化工	17.38	25.48	4.81	11.20	41.44	1459
002598.SZ	山东章鼓	机械设备	16.37	21.58	7.28	13.89	41.44	1460
000801.SZ	四川九洲	家用电器	19.59	18.11	12.22	9.14	41.43	1461
600782.SH	新钢股份	钢铁	19.45	21.32	8.96	9.20	41.43	1462
603998.SH	方盛制药	医药生物	13.50	23.73	8.39	13.50	41.43	1463

附表　2023年中国上市公司综合竞争力排名

续表

证券代码	证券简称	所属行业	治理竞争力	财务竞争力	创新竞争力	社会责任竞争力	总分	排名
600113.SH	浙江东日	商贸零售	18.98	26.48	2.34	11.32	41.43	1464
000498.SZ	山东路桥	建筑装饰	21.40	22.85	7.19	7.54	41.43	1465
600348.SH	华阳股份	煤炭	18.38	24.05	5.21	10.87	41.42	1466
600696.SH	岩石股份	食品饮料	16.68	27.90	1.51	12.93	41.42	1467
300531.SZ	优博讯	计算机	17.49	21.27	10.18	10.12	41.40	1468
605500.SH	森林包装	轻工制造	14.09	25.21	7.03	12.75	41.40	1469
300579.SZ	数字认证	计算机	18.38	19.56	9.17	11.91	41.40	1470
300828.SZ	锐新科技	机械设备	14.91	27.46	5.13	11.60	41.40	1471
300930.SZ	屹通新材	有色金属	11.41	29.35	6.32	12.01	41.39	1472
001914.SZ	招商积余	房地产	17.92	22.11	5.23	13.56	41.39	1473
301033.SZ	迈普医学	医药生物	11.96	26.76	10.66	9.70	41.38	1474
002799.SZ	环球印务	轻工制造	18.65	25.51	5.59	9.28	41.38	1475
600178.SH	东安动力	汽车	18.09	20.18	10.56	10.22	41.37	1476
301189.SZ	奥尼电子	电子	11.89	29.05	10.73	7.36	41.37	1477
002937.SZ	兴瑞科技	电子	16.38	25.49	5.61	11.48	41.37	1478
603367.SH	辰欣药业	医药生物	15.78	20.66	10.47	12.07	41.37	1479
603527.SH	众源新材	有色金属	19.32	24.58	5.85	9.28	41.36	1480
003019.SZ	宸展光电	电子	16.78	24.85	6.95	10.44	41.35	1481
001965.SZ	招商公路	交通运输	19.34	19.38	11.04	8.38	41.35	1482
000975.SZ	银泰黄金	有色金属	19.67	25.56	1.40	11.83	41.34	1483
603757.SH	大元泵业	机械设备	13.07	26.53	8.11	11.28	41.33	1484
002119.SZ	康强电子	电子	13.96	25.47	7.91	11.63	41.33	1485
300054.SZ	鼎龙股份	电子	14.91	21.82	12.30	9.62	41.33	1486
688499.SH	利元亨	电力设备	11.62	22.60	12.42	12.13	41.32	1487
002993.SZ	奥海科技	电子	12.60	28.67	8.85	8.72	41.32	1488
000960.SZ	锡业股份	有色金属	16.87	23.46	7.25	10.99	41.32	1489
300088.SZ	长信科技	电子	14.29	21.47	9.60	13.38	41.31	1490
600022.SH	山东钢铁	钢铁	21.36	19.96	9.67	7.72	41.31	1491
600085.SH	同仁堂	医药生物	15.77	24.06	6.56	11.42	41.31	1492
000948.SZ	南天信息	计算机	17.45	19.43	9.78	12.19	41.31	1493

167

续表

证券代码	证券简称	所属行业	治理竞争力	财务竞争力	创新竞争力	社会责任竞争力	总分	排名
001218.SZ	丽臣实业	基础化工	16.82	26.39	6.99	8.76	41.31	1494
601388.SH	怡球资源	有色金属	19.10	27.19	1.73	10.84	41.31	1495
300095.SZ	华伍股份	机械设备	17.61	21.76	9.46	10.11	41.31	1496
600330.SH	天通股份	机械设备	15.39	23.59	11.66	8.11	41.30	1497
300880.SZ	迦南智能	电力设备	14.73	27.47	7.24	9.50	41.30	1498
301276.SZ	嘉曼服饰	纺织服饰	16.71	29.02	3.73	9.49	41.29	1499
300829.SZ	金丹科技	基础化工	17.21	24.85	6.26	10.59	41.29	1500